博物馆展示学研究

费钦生 著

辽宁人民出版社

© 费钦生　2022

图书在版编目（CIP）数据

博物馆展示学研究 / 费钦生著 . —沈阳：辽宁人民出版社，2022.5
ISBN 978-7-205-10458-0

Ⅰ.①博… Ⅱ.①费… Ⅲ.①博物馆学 Ⅳ.①G260

中国版本图书馆 CIP 数据核字（2022）第 072749 号

出版发行：	辽宁人民出版社
	地　址：沈阳市和平区十一纬路 25 号　邮编：110003
	电　话：024-23284321（邮　购）　024-23284324（发行部）
	传　真：024-23284191（发行部）　024-23284304（办公室）
	http://www.lnpph.com.cn
印　　　刷：	辽宁新华印务有限公司
幅面尺寸：	170mm×242mm
印　　张：	34.25
字　　数：	450 千字
出版时间：	2022 年 5 月第 1 版
印刷时间：	2022 年 5 月第 1 次印刷
特约编辑：	张　晖　费　明
责任编辑：	郭　健
封面设计：	李玉棠　张　晖　郝　强
版式设计：	张　晖　郝　强
责任校对：	刘再升
书　　号：	ISBN 978-7-205-10458-0
定　　价：	248.00 元

自　序

众所周知，我本出身学美术的，具体地说是学油画的。1953年毕业于华东艺专（前身为刘海粟的上海美术专科学校1952级，因院系调整，上美、苏美、山大美术学院三校合并成立华东艺专），与今天的南京艺术学院无关。毕业后入职上海市文化局社会文化处文博科。社文处处长沈之瑜（茹茹）对我说："中国博物馆是项新生事业，很年轻。希望你钻进去，将来成为这方面的专家。"当时我很懵懂，不知道博物馆事业是什么，能不能用上我的专业发挥所长，内心还是充满着对"美术的憧憬"，不离不弃。

1954年我由市文化局调派进入上海博物馆，到陈列部报到。当时陈列部分设设计与技术两组，我选择了设计组。其实我对博物馆陈列设计一窍不通，不知从何入手，开始与三角板、丁字尺和绘图仪器打交道。我在校时最看不起实用美术系学生绘图靠仪器，有本事徒手画个整圆比试比试！这是我的心声。入职陈列设计以为就是提高陈列的艺术设计，我从学习徒手写仿宋体开始，尝试用绘图仪器，可心有不甘，总想着画油画，为"拳不离手，曲不离口"的绘画技术的日益生疏而忧郁不已。

20世纪50年代的上海博物馆"馆纪"很严，严防"成名成家"，严厉批判"一本书""一张画"成名成家思想。我想申请"业务学习"机会，不丢绘画技术，没门！为此我对馆领导很有意见。经3年抗争毫无进展，到了1957年"整风",大鸣大放,要求对领导提意见,我亦借机对个别领导提了些较为"尖锐"的意见,险些被打成"右派"。名单上报文化局社文处,处长沈之瑜一看,批示:这是对领导个人有意见,不是反党。驳回后,那位歪着头拿着棍子的"领导",心中一直把我看成"漏网"。正巧那时候划"右派"是按百分比分配的,博物馆与上海图书馆合署,只分配到一个右派分子。记得上博分到半个右派分子,那是位打扫卫生、为办公室送茶水的"公务员",已记不得他的"右派言论"是什么,反正是个倒霉鬼。

自那以后,我就非常警惕自己。想要成为"画家"此生终无可能了。本想羽化成美丽的蝴蝶,在毛毛虫阶段就受此重击,只能听任命运的摆布,含泪撕裂我过去所有绘画作品,立志潜修,作茧自缚,待羽化破茧,却再也不是蝴蝶,成了一名不伦不类的"杂家"。不是沈之瑜所期望的"专家",但我很自珍。我想博物馆需要我这样的杂家:都懂一点但不深,"猪头肉三不精",可管用。

上面这些话是我的经历,是我们那代人的际遇。现在言归本书的写作。

我平生写了三部书:第一本《探索者的履印》,内容由两部分组成,前半部分是我在20世纪80年代访美的考察报告和参加美加博物馆协会年会的纪要,后半部分是通讯与论文。第二本《六十年陈列艺术之路》,是我从上百项陈列艺术创作中选出33个展项的设计作品,作为奉献给关爱我的人的汇报。第三本即是本书《博物馆展示学研究》。这是本杂论,选了19个长长短短的篇章,没有系统的叙述,只从没有系统中求索,其实都是梳理我对博物馆展示学——陈列艺术的认识、观点、设计理念和价值取向,兼及方法论,也算作是研究吧。其中如"陈列是什么"分析了陈列本体属性、社会(教育)属性、陈列学科属性与陈列艺术设计属性。回答了陈列艺术创作"装置艺术设计"方法论,得出了展示设计即装置艺术设计结论。"一部展柜演变史,半部展示史"从旁反映了博物馆展示历史,探索出展览叙事源头与展示叙事必须借助"文物标本与一切辅助陈列的巧妙组合,即陈列语言运用"才有可能。"展示设计师谈博物馆建筑""说采光道照明"及"用事实说话是最有效的",讨论了我对博物馆建筑设计的观点和价值诉求,以及"黑盒子"与"白盒子"之争,阐明展厅采光照明的未来可能。书中其他篇章基本是专论。例如"论 DIORAMA""析'原状陈列''复原陈列''摹拟陈列'与场景",是对 20 世纪 90 年代出版的《中国大百科全书》"文物、博物馆卷"注疏性的阐述及"沉浸式展示溯源",等等。"硅像艺术在博物馆陈列中"及"从博物馆展示审视'非遗'的展示"探索了硅像艺术与"非遗"展示的可能性与必要性。书中的"'双胞胎'案"只是对设计师提醒原创性的重要和设计师应有的文化自信。"劝合不劝分,展示设计导演论"则是我个人自始至终的设计原则与坚持立场的阐明。最后一个篇章"轻声漫语 70 则"记录了我平时阅读书报杂志的感悟,只是摘录了笔记中的主要部分。

  本书写作的历时可谓长矣。最早的篇章起始于 20 世纪 60 年代,经过 62 年特别是最近的 20 年,陆续积聚,经过洗淘而成。文章无文采可言,皆是平实话,老实话，且崇尚言之有据，论之有理。用695幅案例插图引证之，基本反映我对展示学的立场观点及价值取向，也反映我的学术低调不好争斗，"你说你的我讲我的"，但又恪守治学为人的独立与自由思想。在本书的装帧版式上，左右都留有空白，是让我的师友读者书写批语的，真心诚意愿闻质询与批评。

我得感谢张晖同学。他为我的书的出版付出了巨大的劳动，为全书的装帧设计、版式设计、外封设计等作出无上贡献。不仅是这些劳务，他还参与文章整理，为我纠错补漏，查证外文资料，协助案例查考，提供精彩案例，的确让人动容。

也得感谢李玉棠先生和我的家人。他们早在两年前就为我出书进行策划和筹划新书发布会暨我从艺70周年的研讨会，多年来一直鼓励和支持我的写作。要是没有他们的支持和激励，就不可能有本书的问世。李玉棠先生还为本书题字，是须特别鸣谢的。

总之感谢了，是为序。

目 录

自序 …………………………………………………………… 001

1. 陈列是什么 …………………………………………………… 001
2. 记王振铎先生谈博物馆陈列 ………………………………… 055
3. 评审的标准永远说不清 ……………………………………… 066
4. 一部展柜演变史,半部展示史 ……………………………… 071
5. 展示设计师谈博物馆建筑 …………………………………… 143
6. 说采光道照明 ………………………………………………… 223
7. 用事实说话是最有效的 ……………………………………… 251
8. 从博物馆展示审视"非遗"的展示 ………………………… 264
9. 析"原状陈列""复原陈列""摹拟陈列"与场景 ………… 277
10. 硅像艺术在博物馆陈列中 …………………………………… 332
11. 论 DIORAMA ………………………………………………… 351
12. 沉浸式展示溯源 ……………………………………………… 393
13. 两件展品支持一项陈列 ……………………………………… 440
14. 关于陈列的真实性 …………………………………………… 448
15. 答《沈阳日报》刘海博记者问 ……………………………… 457
16. 宁静的辉煌——读淄博市博物馆"西汉齐王墓陪葬坑陈列" ………… 467
17. "双胞胎"案 ………………………………………………… 475
18. 劝合不劝分,展示设计导演论 ……………………………… 484
19. 轻声漫语 70 则 ……………………………………………… 488

附录1 我与中国博协艺委会——记忆与建议 ……………… 526
附录2 我与西安超人雕塑研究院之缘 ……………………… 530
后记 …………………………………………………………… 539

1 陈列是什么

陈列是什么？在我的认知中有广义和狭义的两种理解。凡是把物品或人的行为展现出来的事物都可说成是展示。这是广义的讲。例如商品陈列、会展展示、博览会，以及服装表现走猫步 show，动物园植物园，主题公园的演艺之类都是 show！如果要绘一棵 Display 系统树的话，这棵树肯定可以画得非常茂盛。但本文要探讨的是狭义的展示，即指博物馆的展示，或谓博物馆陈列（Display In Museum）。为了叙事方便，这里所说的博物馆泛指"人文历史""自然历史"与"科学技术"三大类博物馆的陈列与陈列设计。

对博物馆工作者来说，陈列一词是普通得不能再普通的词，但要回答陈列是什么，确实不是容易回答好的问题。记得 20 世纪 90 年代初我参与《中国大百科全书》"文物、博物馆卷"出版编撰工作时，词条"博物馆陈列"是个独立的大词条，在此分支下还有"陈列总体设计、陈列内容设计、陈列艺术设计"等 7 条小词条。当年分工让我负责"博物馆建筑"分支编撰，有关陈列的词条归北京同志编写。自此陈列是什么的问题一直长存于心，却求索不得，成为一心结。现在我想解开这个结，试从四个方面来论述：1. 陈列的本体是什么？ 2. 陈列的社会属性，即功能是什么？ 3. 陈列的学科属性是什么？ 4. 陈列的艺术属性是什么？

1. 陈列的本体是什么？

大百科词条编写有范例，词目下第一是对词目的"定性叙述"，之后是"历史沿革"，继之是词目涵盖的内容。博物馆陈列的定性叙述是这样写的：

博物馆陈列（Museum Display）为"以文物、标本和辅助陈列品的科学组合，展示社会、自然历史与科学技术的发展过程和规律或某一学科知识，供群众观览的科学、艺术和技术的综合体"。时隔8年之后，2001年国家文物局主编文物博物馆系列教材《中国博物馆学基础》一书问世，其中第十章"陈列研究与设计"中，对博物馆陈列的定性也有相似的叙述：

"博物馆陈列是在一定的空间内，以文物标本为基础，配合适当辅助展品，按照一定的主题、序列和艺术形式组合成的，进行直观教育、传播文化科学信息和提供审美欣赏的展品群体。"

上述摘录的两段文字是对陈列本体是什么的最好回答。这里有三个关键词：（1）组合；（2）物——文物标本；（3）综合体。这三个关键词中最关键的是"组合"二字。博物馆陈列有没有组合，是区别早期博物馆与现代意义博物馆在展示方式上的分水岭。前者只是把收藏品个别地毫无联系地展示给人看，后者则不同，它把陈列做成有意义的叙事，即从物到事，这就是我们所说的真正的博物馆陈列和展览，它传达信息、传播知识系统，从而具有社会教育功能。试举例如图1—图6：

图1 迟至18世纪欧洲博物馆乃处于开放式的库房模样,即珍奇屋Cabinet样式。

图2 早期卢浮宫的画廊,与现代卢浮宫相比,画挂得重重叠叠、杂乱无章,既没有主题也没有陈列体系可言,只是堆砌收藏。

图 3　1959 年中国历史博物馆的通史陈列。综合展现了中华 5000 年文化发展历史。当年聚合了多少专家学者草拟陈列大纲，几易其稿形成能够叙事的陈列体系！又请了很多专家学者完成了陈列形式的艺术设计。这是新中国第一个符合《大百科全书》定义的历史陈列。

图 4　中国革命博物馆近现代革命史陈列的一个局部。形象地演绎了从抗日战争到解放战争时期中国人民在共产党领导下以"小米加步枪"战胜了日本侵略者和国民党反动派的历史。这也归功于有组合的陈列——让陈列有故事可讲。

图5　首都博物馆《古都北京·历史文化篇》主题陈列中唐—辽代展区"都城序幕"部分，通过文物、图片和展柜上方的灯片等辅助展品组合，形象地反映了那个时代"番汉分活、华夷同风"的社会风貌。

图6
美国大屠杀纪念馆（华盛顿）中的一组陈列。把成百上千张犹太人家庭照片组合在"井状"排列的筒形空间内，直冲天穹，创造出了极度震撼的效果。这些原本温馨的家庭现今已不复存在，永远消失了！陈列深刻地揭示了德国法西斯灭绝人性的残暴，是该馆陈列内容设计与艺术形式设计共同创意的成果。

"组合"一词用英文表达是"Composition",即把许多不同要素构成一个故事。Composition 在建筑艺术中过去译为"构图"。在展示设计中诸如空间布局、空间组合、展品布置、陈列设备以及灯光照明、展墙色调、装饰材料肌理调控和多媒体数码制作等进行**组合**营造出物质存在——陈列展览。

　　内容设计和艺术形式设计中不同的 Composition 产生不同的价值取向及其艺术效果。如何**组合**是陈列内容研究的过程,也是艺术形式设计的思维过程。从这一工作层面讲,博物馆陈列本体即人造物及一切辅助展品的设计制作,是一套系列工程,是陈列展览赖以建立的物质保证。

　　由此可见,陈列的本体属性是"**物与物的组合之综合体**"。我们研究陈列设计(内容和形式),应该研究如何**组合才能使陈列有叙事的可能**,即陈列语言研究。陈列组合论在理论和实践上具有普遍的概括性、指导性和启示作用。这是分析研究陈列本体是什么的现实意义所在。

2. 陈列的社会属性,即功能是教育

　　不论历史如何演变,不论时代如何变迁,博物馆的收藏、研究、教育三个功能,只会为有位置上的更改而为永恒。联合国教科文组织和国际博物馆协会现在把教育列为博物馆功能的首位,无疑是非常及时和极为正确的。需要研究的问题是博物馆教育究竟是什么样的教育?记得 20 世纪 60 年代我在北京采访中国地质博物馆

馆长高振西先生时他的一席话，他说："所有博物馆的陈列展览都是对社会公众的一种科普教育。地质博物馆的陈列是地质学的科学普及，历史博物馆的陈列是历史学、考古学的科学普及，自然博物馆的陈列更是自然历史的科普。"

回想起这段话，我虽经历了博物馆实践70年，真找不出博物馆教育哪项陈列展览不具有科普性！在我们业界同仁中，可能有人认为博物馆搞科普展览是不是降低了陈列的学术品位？这个顾虑可以理解，博物馆当然要讲究收藏及学术研究水平，这些可以体现在博物馆的学术期刊上，但博物馆的陈列展览是面对社会大众的，忌学术化而求大众化，即科普化。科普化展览也须讲究学术，并不是幼稚化，而是把深奥的学理化繁为简深入浅出，探索学术知识正确而有效的传播，并以群众喜闻乐见的方式办好展览。而且科普教育研究本身也是一项科研，办好科普性展览是博物馆存在于社会的普世价值所在，全世界博物馆工作者都在为此付出不懈努力。下面我们再通过一些案例阐明博物馆教育是怎么做的。

图7-1、图7-2、图7-3为上海博物馆青铜器陈列。上海博物馆建馆定位是古代艺术博物馆，主要演绎古代艺术发展史，但又兼及历史考古文化。在展现青铜器艺术不同时期的发展阶段时不忘科普知识传播，展示了诸如青铜器合范铸造过程和浇铸技术等。

图 7-1、图 7-2　青铜器斝的合范铸造过程。

图 7-3
上海博物馆青铜器馆青铜器的浇铸技术。

陈列是什么 009

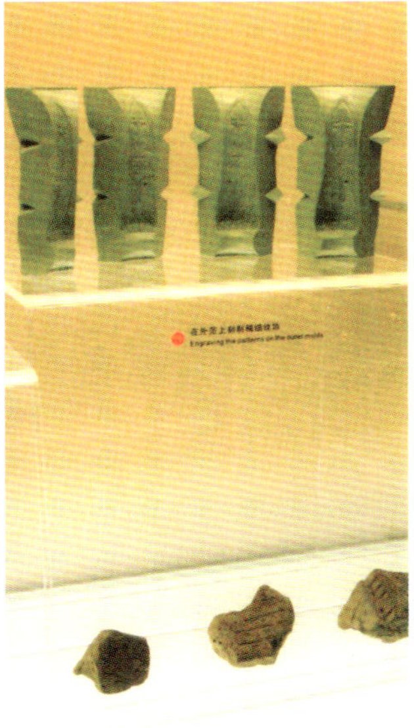

上海博物馆陶瓷陈列展厅一隅也有科普展示，图8-1、图8-2复原了一个陶瓷作坊，图8-3、图8-4、图8-5分别为龙窑、柴窑、馒头窑。对江西景德镇人来说，这些是司空见惯的事物，可对上海这样的城市，这些设置对于陶瓷器具是如何生产的却是知识的缺失点。

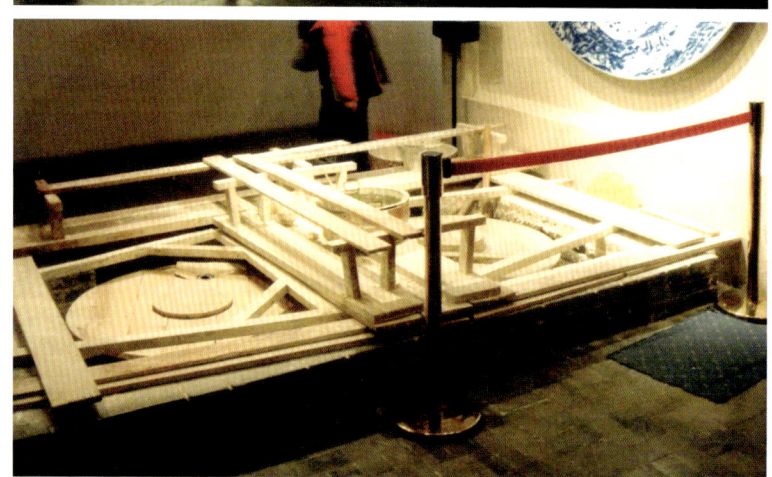

图8-1、图8-2
复原了一个陶瓷作坊。

图8-3、图8-4、图8-5
上海博物馆中国陶瓷器馆模拟的"龙窑""柴窑""馒头窑"。

图9为美国纽约大都会艺术博物馆埃及馆的"教学角",是为学生在展厅一角特辟的空间。展柜中的文物有许多重复件,按现场讲学需要,可取出来供学生细观研究。

图10为美国纽黑文耶鲁大学艺术博物馆陈列室地下层"教学角"。其功能也是供教学需要。

图 9　纽约大都会艺术博物馆古埃及艺术展厅中的"教学角"陈列。

图 10　美国耶鲁大学艺术博物馆中的教学陈列。

再举两例：

图 11 为美国波士顿儿童博物馆"日本屋"展项。这座房屋原本在日本东京，因新城市规划须拆除，但考虑到其有一定保存价值，日本政府以礼品方式赠予波士顿儿童博物馆。这家博物馆辅导员就在这里给美国幼儿进行体验教育：教会美国儿童如何学习日本礼仪待客，诸如进门脱鞋、茶道之类文化熏陶。

图 12-1、图 12-2 为法国巴黎卢浮宫博物馆。这里的展示环境本身就充满着艺术氛围，在宁静清简的气氛中，参观者安下心来慢慢观赏艺术杰作。

图 11　美国波士顿儿童博物馆，儿童可在"日本屋"中体验生活。

图 12-1、图 12-2
法国巴黎卢浮宫博物馆。
在宁静优美的陈列环境中接受艺术美的熏陶。

如上所述，要问博物馆陈列社会属性是什么？是教育！没错，更是科普教育和美育。这是陈列设计从内容到形式极为重要的切入点。它提示我们，博物馆陈列策划从设计到实施到开放，千万不可以自我为中心确定陈列的价值，这是我们的出发点，也是终极目标。

要说博物馆教育早在20世纪二三十年代欧美博物馆就在履行，再举两例：

图13为美国圣路易斯州城市艺术博物馆（The City Art Museum St. Louis）在展厅里举办教育讲座，讲的是中国陶瓷艺术鉴赏，聚合了许多青少年和家长在听讲座。

图14为美国纳尔逊艺术博物馆（Education. W. R. Nelson Gallery of Art）为少年儿童举办中国文化艺术讲座。

从这两个展例可见，所谓博物馆教育早已是欧美博物馆几近一个世纪的古老传统。从博物馆体制内有"教育部"设置起，标志着在博物馆历史长河中第一次革命的成就。

图13 20世纪30年代美国圣路易斯州城市艺术博物馆（The City Art Museum St. Louis）儿童教育讲座"中国陶瓷艺术鉴赏"。

图14 20世纪30年代美国纳尔逊艺术博物馆（Education. W. R. Nelson Gallery of Art）为少年儿童举办的中国文化艺术讲座。

3. 陈列的学科属性是什么？

要问陈列的学科属性是什么，我以为应该属于"展示传播学"（Display Communication for Museum）。

传播学在20世纪80年代开始繁衍。首先是在新闻学，之后是广告、广播、电视等各领域，同时也渗入博物馆学。传播学下属分支学科林立，出版了许多门类分支专著。但是近半个世纪以来尚未见有**"博物馆展示学"**（或称博物馆陈列学）问世，学科的创建与研究尚待有人问津。

传播学研究对象是信息的传播。研究信息传播的授者与受者的关系，研究信息传播的规律及目的在于驾驭其规律并提高传播之效果。传播学本身又是跨界的（Cross-over），传播学与博物馆学的结合，还须有专业学科的支持，例如历史学、考古学、地质学及生命科学中的动物学与植物学，等等。若没有专业学科支持，博物馆展示传播学就无法建立。

站在以信息传播为主导的视角看博物馆陈列都是叙事陈列。首先，一切展示的媒体都是"物"——文物、标本及辅助陈列资料的物：文字版面、图表、模型、沙盘、布景箱（Diorama）、场景（Scene）等都是信息的载体。信息载体的品位取决于它们的原真性、物证性、多元性和美育的鉴赏性。其次，一切陈列都是博物馆人与观众——授者与受者的对话。为此又以研究观众，特别是研究与把控观众的先期经验为首要。由此看来，博物馆真是一座文化交流平台。用作博物馆信息传播中的物——文物标本本身是多元的，物作为信息载体，一出库房即可看作**符号**，它代表某种语言的意义，并且可以解读。试举文物青铜器陈列为例：

图 15-1 为上海博物馆青铜器陈列。上海博物馆虽定位为古代艺术博物馆，但在信息提取方向乃提供了历史信息。图 15-2 为西周大克鼎陈列，在展墙上刊布了器内铭文及现代汉字释文。图 15-3 为战国青铜饮酒器杯陈列，附有杯内侧不易看清的纹饰饮宴图，放大了展示在柜内背板上，纹饰描绘了春秋战国时期人们生活和建筑风貌，见图 15-4（绘图作者阿部正捷先生，供职上海博物馆，研究员）。

图 16-1—图 16-7 展示不同类型古代青铜器艺术造型之美，提供美学鉴赏。

图 17-1—图 17-3 提取古代青铜器纹饰之美的信息供观众鉴赏。图 17-1 战国青铜器盉之纹饰经放大展示，提示观众朋友注意。图 17-2 战国扁壶纹饰展示。图 17-3 战国带钩纹饰展示。

图 18-1 用图文展板说明青铜器成分、性能及复合技术。图 18-2 用图表标明青铜剑配料比例及相应的机械、物理性能。

图 19、图 20 提取青铜器浇铸技术的信息，用模型展示其铸造程序及技术。

文物作为信息载体，它是多元的。青铜器大克鼎中的铭文提供了历史与考古研究的信息。

图 15-1
西周大克鼎。

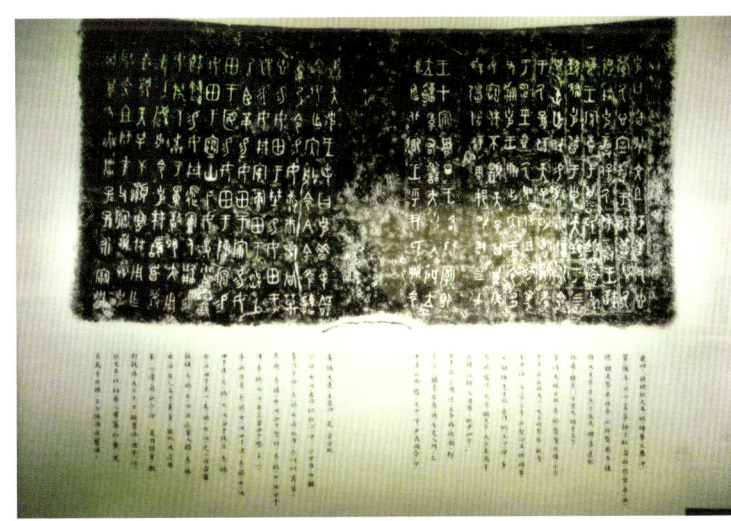

图 15-2
西周大克鼎内铭文与今文对照。

图 15-3
春秋战国饮酒器杯。

图 15-4
春秋战国饮酒器杯内铭刻的饮宴图,反映那个时代人们的生活风貌和建筑。(制图:阿部正捷先生)

以青铜器为例进行剖析：商周青铜器用于古代艺术陈列（信息的截取，传播方向：揭示青铜器的造型美）。

图 16-1、图 16-2
陈列各式商周至春秋战国时期的青铜器，提取和揭示青铜器造型之美。

图 16-3—图 16-7
陈列各式商周至春秋战国时期的青铜器，提取和揭示青铜器造型之美。

图 17-1
提取战国青铜盉纹饰之美。

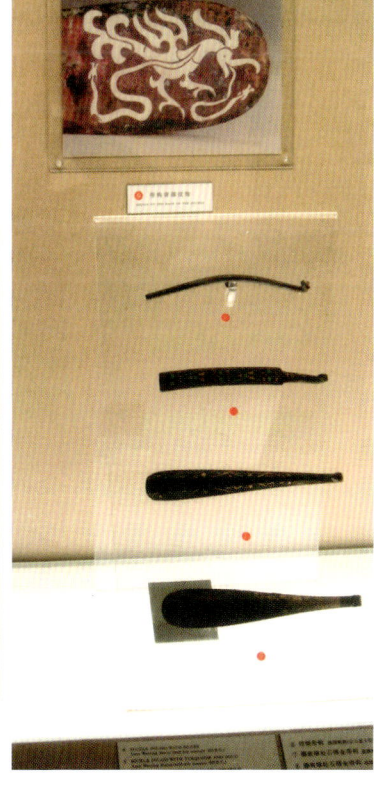

图 17-2
提取战国青铜扁壶纹饰之美。
图 17-3
提取战国青铜带钩纹饰之美。

图 18-1
图文展板说明青铜器成分、性能及复合技术。

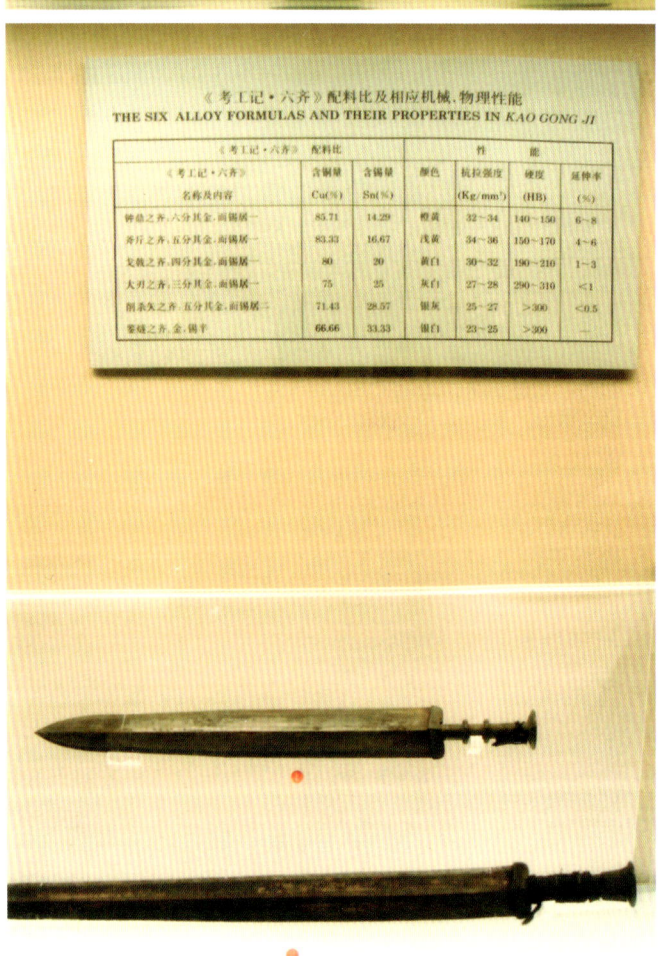

图 18-2
青铜剑成分分析表。

图19、图20 提取青铜器浇铸技术及其铸造程序的信息。

展示传播学提示我们：展示设计师需注意文物标本的多元性。首先，在提取信息用于不同性质陈列展览时，采用的陈列语言表达方式方法应该是不同的。其次，设计师也应关注观众研究，特别是博物馆体制内的设计师更需关注观众先期经验的研究，切不可以为这只是陈列内容设计人员或博物馆教育人员的事。设计师应该时刻想到，自己是博物馆信息的传播者，而且是真实、正确信息的传播者，须对社会公众负责!

博物馆展示传播学是门新兴的学科，需要博物馆人关注、研究、耕耘，期待她能茁壮成长，把这门学科建立起来。

4. 陈列的艺术属性是什么?

陈列的艺术属性我认为是**装置艺术设计**。说起装置艺术（Installation Art）是一个很大的概念。因为这门艺术可说是"很杂"，有为政治服务的政治性艺术装置，有为商业服务的商业性装置，有为宗教服务的宗教性装置艺术——教堂寺庙。凡是"项目性"的艺术设计均可视为装置艺术设计，并且都是跨界的（Cross-over Event Design for Installation Art）。就博物馆展示设计来说本身也是项 Installation Art，不仅是展示艺术的属性，而且是博物馆展示艺术（陈列艺术）之方法论。这一观念的产生可追溯到 20 世纪 80 年代纽约现代艺术博物馆（The Museum of Modern Art，简称 MOMA）的装置艺术创作实践。1998 年，玛丽·恩尼·斯坦尼斯札夫斯基写了本书《展览的力量——现代艺术博物馆装置展览的历史》(*The Power of Display : a History of Exhibition in Installation at the Museum of Modern Art*),书厚 25mm。

在我国,自"85 新潮美术"运动以来,历届双年展屡有装置艺术作品展出,如春潮蓬发。

什么是装置艺术(Installation Art)?

依我的鄙闻陋见,装置艺术由三个要素组合而成:(1)利用现成之物;(2)须用一定的空间;(3)赋予造型与某种意义。三者叠加形成"装置艺术"。先举街道公园装置艺术:

图 21 为英国肯辛顿公主花园内的装置设计作品《盛开的花卉》,既有观赏的美学价值,又有供公众休息消闲的实用价值。

图 22 为美国俄亥俄州克利夫兰市 65 街道候车站,也是件实用的艺术装置作品。

图 23 为墨西哥,墨西哥城内一广场的装置艺术——蘑菇状的公众休息凳。

图 24 为丹麦哥本哈根国王花园内的艺术装置,名为"西洋镜"的园中围墙。

图 25 为上海黄浦区新天地零售广场的装置艺术作品。

图 21
英国肯辛顿公主花园内的装置艺术,也是供游园公众的休息亭。

图 22
美国俄亥俄州克利夫兰市 65 街道的候车站,也是件实用的艺术装置。

图23 墨西哥，墨西哥城内一广场的装置艺术——蘑菇状的公众休息凳。

图24 丹麦哥本哈根国王花园内的艺术装置——西洋镜围墙。

图25 上海黄浦区新天地零售广场上的装置艺术作品。

上述五例都是利用现成之物：街道商铺，公园；都设在特定空间中；都赋予造型与意义：游览休闲与实用。

还有在"项目设计"中的装置艺术设计，再举四例：

图26所示奥迪汽车Sphere新款在丹麦哥本哈根新闻发布。

图27所示"博世制造"是BOSH公司125周年庆典活动的大型艺术装置，包括酒会和影像表演。

图28为中国华为P6新款手机在伦敦的发布会，包括酒会、展览和影像装置。

图29为德国柏林犹太人博物馆建馆10周年庆典大会的装置设计。其中有架钢琴可供现场演奏。

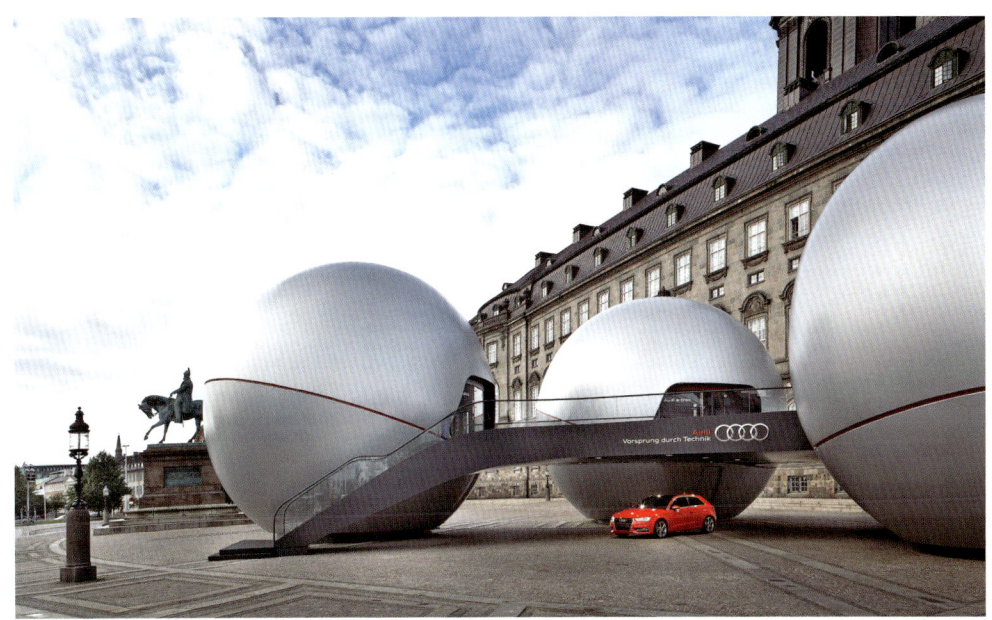

图 26　丹麦哥本哈根奥迪汽车 Sphere 新品发布会，是件大型的装置艺术——球。

图 27　"博世制造"庆典活动，其构成也属于艺术装置。

图 28　中国华为 P6 新品伦敦发布会的艺术装置。

图 29　德国柏林犹太人博物馆建馆 10 周年庆典大会的艺术装置设计。

商业上的装置设计如橱窗也不乏佳作,再举数例:

图 30 为日本东京银座佳丽宝流行中心的橱窗,是典型的装置艺术设计。

图 31 为日本东京西武百货公司滨谷店的商场陈列,看起来像是博物馆的服装陈列。

图 32 为日本玉川高岛屋橱窗设计——生态学,将橱窗设计成博物馆展示样式。

图 33 为日本东京银座松板屋橱窗——90秋冬绅士服大会串,也有博物馆的无展柜展示方式。

图 34 为日本东京池袋西武百货公司橱窗——激动的X-mas乔瓦尼,是否有点像北京圆明园遗迹?

图 35-1 为日本伊丹国际机场橱窗,松下电器产业"万花筒";图 35-2 为松下电器产业"麦克罗及a",猛一看以为是某科技馆的装置,还可以动手实验呢。

图 30
日本东京银座佳丽宝流行中心橱窗,是很典型的装置艺术设计。

图31　日本东京西武百货公司滨谷店的商场陈列。与博物馆服装展览相比几乎无差别,但它也属于艺术装置设计。

图32
日本玉川高岛屋橱窗设计——生态学,把商品橱窗设计成博物馆的陈列样貌。

图 33　日本东京银座松板屋橱窗——90秋冬绅士服大会串,其设计近似博物馆无展柜展览。

图 34　日本东京池袋西武百货公司橱窗——激动的 X-mas 乔瓦尼,看起来有点像北京圆明园被烧毁的遗迹。

图 35-1　日本伊丹国际机场橱窗，松下电器产业"万花筒"。

图 35-2　日本伊丹国际机场橱窗，松下电器产业"麦克罗及 a"。

以上所举商业橱窗的装置艺术，都接近或类似于博物馆展示设计，双年展中更有模拟博物馆式的展示。再看下面几例：

图36是2010年上海双年展的一件装置艺术作品——"开发区，绘画 & 装置，2010"，作者：关伟。据说作者想要表达的是帝国式欧洲中心已经式微，世界已知的划分也已淡出，但南方、北方区域差异尚在。关伟想通过制图方式清晰地揭示这些差异，从图36-1、图36-2展示方式、展品标本等来看，是仿了博物馆展示。

图36-1
"开发区，绘画 & 装置，2010"。

图36-2
"开发区，绘画 & 装置，2010"。

图37为2010年上海双年展装置艺术作品——"瓷器，影像装置，2010"，作者：Superflex & 螺旋桨小组。这个装置很特别，采用的是17世纪的文物。原来1601年有艘西班牙San Jago号货船将东南亚瓷器运往欧洲市场，与三艘荷兰船相遇，展开了一场激烈的海战，最后荷兰获胜，袭获了San Jago号的整船瓷器，经济价值极为可观。真实的事件被陈列在荷兰历史博物馆里，经馆方同意艺术家得以拍摄纪录片和借用文物，完成装置艺术创作，见图37-1—图37-5。

图37-1 "瓷器，影像装置，2010"。

图37-2 "瓷器，影像装置，2010"。

图 37-3 "瓷器,影像装置,2010"。

图 37-4 "瓷器,影像装置,2010"。

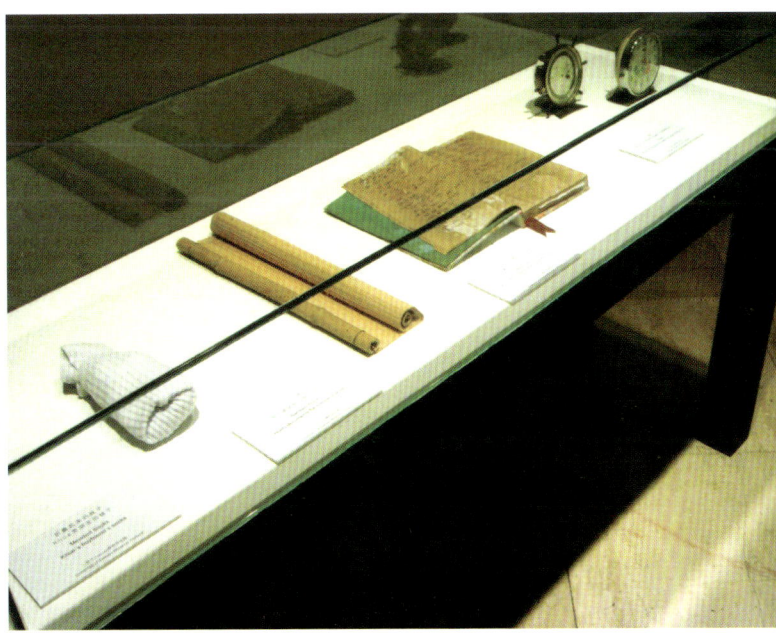

图 37-5 "瓷器,影像装置,2010"。

此外，装置艺术还与博物馆陈列艺术有惊人的相似性展例可举：

图38-1是艺术家达明·希尔斯特装置艺术作品。达明·希尔斯特也是一家自然博物馆的馆长。艺术创作常以生命与疾病为主题，这件作品隐喻生死相遇和交替。图38-2是香港科学馆自然陈列。两相比较，如出一辙。

图38-1
装置艺术作品"半个进入市场，半个留在家里"。

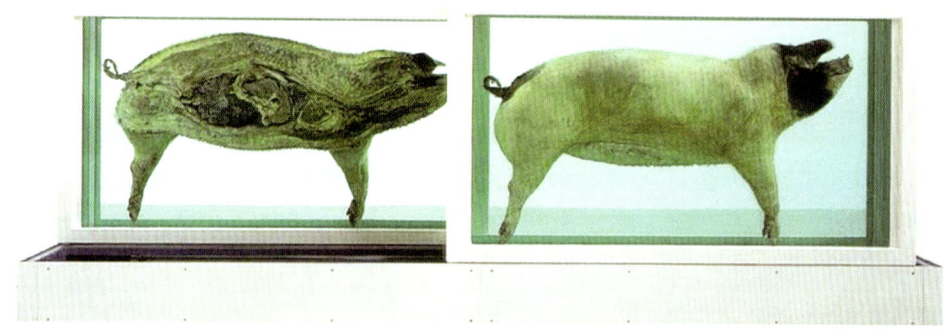

图38-2
香港科学馆"食品、营养与健康"展览生猪标本模型。

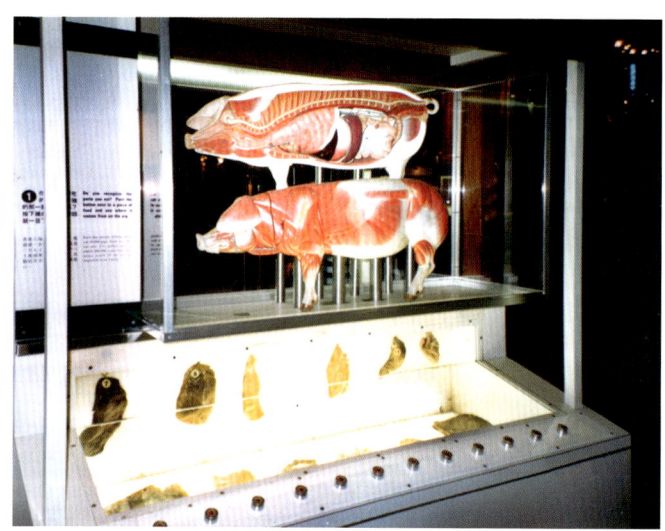

图 39-1 为 2008 年上海美术馆双年展装置艺术"蚂蚁"。图 39-2 是伦敦英国自然历史博物馆的陈列（20 世纪 50 年代）。图 39-3 为上海科技馆专题陈列作品"蜘蛛"。都是把动植物模型放大到极致。

图 39-1
2008 年上海双年展装置艺术作品"蚂蚁"。

图 39-2
伦敦英国自然历史博物馆的陈列，把蜜蜂采蜜做成显微镜放大式的模型。

图 39-3
上海科技馆专题展览作品"蜘蛛"。

图 40-1 为美国大西洋城街头公共艺术装置作品"大篷车"。图 40-2 为华盛顿国立美国历史博物馆陈列展出的大篷车实物。这类大篷车 18 世纪中叶到 19 世纪上半叶都曾经在美国各大州城市中流动。

图 40-1
美国大西洋城街头公共艺术,装置艺术作品"大篷车"原物。在 18 世纪中叶到 19 世纪上半叶,大篷车曾经在美国各大州城市中流动。

图 40-2
华盛顿国立美国历史博物馆陈列展出的大篷车。

图 41-1 为 2008 年上海双年展"快城快客"主题下的装置艺术。在上海美术馆展厅中展出一堆行旅包裹，反映了农村人口涌入城市的状况。图 41-2 为美国纽约埃利斯岛移民博物馆"行旅室"陈列，堆满了 19 世纪移民们的箱笼。

图 41-1
2008 年上海双年展"快城快客"主题下的装置艺术作品。

图 41-2
美国纽约埃利斯岛移民博物馆"行旅室"陈列，堆满了 19 世纪移民们的箱笼。（张晖摄）

图 42-1 为俄罗斯艺术家卞巴科夫装置作品"我们曾经生活在这里"。作品充满着浓烈的意识形态色彩,由 19 座独立装置组成。1995 年入藏法国巴黎蓬皮杜国家艺术和文化中心,并作永久性陈列。图 42-2 为香港历史博物馆"香港的故事"陈列,展示了 20 世纪 60 年代香港中下层居民的居住环境。

图 42-1
俄罗斯卞巴科夫装置艺术作品"我们曾经生活在这里"。

图 42-2
香港历史博物馆"香港的故事"陈列中的住舍反映了 20 世纪 60 年代香港中下层居民居住环境。

图 43-1、图 43-2 为台湾现代艺术展览中心装置艺术作品"一年的行为艺术 1978—1979",作者谢德庆。

图 43-3、图 43-4 为法国巴黎军事博物馆陈列。图 43-3 是拿破仑的指挥所原状陈列,图 43-4 是拿破仑被关押在圣赫勒拿岛的居室原状陈列。

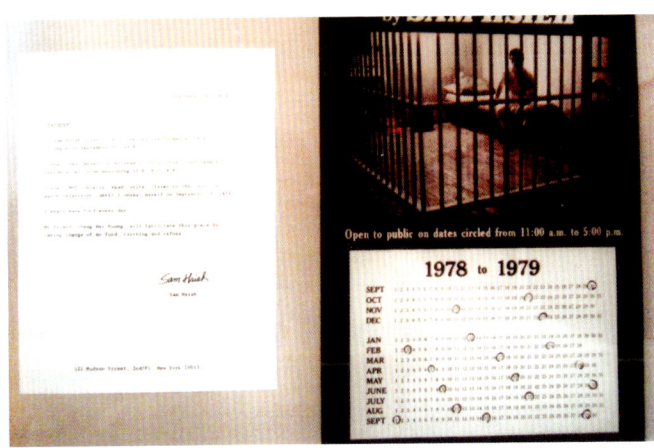

图 43-1、图 43-2
台湾现代艺术展览中心的一件装置艺术作品"一年的行为艺术 1978—1979",作者谢德庆。

图 43-3 拿破仑的指挥所原状陈列。

图 43-4 拿破仑被关押在圣赫勒拿岛的居室原状陈列。

图44-1为2010年双年展的装置艺术作品"两把椅子"。图44-2为美国伊利诺伊州芝加哥历史学会博物馆历史陈列"南北议和"场景展示。

图44-1
用博物馆陈列手法表现的装置艺术作品，2010年双年展。

图44-2
美国伊利诺伊州芝加哥历史学会博物馆历史陈列中"南北议和"场景展示。（1980年）

图 45-1 为 2008 年上海双年展装置艺术作品。用一辆火车头与绿皮列车再现 20 世纪 60 年代城市"知识青年上山下乡"的情景。图 45-2 是美国纽约城市博物馆一个展览的入口陈列作品"酗酒——第三个杀手"。用一辆因酒驾车祸被毁车辆的实物作警示。

图 45-1
2008 年上海双年展装置艺术作品，用的是一辆真实的火车头和一节绿皮车厢。

图 45-2
美国纽约城市博物馆一个展览的入口陈列作品"酗酒——第三个杀手"，陈列直接用一辆车祸被毁的小轿车（原物），车被撞得惨不忍睹，警示醉驾的危害。

图46-1—图46-3为2008年威尼斯双年展装置艺术作品"德意志",作者汉斯·哈克。这一作品仅用一张照片和布满整个展厅地坪的破碎了的石片,观众走在上面哐哐作响,听来非常恐怖。作品揭示德国法西斯统治时代屠杀犹太人的黑暗。图46-4为德国柏林犹太人博物馆观众必经的长廊,地坪上也铺满了圆脸形金属块,圆脸面貌的表情是恐惧、惊惶,又像在呐喊,观众踩上去不仅硌脚,而且会发出金属片摩擦的声响,让人发怵!

图46-1、图46-2、图46-3
2008年威尼斯双年展装置艺术作品"德意志",作者汉斯·哈克。

图 46-4　德国柏林犹太人博物馆。

图 47-1 为装置艺术作品"建筑师的视角·悬臂式·400 把椅子",作者:E/B Office（Yong Ju Lee and Brian Brush）。作品位于美国佐治亚州亚特兰大的自由公园,400 多把椅子用螺栓连接成桥形装置。图 47-2 为德国柏林未来博物馆内自然展区单一元素展台,也是座叠加装置的展台,与图 47-1 有异曲同工之妙。

图 47-1　装置艺术作品"建筑师的视角·悬臂式·400 把椅子",位于美国佐治亚州亚特兰大的自由公园。

图 47-2　德国柏林未来博物馆内自然展区单一元素叠加展台装置构造。

图 48-1 为美国宾夕法尼亚州费城东方州立监狱博物馆展览中的装置艺术作品"驯服",是艺术家泰勒·赫尔德的作品。博物馆原是座监狱,作者把一辆汽车拆卸后再安装在一间单身牢房内,四壁挤压动弹不得。这是警示犯罪必受惩罚,克制自己,服刑才能恢复自由。

图 48-2 为监狱博物馆内另一牢房内装置艺术作品"隔离的系统",是艺术家乔丹·格理斯卡的作品。他用一块块方形钢板包镶牢房,这是个感觉冰凉又生硬的空间,隐喻牢房让人无法生存的凄凉,快快醒悟吧!

图 48-3 为监狱博物馆另一展示装置作品"安温",是由艺术家卡伦·斯契姆特创作的。她用手工编织毛毯铺垫牢房,营造整洁温柔的环境,可让罪犯想起自己温馨的家,启示罪犯好好服刑,争取尽早获释回家。

图48-1 美国费城东方州立监狱博物馆装置艺术作品"驯服"。(张晖摄)

图48-2 美国费城东方州立监狱博物馆装置艺术作品"隔离的系统"。(张晖摄)

图48-3 美国费城东方州立监狱博物馆装置艺术作品"安温"。(张晖摄)

我想，以上一系列展案一定能说明装置艺术与博物馆展示艺术之间的关系，它们之间有差异也有共同点，这个共同点即创作的规律与构成创作的要素，其构成三要素是：

（1）装置艺术是由现存的物来构成。这些新旧生活用品，甚至是垃圾都可用于创作。博物馆展示的物——文物、标本、辅助陈列品，从装置艺术创作视角看，也是现成之物。

（2）装置艺术须布置在特定的空间中，这个空间可以在室内也可以在室外。博物馆展厅空间通过展示设计，把"物"容于其中，这一点与装置艺术创作完全一致。

（3）设计、创作须赋予一定的造型与意义。这就毋庸置疑了，博物馆陈列艺术就是展示叙事艺术，完全与装置艺术设计相吻合。

综上所述，再举个例子，上海玻璃博物馆陈列，大家可以对照一下，这样的展示设计不就是 Installation Art 设计作品吗！见图 49-1、图 49-2，由此及彼，我们也可以说，博物馆展示设计在创作方法论来说即是装置艺术设计。早在 20 世纪 90 年代日本出版的一套四卷本的《1980—1990 日本展示设计》（*Display Design in Japan 1980—1990*）第四卷为"博物馆与休闲公园（一译'博物馆与主题公园'）"（*vol. 4 Museum & Amusement Parks*）第一章就把装置列为博物馆展示的谱系。以往国内博物馆陈列设计师可能都不太理解什么是装置，现在可以理解了，把 Installation Art Design 嵌入 Display Design in Museum 中是不错的。

图 49-1、图 49-2　中国上海玻璃博物馆。博物馆陈列展览设计与装置艺术创作规律是一致的。

记王振铎先生谈博物馆陈列

今年（1961年）11月14日在北京先后两次以"博物馆陈列设计中的家具设计"为题访问了王振铎同志，征求他对此课题提纲的意见。王振铎同志认为提纲的内容很好，但把陈列设备称作"家具"不妥，于是他对陈列设备的称谓、分类、发展历史，以及设备造型的"民族形式"诸问题，发表了他的看法。回到上海以后，根据笔记整理成文向馆领导报告。本文未经王振铎同志本人审阅，记述若有错漏，均由笔者负责。

1961年11月27日

1. 关于陈列设备的称谓

博物馆陈列，有人称为博物馆陈设，把陈列展览用的陈列设备称作装具或家具，历来人们对此都是有所区别的。作为"家具"，它本身是室内的陈设物之一，摆出来，家具就是室内陈设中的一件艺术品。家具是人们日常起居的生活用具，它概括不了专供陈列文物使用的陈列设备。我认为"陈设"一词对于博物馆陈列来说是有一定的局限性，把陈列设备叫做装具或家具更为不妥，陈列的概念比陈设大，陈列设备可以涵盖诸如陈列图片、绘画用的镜框（镜架）等在内，"装具"一词就概括不了。所以，做课题研究，写成文，建议还是称"陈列设备"为妥。

2. 关于陈列设备的分类和分类名称

对各种陈列设备进行分类，并赋以合适的名称很有必要，统一名称，有利于学术研究。提纲中有"平台"的称谓，想来大概是指"坡面柜"，所谓"立橱""中心橱"即是指"立柜""中心柜"吧。称"橱"不称"柜"是南方人与北方人对同一事物的不同称谓，是个习惯问题，称"橱"不称"柜"也当无不可，但我认为，将其改过来，称"柜"更为合适。在我看来，"橱"的含义往往是指一个立方体，正面有两扇可以朝外拉开的门，唐宋以来这种样式的家具都称为橱，在故宫中现在尚可看到清代遗存的这种橱：四四方方、高大无比，一面靠墙陈设，正面有两门可开，门上有把手，好像"铺首"；放在大殿里犹如大建筑中套着的小建筑物。家具中的"柜"则与此不一样，虽也是四四方方，但高度不如橱，一般都较低矮，而且门是开在柜面上的。现今的陈列柜，是古时橱与柜结合发展过来的；我们把立面玻璃，一面靠墙（背面），正面或侧面开门，称做"立柜"，四面玻璃，放置在展室中央，正立面或两侧开门，称之为"中心柜"（或中心立柜）。总之，橱与柜各有不同的个性特征，称谓亦有所不同。

此外，也有把立柜称作"窗橱"的。这是因为一般的立柜开门都在两侧，正立面一块固定的大玻璃，看上去像是一面窗。这个称谓也值得推敲，因为陈列设备中有种称为"壁龛"的设备。壁龛的特征是在墙上开个"窗洞"，镶上玻璃把文物陈列在里面；把立柜称作"窗橱"很容易与壁龛相混，是不合适的。

壁龛在中国自古有之，在日本用得很多。壁龛的背板深嵌在墙内，若这堵墙打通，在背板一侧也镶上玻璃，那就不能称其为壁龛，倒真的成了"窗橱"了。

"平台"还是改称为坡面柜为好。在英文里，这种柜子称做"Booktable"，即书桌！为什么称"Booktable"，起初我也不理解，访问苏联和罗马尼亚时看到一幅古代油画，画面上就有这种家具。原来在16—17世纪，"Booktable"是在书房里陈放手稿、纪念币或小型雕刻作品用的。起先这些物品露置在桌面上，为了保护，防止损坏，于是在桌面上加了一个玻璃罩，这类玻璃罩有水平的，也有坡面的，就形成了现在我们陈列用的那种样子，它是由书桌发展而来的。这种展柜最早起源于法国，古典的桌腿是带有弧形鼓突的，上面有精雕细刻的装饰纹样，具有洛可可风格，极为华丽，在苏联的博物馆中尚留有当年购自法国的这种展柜。桌柜有腿，具有"桌子"的特征，发展到后来，桌子的下部包镶木板，纤细的桌腿被遮掉了，更显稳重，上部配上玻璃罩就更具陈列柜的特征了。

提纲上有"台座"称谓的这种设备，一般是指称陈列雕刻之类文物用的柜状立方体，国外称做"Stand"。所谓"台"，在其顶面必须是个平面的空间，所谓"座"，其上必须是能承受物品重量的。台座这类陈列设备尺度比例高低大小，其设计都与陈列展品的尺寸体量、重量有关，"台面"的高度与人体视高关系密切。

3. 关于陈列设备发展的三个历史阶段

根据王振铎同志见解，他把博物馆陈列设备的发展划分为三个阶段三个历史时期，即"因地制宜时期""标准化时期""窗橱式时期"。

因地制宜时期的陈列设备安置，是结合建筑空间特定条件设计的。例如19世纪英国自然历史博物馆展厅，就是利用展厅整体墙面镶装了极为高大的玻璃柜，即使是中心柜，也是体量庞大由许多玻璃拼连而成状如小房子，有的在其顶部还真的安装了"尖屋顶"，更像是大建筑室内套着的小建筑，那是马克思、恩格斯那个时代的产物，那样的陈列设备，在我国旅顺博物馆中还能见到，那是当年日本人模仿大英博物馆的柜子设计制作的。这类设计最早风行于欧洲，其特点是：展柜的艺术造型、装饰风格完全与建筑室内外装修风格统一，巴洛克以至洛可可时代风格对这时的陈列设备设计影响特别大，设备的造型、装饰繁琐，线条复杂粗壮，有碍观瞻陈列在柜内的文物或标本，其设计的不科学是显而易见的。发展到后来，除了保守的英国老资格博物馆陈列还沿用至今外，已为大家所摈弃，推翻了这类设计之后，代以兴起标准化设计运动。据我所知，标准化设计大约最早起始于英国，时间在1917年左右。标准化设计犹如建筑设计采用一定的模数，有统一的尺度和规格。他们把博物馆展柜归纳成立柜，或称墙柜（Wall Showcase）、中心柜（Free Showcase）和桌柜（Booktable）等三类，以为博物馆配备了这三类柜子已经足够用于布置陈列展览的需要了。制作标准化的展柜，不管是使用木料或钢材，由于尺寸规格统一，都便于机械化加工，部件之间可以互换拼合，是符合经济适用的一种设计，很快得到了推广，为现代绝大多数博物馆所采用。

窗橱化设计是当代发展起来的，亦十分流行（笔者注：王振铎同志这里提到的"窗橱化设计"类似我们常称之谓"画廊"或大通柜样式的大展柜，他当时举例故宫织绣馆陈列丝绣屏风和丝毯的展柜，采用大面积玻璃，沿展厅墙面连续成一片）。这种设计的优点是：便于在柜内装置灯光，使人工照明获得较为理想的效果，柜内有较大的空间，便于组织展品，布置陈列，是当前带有趋向性的设计。

此外，灵活装配式结构的陈列设备在当代世界各国博物馆也应用广泛，这类设备除了不适宜陈列油画之类展品外，很适合陈列其他各类不同文物展品。

4. 陈列设备设计的艺术造型

称"家具"也好，称陈列设备也好，它们都布置在室内，对建筑来说家具和建筑是一个整体的关系，即形成了总体的艺术形象。古典的庙堂宫殿本来是举行礼仪的场所，博物馆建在其中，陈列设备——家具的腿式装饰、线条，都讲究端庄稳重的艺术形象以求与建筑装饰风格相统一，反之，若建在别墅豪宅中，"家具"设计的艺术形象就应有所不同，须表现轻巧华丽的趣味，在不同场合"家具"设计应有不同的形象，表现出不同的性格和风格，所以什么博物馆配用什么形象的"家具"，必须有所研究和选择。例如鲁迅博物馆，鲁迅有自己的性格，为这个博物馆设计家具，我看以取简朴、敦厚的风格为宜，如能按他生前爱好的家具样式来设计展柜造型，则更能表现出这个陈列的特有性格。如果要为梅兰芳同志创办博物馆，"家具"的造型也采用简朴、敦厚的样式，我看就未必适宜，不如采取较为精细华丽的为好。

博物馆陈列设备设计还必须注意时代性、表现时代的特征。一般来说现代博物馆的陈列设备，在艺术形象、造型风格上应该愈简朴愈好，特别在线条处理上更须简洁。

陈列设备的柜内设计十分重要。例如柜内的各种展品托座，在故宫称积木座，其设计既要注意到有一定的规格，又有一套统一模数的尺度比例，有统一有变化，可以相互凑合拼联，体量能大能小，以适应陈设各类不同文物之需，但尺寸规格不宜多，多了就不是"积木"了。例如基本模数取 20 厘米，大小之需按 20、40、60……来递增，当然亦可按 15、30、45、60……来递增，设计"积木"的不同规格，要注意便于堆积、拼联、整合。像现在故宫陈列，设计的积木座、规格太多了，没有一个基本模数、拼凑堆积，不容易整合整齐。另外应注意制作积木座的材料选择，以木料来说，表面不应过分光滑，光滑的表面固然很美观，但对文物不安全，所以木制的积木座，表面往往还需包以麻布。

5. 关于民族形式问题

关于民族形式问题是我提出来请教王振铎同志的。他对这个问题是这样说的：我认为要紧的问题是概括性要大。如果是国家级博物馆，民族形式的概括性应该更大。在这里我们会遇到的问题不外乎两个方面：纵的方面是历史的传统问题，横的方面是各个民族的传统与地方风格的特色问题。在国家级博物馆中，展柜的形式设计不能以某一个民族的民族形式为主，否则就有片面性，不能反映我们是个多民族的国家，也不能适应多民族的观赏习惯和趣味，所以，要抓民族形式首先该抓它的共性，即我们国家各民族可以接受的共同性，而不应是择取某一民族某一特性，有了共同性的通用样式，是不会有人反对的，例如"须弥座"的样式，我国许多民族都在采用，不会有人排斥它。同时，民国时期的建筑中也多有采用须弥座样式的，这样的展柜造型也可以与建筑风格相调和。地方性的博物馆，如福建省的博物馆不妨采用"建漆"的样式来做"家具"；再如吉林省博物馆不妨用白桦木做"家具"。当然，也可以按地方的民族特性突出的样式来选择"家具"的造型形式。苏联的情况与我国亦很相似，如采用古代的俄罗斯形式，实际上也是综合了欧洲民族的形式。

  表现民族形式我以为也不能用夸张的手法，应该采用细腻的、含蓄的手法，在不易察觉、收敛的手法上下功夫，提炼其造型样式。当然，夸张的手法无疑是最省力、最方便的，但不能获得成功的良好效果。比如，在京剧舞台上，人们将明式家具中的案子的两端翘角做得特别夸张、翘得老高，下部的桌腿也做了夸张的倾斜，这种夸张在打造舞台形象上能起到很好的效果，使观众感到很典型、很真实，但这种夸张手法若用于设计博物馆展柜就不合适了，会使人感到不真实、不典型，甚至可笑。我认为最讲究、最高明的设计应该是含蓄收敛的表现手法，要达到这种效果，表面上看来似乎很简单，实则不容易，欲达到看似简单实则隽美，还需要经验、知识的积累和艺术的素养。一切花哨的、夸张的做法，实际上都是急功近利、粗制滥造的结果，是不高明不足取的做法。

  我可以举出一个成功的例子，这就是上海锦江饭店。你可以去看它的室内设计，不抢眼不引人觉察，却十分隽美，这种设计不为一般人所理解和接受。欲创造一种新的民族风格，作为一名设计师、一名美术工作者，创作者应该要掌握一些美术知识，特别是美术考古学的知识，应该去学习这些知识，在博物馆工作的美术工作者有有利条件，考古学的理论、知识是必不可少的修养。我在这里给你举例，假如我们在陈列里要设计布置一段毛主席语录，这条语录的内容是毛主席批评许多人只晓得外国，不懂中国，言必称希腊罗马，我们装饰这条语录如果不懂得各类图案纹饰的历史渊源，一概以为玉桂、橄榄叶是象征光荣和平，用来装饰这条语录，就必然犯错误！这只是一个比方。实际上有许多技术水平并不低的美术工作者，不是很知道什么纹饰是中国的，什么纹饰是外国的，什么纹饰原来是中国的，后来流到外国又流传回中国的，等等。运用装饰、艺术形象、图案符号，除了要知道它的流传、发展的渊源、有关考古学的知识外，还必须注意装饰的形象是否能为广大观众所理解，是否为他们所喜闻乐见，例如在中国革命博物馆里，设计者将毛主席著作的透明有机玻璃盖子的边，设计成四坡水的样式，有人以为不好，这是墓志铭盖的样子。其实四坡水样式在中国并不专用于墓志铭的盖子，也并无不吉祥的意思，只是这种样子不为群众所喜闻乐见而已，后来大家动了不少脑筋，在边线上另外作了一些处理，破掉了四坡水的感觉，才算通过了。

在考虑到艺术样式是否为观众所喜闻乐见的同时，还应该注意到某种样式是否会引发观众的错觉，往往某些样式一般、公认为是典型的东西实际上并不一定典型，例如在北京大家看到有许多建筑上的彩画，都认为是苏州彩画，实际上北京的彩画与真正的苏州彩画是有区别的，如果拿苏州忠王府的彩画来比较，北京的彩画并不是典型苏式的，但大家理解上错认为这就是苏式彩画。

若要创造好的装饰形式，应该去调查什么是地方人民喜闻乐见的形式，如果是搞某一县的地方博物馆陈列，可以在这一县的境内地区进行调查采风，并将调查的材料进行淘炼，找出某些形式的主旋律，在设计中加以运用，是能够创造出一些好的艺术形式来的。在为小型的博物馆设计陈列设备时当然还应注意以经济实用为主，适当取用一些民族形式中最精华的东西作装饰，千万不要繁琐，否则加工会有困难，也不符合经济实用的原则。

在设计实践中有时还会遇到这样的问题：我们从民间采风中找到了某种好的艺术样式并在设计中作了成功的运用，却不为观众所欣赏。这是为什么呢？例如蓝印花布，这是一种非常美的艺术，在国际上为广大人士所喜爱，国内艺术界人士亦十分欣赏，但不太受农民观众的赞赏，因为农民观众在心理上有一种趋现代化的兴趣，对传统的常见的东西看腻了，并认为机器生产的东西先进，比手工生产的东西好，比较起来，农民更喜欢机印花布,这是审美趣味不同,鉴赏水平不同,对艺术的理解有差异。

6. 关于照明与灯具的问题

对于博物馆的照明,我有三点看法:(1)人工照明以看不见光源为上策,像军事博物馆展厅上排的那种大吊灯不宜采用,这种大吊灯不仅眩光厉害,而且多了一种"展品",是喧宾夺主。(2)采用小灯头打光,增强局部照明,效果好,布光灵活,灯具又不惹眼。(3)灯具采用不透光的金属做罩,光源部位就不会形成光亮一团,否则会使人目眩,且会在玻璃展柜上产生刺眼的反射亮点。

灯具的样式、造型如何与建筑相协调,陈列设计应该注意这个问题,这在利用旧建筑布置陈列时,问题较多,我的意见是尽量做到简练,"简练"就是不要有个性,越没有个性越好,因为简练到了没有个性,就更能在不同风格的环境中取得协调,这是最好的方法。设计强调了个性就会与环境格格不入,大概率会不成功。

整理后记

1959年底至1964年之间,我在上海博物馆工作,受命参与中国建筑科学研究院(简称建研院)主持的博览建筑研究课题,分工负责博物馆陈列室采光照明、陈列设备及文物库房保管设备等研究。后来因为建筑采光照明的专业性特强,就划归建研院物理所来负责,我只参与了照度标准的调研;陈列与保管设备的研究则分工由我执笔。当年我大学毕业不久初入博物馆工作，所知甚少，为了完成研究课题，在沈之瑜馆长的支持下，走访各地博物馆专家，虚心学习。1961年深秋来到了文物局，拜访时任博物馆研究所所长、文物局博物馆处处长王振铎先生，得到了热情的接待，两次长谈，历时三四个小时，谆谆教导，至今记忆犹深，不可忘怀。当时都做了访谈记录，回馆后写成报告向馆领导汇报。这件事已经过去47年，1990年退休离开上博也已经18年，最近整理书柜竟然发现了这份报告的底稿，但纸张泛黄、变脆，重新阅读，耳边好像又响起了振铎先生淳厚的嗓音，讲述的内容、思想观点具体又形象，历历在目。对照现今的陈列设计实践，感到振铎先生的学术观点并不因时间的流逝而过时，至今鲜活，仍具指导意义，很有传播的价值。于是把退了墨迹的旧稿，重新誊抄一遍，订正了个别错字和语句，以备有机会时用以传播。只可惜当年的原始笔记已不可能找到了，也无从作进一步的校核，但相信这份报告的记述还是能反映振铎先生原意的。

从这次采访开始，我与振铎先生的交往连绵了近20年，在艰苦的岁月里，长年得到他的关怀教诲，尤其是设计研究和论文撰写得到他的指导，一言难尽。振铎先生的言行，从某一角度说，影响了我一辈子，他的治学风范，是我终身学习的楷模，但记述先生的学术理论仅此一篇，于我更感珍贵。

2008年4月22日于上海嘉阳公寓

3

评审的标准永远说不清

历史上，我本人当过四届全国"十大精品陈列"的评委，深知要建立一项统一的评审标准，不仅很难，而且几乎是不可能的事。我们充当评委的人是"多样性的"，学养、经历、认识、价值观、艺术观都不相同；同时，博物馆又是多元的。全国现有博物馆5000多座，什么性质、类型的博物馆都有。即便归纳为"人文历史""自然历史""科学—技术"三大类型，亦很难制定出普适性的评审标准，更何论统一标准。

不过在展示学的视野下，作为展示学组成中的一项重要分支博物馆展示学（陈列艺术）的研究来说，探索展示设计的"本性"，不难发现某些规律性的东西，或可以称之为"道"，并可认为符合这些设计之道的，就是一项好展览。本文将讨论这些规律性的问题，分为五题："展示之真实性""展示之科普性""展示之形象性""展示空间之流畅性""展示技术之适度性"。

1. 展示之真实性

真实性是维护任何博物馆展览陈列质量水平的最高准则，也是必须遵守的底线。

内容的真实。内容是对历史研究、藏品研究、陈列表现手段研究的学术成果，反映一所博物馆的学术水平。内容真实须反映历史的真实，自然的真实，科学与技术的真实，来不得半点虚假，更不允许歪曲历史。

文物标本是实证。真品就是真品，复制品、模型就是复制品和模型，含混不清应视为蒙众行为。陈列展览，应把藏品中的精品文物、精品标本呈现给观众。

辅助陈列资料的真实。重在考证依据；不臆想，不概念化。不随意发挥，不随意"创造"，随意发挥和创造被视为禁忌。

内容设计与艺术形式设计的关系是"编剧与导演的关系"。内容与形式是一个事物的两个面。没有内容，形式就无依据。没有形式，内容就无法体现。内容与形式之间不存在主从关系，更没有谁服从谁的关系。

内容设计的本质是陈列研究的过程，形式设计是陈列研究的继续与拓展，谨防人为割裂。

内容设计的文本编写是策展的核心所在。要求指导思想正确，设计理念先进，框架结构合理，符合逻辑，层次清晰，叙事平实。形式设计要维护内容设计的真实性、完整性、形象性以及施工布展技术的可行性和有效性。

2. 展示之科普性

从学术层面讲，不同性质博物馆陈列展览的科学性与科普性是统一的，所以也可把一切博物馆的展示设计概括为科普展览设计，或称"教育展览设计"。展览策划的观众定位、服务对象，首要是社会公众，其次是专家、学者、教授，这些是小众，是策展的兼顾之策。

展览中的一切辅助陈列资料必须符合科学性、科普性原则，设计应通俗易懂，凡各种场景、幻影成像、影视装置、互动设计等，是构成展览中的设计亮点，是吸引观众驻足的兴奋点。宜设置数量得当，设计精巧，不唯技术，既继承传统，又有所创新，且具美学鉴赏价值。凡场景中出现人物塑像，无论单色，彩塑，还是蜡像，都须形神兼备。

要求作为策展人应有学科知识的支持，科学家们必须通晓这一学科教学的科普设计方法，并用这些方法指导设计师。科普教育展览的设计是衡量博物馆教育质量、效果与水平的标尺。

博物馆展览本性决定展览策划设计只能持一家之言，不能搞百家争鸣。学术上的不同观点和理论反映在展览内容上，只能采取学术研究中的主流观点和理论，不可以把纷争的不同言论罗列在展览中，这只会导致公众的认识混乱，无所适从，不值得提倡。这是近一个世纪以来为博物馆办展实践经验所证明了的。

3. 展示之形象性

陈列展览的实体，线上线下都须依凭形象性取胜。这是构成博物馆建筑空间与陈列艺术视觉美的核心追求。展览艺术形象性探索研究属于陈列研究、策划、设计的范畴。

有设计的存在却不留设计的痕迹。"大象无形，大音希声"，是陈列艺术探索的最高境界。 面对古人留下的文物、艺术品，对科学家采集的标本和科学研究的成果，在设计实践中应抱敬畏、仰视与卑微的态度，千万别以为自己通过"装饰、美化"的设计可以胜过它们。

展览的形象性不反对美化与装饰，但反对哗众取宠，附加贴上去的装饰；反对灯光色彩迷乱，反对一切喧宾夺主多余设计。策展与设计的使命在于彰显文物、标本的精妙。

陈列语言务须生动精练并易于理解。

陈列语言研究的本质、核心是文物标本与文物标本之间的组合关系，是文物标本与一切辅助资料之间的组合关系，并旁及空间设计。它是陈列内容设计与陈列形式设计的交合点，是陈列研究的中心议题。不容忽视！

陈列展览形象美是赋予博物馆观众美育的重要手段，在润物无声中观众接受美育熏陶。

4. 展示空间之流畅性

正确引用"空间导引"方法。观展流线流畅，既不一览无余，又不过度曲径通幽迷失走向、颠倒秩序。

正确把握"展览密度比"。即展品（实物展品和辅助陈列资料及各种装置）的总和数与总陈列面积之比；正确把握展线长度与展室空间面积之比。这两项是评估和把控展示空间流畅性的重要数据。

不堵消防疏散门，不留监控设置的死角。

5. 展览技术之适度性

从展览技术层面讲，出现在观众面前供阅读的文字总量须把控在 90 分钟内可看完一个主题陈列。不能指望观众在有限时间内完成数以万计的阅读量，有时虽出于好心，"说明详尽"，效果却适得其反。

文字编写简洁、规范，词能达意、通俗易懂；须有文采，不须"诗化"。

所有博物馆的陈列展览都代表国家的文化典范。所有出现在展览上的文字，包括展览标题、主题、分题、重点说明、展品铭牌，书写不潦草，一目了然。标点符号均不允许有差错。

不唯"高科技"以衡量陈列是否现代化。慎防"妖化"高科技，谨防技术过剩。

现代传播技术，特别是高新技术引进博物馆陈列展览有其可能和必需，但须谨防借口信息传播之万能，引申出"没有文物、标本的收藏也可办展"的错误理论。收藏、研究、教育、展览是博物馆的立业之本。

4

一部展柜演变史，半部展示史

记得萤灯集初建时有个中心题是评估当今博物馆展示设计与技术发展已经到了什么阶段，之后却没有展开讨论。想想也是，因为基点没有定好，讨论也就没有了出发点。近来我一直在思考，如果不回顾历史也就很难预期未来，更不能确定我们今天的站点在什么位置上，于是想到了展示的过去年代的事。最近梳理出一个大纲，题为"一部展柜演变史，半部展示史"。想从展柜设计演变的视角，窥探展示发展状况。这个考究有点难，资料少图像更少，但工作还是要做，就试试做个带头吧。

先说个展柜的名词问题。

展柜的英文单词叫 Showcase，也称 Exhibition Showcase 或 Display Showcase，开始我不懂，Show 很好理解，Case 该是箱子、盒子吧，这跟展柜有什么关系呢？原来是有关系的。经查，我看到清末民初的《点石斋画报》报道当年上海博物院（亚洲文会博物院）的珍奇展览，其手绘石印画面的确是把鸟类、兽类标本装在一个个箱子里，再把箱子叠加便成了一道展墙，可供观赏。这一来就理解了，原来 Showcase 就是陈列标本的箱子。

所谓展柜在中国还有一个近义词叫"几阁"，例如多宝阁，是用来陈列文物古玩的，四壁通透，层层叠叠，亭亭玉立在文人书斋里，十分养眼。对应英文还有一个近义词叫 Cabinet，一般中译为"珍奇阁"，指的是一种由大大小小格子组成的可以陈放标本的陈列柜或陈列架，这样的房间也可称做珍奇屋（Cabinet）。下面的叙事就从珍奇屋Cabinet讲起，因为我认为Cabinet即是后来Museum的"结胎"——原始形态。我的叙述分六个部分：

1. Cabinet珍奇屋时期（16—17世纪）。
2. "三位一体"时期（18—19世纪）。
3. 古典时期——英国标准化运动之前（19—20世纪初）。
4. 世界博物馆展柜设计的标准化运动（20世纪）。
5. 大联柜时期（20世纪下半叶）。
6. 走向沉浸——大通柜与无展柜展示设计（21世纪20年代起）。

1. Cabinet珍奇屋时期（16—17世纪）

以下搜集了17张图片，让我们看看现代博物馆产生之前Cabinet是什么模样。图1是《点石斋画报》石印版画，报道上海博物院（亚洲文会博物院）的珍奇展览。图2是美国史密桑宁"理性娱乐博物馆"作于1786年的油画。前立的人物是收藏家查尔斯·威尔逊·皮尔。画面左列一排就是Showcase建立起来的展墙。图3是美国史密桑宁所属19世纪自然历史博物馆，即现今的肖像画博物馆。它的展墙上嵌满了层层叠叠各色标本Cases。图4是大英博物馆藏画，反映18世纪印度尼西亚勒氏博物馆的珍奇屋，它的展柜也是由许多标本箱盒组合成的。图5是德国汉堡艺术博物馆藏画，描述17世纪珍奇阁的仿真画，它真是一座珍宝阁啊！图6是意大利佛罗伦萨硬石博物馆的仿真画，也是一座17世的珍宝阁，是带有两扇门的展柜。图7是英国让·埃尔曼医生（1738—1800）的珍奇屋。他的收藏为后来建立特拉斯堡自然博物馆奠定了基础。这间珍奇屋也是埃尔曼的工作室、研究室。图8是丹麦沃姆自然博物馆一书中的铜版画（1655年，《奥里·沃姆医生的珍奇屋》）。图9是德国纽伦堡出版物17世纪铜版画珍奇屋。从图像上看陈设有点杂乱无章，既有自然标本又有人工制品，但它有珍奇屋的标配，房顶上挂有罕见的鱼类、蛇、鳄鱼等，其他物品则陈列在层层格板之上。图10是17世纪意大利出版物《自然游戏》铜版画插图珍奇屋（1622年）。图11是17世纪铜版画《费迪南多·考斯皮珍奇屋》（1677年）。除了珍奇屋的标配外，它的陈列柜架不仅是格板，还有抽屉，样式古典，带有许多装饰曲线，显得厚重。图12是意大利米兰1664年曼韦雷多·赛塔拉珍奇屋。这里可见由成排的标本箱叠加成的展墙，上方陈列绘画、挂毯，下方则放尺度较大的人工制品。房顶上也有标配的鳄鱼、章鱼、鲨鱼之类。图13是耶稣会1657年罗马学院《珂雪博物馆藏品目录》的扉页铜版画，反映阿斯塔纳斯·珂雪博物馆的展示样式。图14是由马克·甘道夫·坤伯格大主教（1622—1687）创办的奥地利萨尔茨堡大教堂博物馆。已经有了现代博物馆样式，房间中央陈放着地球仪，两壁陈列着似由卷曲形"象腿"承托的展柜，两扇柜门封着，不知道里边放着什么。图15是法国18世纪的珍奇屋《动物长廊》陈列。在这个长廊里已经可见古典样式的玻璃展柜。柜内陈列标本，柜下可能是收藏各种手稿。但它仍旧不脱传统珍奇屋的标配，房顶上依旧挂鳄鱼、大蜥蜴之类物品。

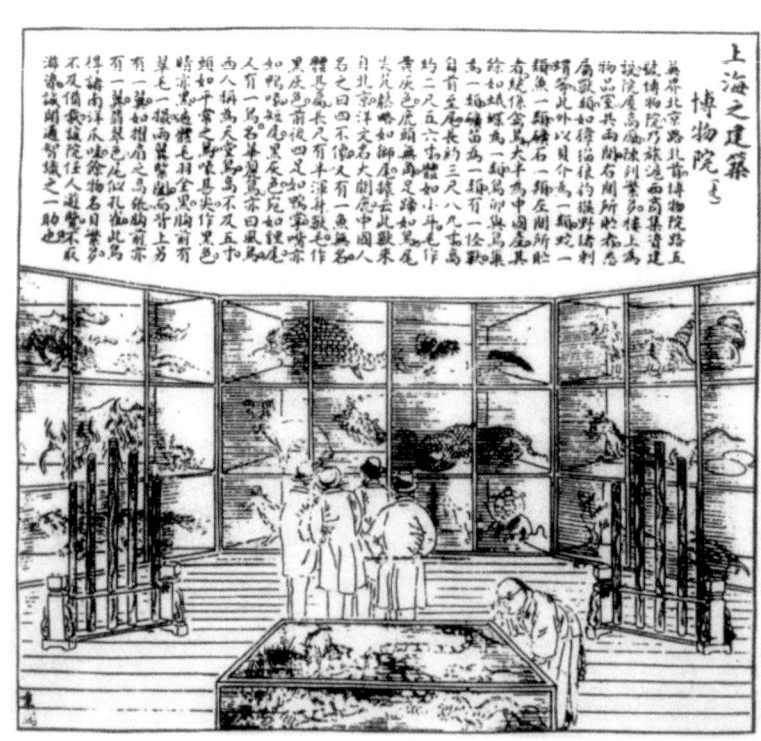

图1
上：清末民初《点石斋画报》。
下：与《点石斋画报》同时代的欧洲自然陈列样貌。

图2 美国华盛顿 D.C.1786 年史密桑宁所属"理性娱乐博物馆"陈列概况;该博物馆原为查尔斯·威尔逊·皮尔的私人收藏馆。右图为他的自画像,左图可见当时的藏品——展品都陈放在一格格的"盒子"(Cases)内。

图 3
华盛顿美国肖像画博物馆 1879 年时的建筑与陈列样式（铜版画）。当年是自然陈列。

图 4
大英博物馆藏画，反映 18 世纪印度尼西亚勒氏博物馆的珍奇屋。

图 5
德国汉堡艺术博物馆
17世纪珍奇阁仿真画。

图 6　意大利佛罗萨硬石博物馆17世纪珍宝阁仿真画。

图7　18世纪让·埃尔曼医生（1738—1800）的珍奇屋，他的藏品为后来的斯特拉斯堡自然博物馆奠定了收藏基础。

图 8　1655 年丹麦沃姆自然博物馆铜版画《奥里·沃姆医生的珍奇屋》。

图 9　德国纽伦堡 17 世纪铜版画。

图 10　意大利 17 世纪《自然游戏》铜版画。

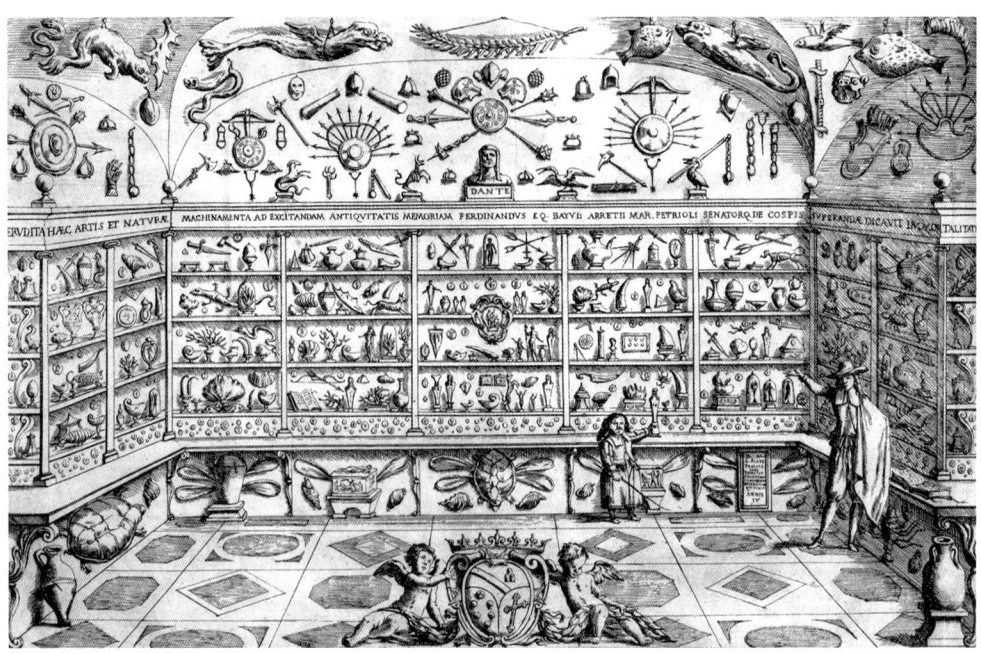

图 11　17 世纪铜版画《费迪南多·考斯皮珍奇屋》。

图 12　意大利米兰曼韦雷多·赛塔拉珍奇屋。

图 13　耶稣会 1657 年罗马学院《珂雪博物馆藏品目录》的扉页铜版画。

图 14
由马克·甘道夫·坤伯格大主教（1622—1687）创办的奥地利萨尔茨堡大教堂博物馆 17 世纪珍奇与艺术馆。

图 15
法国 18 世纪的珍奇屋《动物长廊》。

在这里我们得感谢法国克里斯蒂娜·达韦纳女士。她写了一部《珍奇屋收藏的激情》，为我们提供了上面所列的许多图像资料，让我们能够一睹现代博物馆产生之前的雏形面貌。

综上所述，我们也得感恩收藏这些千奇百怪东西的藏品主人，他们是医生，是学者，是知识精英，也可能是贸易家，是旅行者，抑或航海探险家。如18世纪以来的林奈、达尔文，包括编《大百科全书》的狄德罗。

另外，有件有趣的事，当今居然有人深怀怀旧之心复制 Cabinet。如图 16 "旅行箱"，现今收藏在美国纽约现代艺术博物馆（MoMA），那是 1935—1941 年间复制的。图 17 是罗恩·皮平复制的"移动博物馆"，更有人为此举办当代的珍奇屋。

图 16
1935—1941 年艺术复制品"旅行箱"，马塞尔·杜尚／埃塞罗斯·塞拉维，纽约 MoMA 藏。

图 17　1994 年"移动博物馆",罗恩·皮平复制。

2. "三位一体"时期(18—19 世纪)

何谓"三位一体"?"三位一体"是指博物馆的陈列室尚未从收藏室分离出来。那时收藏家、博物学者如要展示自己的藏品给同好鉴赏,或有授课之需,就会在 Cabinet 中展开。三位一体的场所与珍奇屋有什么区别?区别不大,但三位一体的场所已有点博物馆模样,一般比 Cabinet 要宽敞许多,收藏、研究、陈列在同一空间内。这里再引两幅图片:图 18 是 18 世纪末皮特·里弗斯博物馆的三位一体式展示,收藏者或研究人员向参观者展示他们的收藏品。图 19 是 19 世纪上半叶英国牛津大学自然科学史博物馆,威廉·巴克兰教授用收藏的地质古生物标本向学生们作直观教育。

图18 18世纪末皮特·里弗斯博物馆，牛津大学。

图19 英国牛津大学自然科学史博物馆，19世纪上半叶，威廉·巴克兰用收藏的地质古生物标本讲课进行直观教育。

说到收藏室与陈列室分家的历史，首先想到的是美术馆，可上溯到文艺复兴时期，例如建立于1584年的乌菲齐博物馆，参见图20，它原本是梅提奇家属收藏绘画雕塑等艺术品的画廊Gallery。类似的还有建于1563年的德国慕尼黑艺术画廊。这也包括法国卢浮宫画廊。如图21，17—18世纪卢浮宫的绘画陈列满墙满壁都挂着画。后来考虑到为了能使观众更好地观赏绘画作品而作了改善，改上下双列为单列陈列，符合观众视高，但一些小画因为小而采用上下双列。这类画廊陈列密度都较高，不会像今天的德国柏林新国家美术馆那样疏朗，参见图22。

图20 意大利乌菲齐博物馆长廊。

图 21　旧时的卢浮宫陈列。

图 22　德国柏林新国家美术馆的陈列。

是什么原因促使Cabinet走向"三位一体"？

我的看法是博物馆教育功能的诉求，即推动力，它是从收藏与研究的孕育中与生俱来的。因为有了收藏，必然会促使收藏者去研究藏品，为此而编目，为编目就须研究，收藏者为了炫富，为了炫博学多识，就会想到与同好学者分享，这就有了传播行为——最原始的博物馆传播！有收藏进而有研究，有研究进而有了传播的冲动，博物馆的教育功能由此诞生。我曾闻听博物馆有过二次革命，第一次革命是出现教育功能，第二次革命是出现生态博物馆。不明此说出处，亦不明二次革命所指的具体时代，但我认定早在Cabinet时代就孕育了教育功能，正是这一功能的产生和发展才促使后来博物馆展示万花筒式的改变。

以上说的是美术馆，那么博物馆展室是什么时代从收藏室分离出来的？因资料缺失很难查考，只能作两个推测。一个是Cabinet主人H.斯隆（1661—1753）。他是医生、博物学家，据说他的收藏有8万件之多，包括古埃及、古希腊、古罗马器物，西亚、中世纪、东方器物等艺术品，还有钱币、印章及手稿，千奇百怪的自然标本。1753年斯隆去世，立下遗嘱把他的收藏捐赠给英国政府，1754年英国议会筹款2万英镑收购，并通过《不列颠博物馆法》，购置蒙塔古宫为馆舍，于1759年向公众开放展示他的收藏。图23是作于1845年的着色铜版画。我想这或许可算作展厅与三位一体分离的标志之一。另一个是收藏家E.阿什莫尔，他的藏品原属特拉德斯坎特所有，1678年被阿什莫尔收购，藏品包括鱼类、鸟类、昆虫等动物，还有植物、矿物、宝石、武器、钱币、纪念章、服饰以及生活用品、雕塑、绘画、手工艺品。阿什莫尔后来把收藏全部捐赠给了牛津大学，牛津于1683年向公众开放，史称是世界上第一个向公众开放的博物馆。阿什莫尔原本的收藏在17世纪也该是Cabinet模样吧，当牛津接收他的收藏时也不会有多大变化，到1845年牛津建成自然历史博物馆新馆时才把自然部分藏品迁入，这也该算是收藏室与展室"分家"的标志吧，虽然前后相差长达160余年。

图23
1845年英国自然历史博物馆蒙塔古大厅的展示。

一部展柜演变史，半部展示史 089

我的见识有限，直言朴辞，未必可采。最后想把三位一体时期的展柜做个概括的描述。那时的展柜设计是与建筑设计连成一体的，格架、展柜是构成建筑室内装饰的主要部件，构造与建筑相连，风格与建筑统一。展柜造型厚重，线脚繁复，框架粗壮。尤其是展示地质矿物类标本，上部往往是单坡或双坡面，下部台基配有多层抽屉。所以粗壮或许是考虑矿物标本承重之需，或可概括为巴洛克样式。

3. 古典时期——英国标准化运动之前（19—20 世纪初）

古典时期的展柜长成什么样？我搜罗了下列 14 幅图片加以描述。图 24 是 19 世纪中叶牛津大学自然历史博物馆展厅，阿什莫尔捐赠自然标本迁入新建成博物馆时的场景。那一时期展柜样式基本脱离了巴洛克样式，设计也不再与建筑同构，展柜框架线脚趋向简洁，广泛使用玻璃，并可供双面观看柜内标本。从这个案例分析，设计师已注意对标本分类，大型标本归大型展柜，小型标本归小型展柜，并注意到标本组合数量与展柜尺度选择关系。但同时我们能看出设计理念仍然未摆脱"藏品库"的概念，主要还是为了"藏"而不是为了"观"，展柜设计尽量扩大容纳量，呈高密度展示方式。图 25 是牛津新馆"金枪鱼骨骼标本"展柜设计。这是专为陈列大型标本设计的中心柜。图 26 是 1868 年沃特豪斯为设计牛津展厅所绘的效果图。在穹顶下两侧墙面布置成排的顶天立地玻璃墙柜，柜顶上方陈列露置大型标本，展厅采用天然采光。图 27 是英国自然历史博物馆鸟类标本展厅（19 世纪初）。图 28 是英国自然历史博物馆恐龙骨骼展示厅（19 世纪初）。这个展厅后墙及两侧都布置了成排玻璃墙柜。图 29 是英国自然历史博物馆地质古生物陈列。建于 19 世纪末 20 世纪初，至今还保持原来展示方式。图 30 是 19 世纪中叶新大英博物馆内部展示场景设计效果图。大厅中央分布双坡面顶平柜，陈列小型鸟类标本，两侧沿墙由标本箱组成展墙，在上方展示大幅绘画和鹿角。图 31 是英国自然历史博物馆另一种展柜样式，制作于 19 世纪下半叶。前方站立者是当时的馆长亨利·福威尔。据说他是位反达尔文主义者。图 32 是 1900 年建立的大英博物馆人类学展厅。画面前方为双坡面平柜，中央设中心柜，展柜四足造型古典，仍旧是采取高密度展示。图 33 是牛津大学 Pitt Rivers 博物馆 19 世纪人类学陈列，据传至今仍保持当年的展览样式。图 34 是英国 V&A 博物馆"世界青花瓷"陈列，始于 19 世纪初，陈列方式至今不变。图 35 是英国地质博物馆柯里收藏的矿物标本陈列室，建于 19 世纪，至今保持原貌。图 36、图 37 是中国北京故宫博物院古物陈列馆展柜设计，深受欧洲英法等国博物馆展柜设计影响。如图 37 这样的展柜在 20 世纪 50 年代尚用于展示故宫的陶瓷陈列。

图24 19世纪中叶,英国牛津大学自然历史博物馆动物骨骼大厅。

图25
19世纪中叶,英国牛津大学自然历史博物馆展出"金枪鱼骨骼"标本。

图26　1868年牛津大学沃特豪斯设计室内透视图。

图 27　英国自然历史博物馆 19 世纪初展示厅。

图 28　恐龙陈列骨骼展示厅。

图 29 伦敦英国自然历史博物馆地质古生物陈列。保守的英国博物馆陈列方式,维持了当年最佳的陈列形式,作为英国博物馆"陈列的历史"见证物,不再"改陈",只是增加了现代的照明设施,看起来富于历史的沉积感。

图 30 19世纪新大英博物馆陈列效果图(铜版画)。

图 31
英国自然历史博物馆（19世纪下半叶）。亨利·福威尔馆长，他是个反达尔文主义者。

图 32　1900 年大英博物馆人类学展厅。

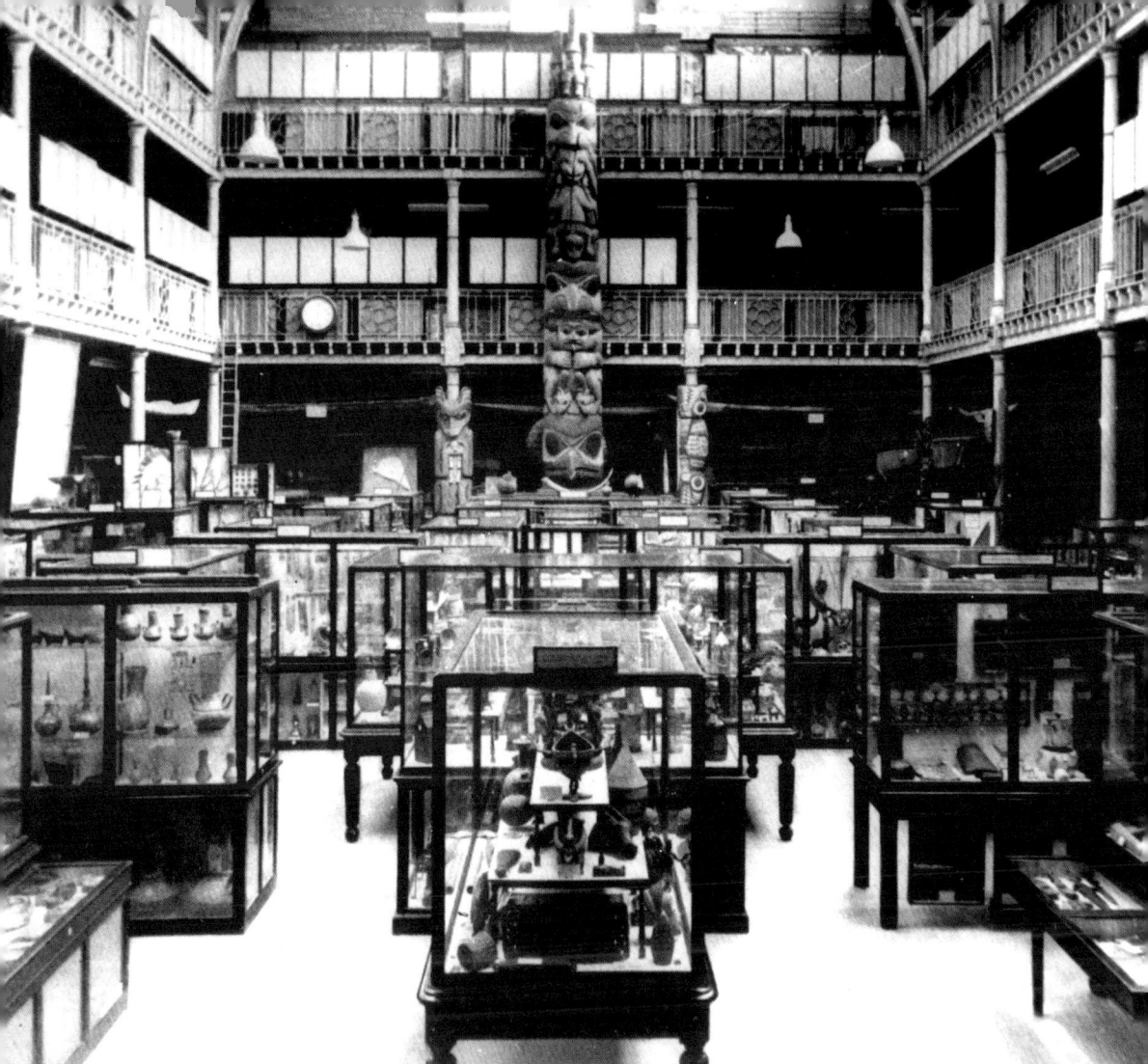

图 33 牛津大学 Pitt Rivers 博物馆，19 世纪。

图 34　19 世纪英国 V&A 博物馆"世界青花瓷"陈列。

图 35　英国地质博物馆柯里收藏标本陈列室。

图 36、图 37　故宫博物院 20 世纪 20—50 年代展柜。

综上所述，我们看到19世纪中叶以后直到20世纪初欧洲博物馆展柜演变概况，较之Cabinet、三位一体时代变化是很大的。现在要问为什么会有这样的变化？促成变化的原因在哪？我以为这与现代分类学发展有关。

林奈（1707—1778）是现代分类学奠定者之一，他是瑞典植物学家，分类学双命名法是他创立的。之后，达尔文（1809—1882）、赫胥黎（1825—1895）等人又有对分类学的贡献。分类学不仅要为动物、植物分类定名，而且要丈量标本大小。这必然会影响设计师对展柜尺寸的选择。17—18世纪的Showcase设计都是建筑师的活，作为建筑师，对建筑设计及其室内陈列的，尺度选择犹如生命。所以敢说，是现代分类学促使博物馆展柜的演变。此外，17—18世纪初世界博物馆不多，但到了18世纪中叶，特别是进入19世纪，博物馆繁荣可谓琳琅满目。19世纪是世界博物馆发展的一个高潮。这个高潮的产生又与18世纪产业革命有关。18世纪60年代随着英法等国资产阶级革命胜利，大大促进了诸如采矿、冶金、化学和机器制造业等的发展。法国D.狄德罗等一大批学者倡导科学观察、科学思考与实验来认识客观世界，推崇教育——资产阶级需要大量工人从事劳动，而当年许多工人还是文盲，亟需文化教育。狄德罗为编《大百科全书》需要收集自然与工业技术等实物资料用于插图、用作直观教育。诸多因素综合作用促进了19世纪博物馆的发展。据说狄德罗编《大百科全书》所收集的图文实物资料后来都为博物馆所藏。而工业革命奠定的物质基础又为博物馆展柜演变创造了条件，最后催生了20世纪20年代在英国发生的展柜设计标准化运动。

4. 世界博物馆展柜设计标准化运动（20世纪）

20世纪60年代初，因北京建筑科学研究院的课题我曾采访国家文物局博物馆处处长王天木（王振铎）先生，当年他也是博物馆研究所所长。多次听他谈到20年代发生在英国博物馆的展柜设计标准化运动的故事。我曾问，什么是标准化设计？王天木先生说，就是把以前博物馆使用的各式不同尺度的展柜加以归纳为"墙柜"（又称立柜）或"中心柜"、"平柜"（亦称桌柜），作为通用展柜。除此三种展柜外又为特殊尺寸的展品配置非标的异型柜。统一造型、统一尺度的墙柜通高有两种：一为73英寸，一为76.1/2英寸；宽度也有两种：分别为36英寸、60英寸，进深均为14英寸。中心柜通高73英寸，长60英寸，宽28英寸。平柜（桌柜）通高35.1/2英寸，桌面高29.1/2英寸，长为47.1/2英寸，宽分为20英寸和24英寸两种。

后来我回到上海查到费鸿年著的《博物馆学概论》（1936年出版），书中所列的展柜尺寸均与王天木先生所言一致。接着我又用公制复测上博展柜：上博展柜中的墙柜通高为198厘米，宽为91.5厘米、152厘米两种，进深统一为35.5厘米。中心柜高185.5厘米，长152厘米，宽为71厘米。平柜（桌柜）通高90厘米，桌面高75厘米，长120厘米，宽分51厘米（用于靠墙）和61厘米（用作中心陈列）。我惊奇地发现，用英制换算成公制竟完全相符。原来上博采用的展柜及费氏兄弟书中所载的，都是英国展柜设计标准化运动的产物。

标准化设计之前，展柜皆为手作。而标准化展柜却是工业产品，取材金属，结构严密，艺术造型简洁挺拔，线条流畅，纤细的金属型材与玻璃结合，特显展柜明快的观赏效果。以 26 幅图片可观赏标准化设计样貌及普及情况。

图 38、图 39 是上海博物馆 20 世纪 50 年代至 80 年代使用的标准化设计展柜。图 40 是美国 Wing.K.Gallery 29 号展厅陶瓷陈列（1926 年）。图 41 是美国纳尔逊艺术博物馆中心柜和墙柜（见中心柜右侧）。图 42 是美国纳尔逊艺术博物馆陶瓷陈列，使用中心桌柜，后方沿墙可见立柜。图 43 是美国大都会艺术博物馆纺织品艺术陈列，用中心柜和墙柜展示服饰（20 世纪 30 年代）。图 44 是美国大都会艺术博物馆兵器陈列（1939 年）。图 45 是美国大都会艺术博物馆饰品展示，用的是标准化中心柜和四坡面平柜（桌柜）（1933 年）。图 46 是美国 20 世纪 30 年代艺术博物馆小型摆件陈列，四坡面平柜后面靠墙的立柜陈列小型雕塑。图 47 是美国华盛顿弗利尔博物馆的中心平柜和靠墙长平柜陈列展品（20 世纪 30 年代）。图 48 是美国芝加哥艺术院博物馆 20 世纪 30 年代的中国青铜器陈列。1980 年我访问芝加哥时，这种墙柜、中心柜仍旧在使用。图 49 是俄罗斯莫斯科国家历史博物馆的墙柜、中心柜展示服装。这张图片摄于 20 世纪 50 年代。图 50 是北京故宫博物院 20 世纪 50 年代青铜器陈列。展柜为王天木（王振铎）先生按标准化设计，但尺度上不取英制，根据故宫大殿空间环境调整了尺寸，基座设计成"壸门"，有利于通风。图 51 是上海震旦博物院，摄于 20 世纪 40 年代的陈列。图 52 是我国新疆维吾尔自治区博物馆。墙柜、中心柜也采用标准

化设计，但基座设计成须弥座，可能是出于配重考虑，增强稳定性。图53是我国长春地质学院博物馆20世纪60年代陈列，也是标准化设计，平柜、立柜、中心柜按地质标本、特点及组合需要呈高密度展示。图54是江苏南通博物苑20世纪80年代陈列，与上海博物馆同款。

图38、图39
20世纪50—80年代上海博物馆使用"美标"的标准化展柜。

图 40
美国 Wing.K.Gallery 29 号展厅陶瓷陈列。(1926 年)

图 41
20 世纪 30—40 年代美国纳尔逊艺术博物馆。

图 42
20 世纪 30—40 年代美国纳尔逊艺术博物馆。

图 43　20 世纪 30—40 年代美国大都会艺术博物馆纺织品艺术陈列。

图 44　美国大都会艺术博物馆兵器陈列。（1939 年）

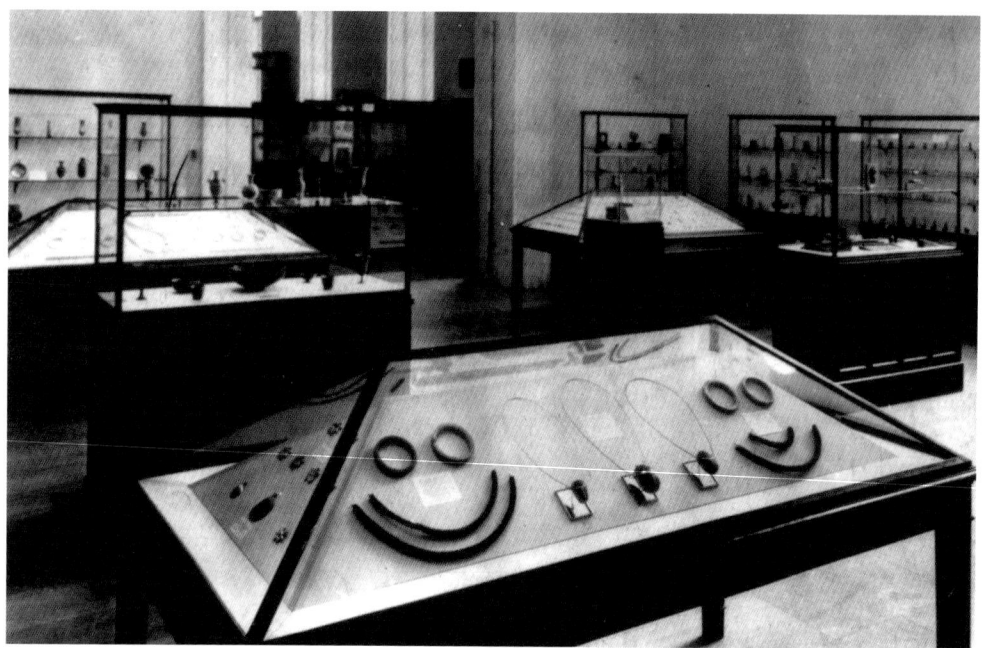

图45　20世纪30—40年代美国的艺术博物馆陈列。

图46　20世纪30—40年代美国的艺术博物馆陈列。

图 47　20 世纪 30 年代美国华盛顿 D.C. 弗利尔博物馆。

图 48　20 世纪 30—40 年代美国芝加哥艺术院博物馆的中国青铜器陈列。

一部展柜演变史，半部展示史　107

图 49
俄罗斯莫斯科国家历史博物馆 20 世纪 50 年代陈列。

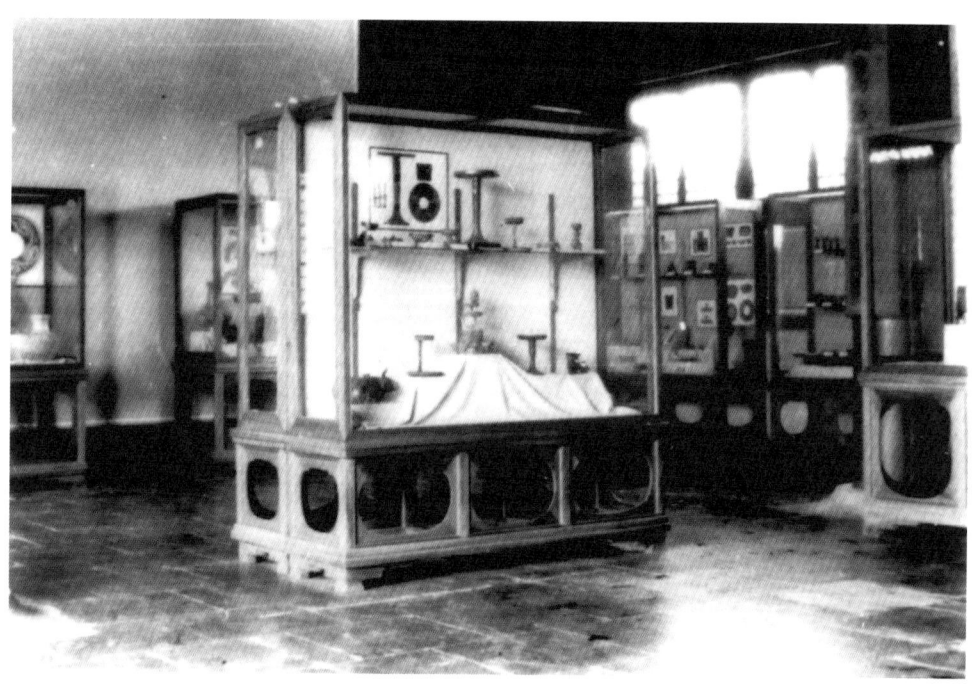

图 50　北京故宫博物院 20 世纪 50 年代陈列。"壶口"式座展柜为博物馆专家王振铎设计。基座透空有利通风防潮，其造型又与故宫古建筑协调。木结构由金丝楠木构筑，本色烫蜡，不上油。金丝楠木来自一座被拆的明代庙宇，收购时木材已经历了数百年天然风干，不会再变形。

图51　上海震旦博物院20世纪40年代陈列。

图52　新疆维吾尔自治区博物馆20世纪60年代陈列。

图 53　吉林长春地质学院博物馆 20 世纪 60 年代陈列。

图 54　江苏南通博物苑 20 世纪 80 年代陈列。

展柜标准化设计运动虽然发生在20世纪20年代的英国，但其影响到世界各地博物馆。直到现在，德国汉氏展柜设计制造公司还在不断设计制造不同样式不同尺度的标准化展柜，如图55、图56、图57、图58。除了德国汉氏，世界各国包括亚洲的韩国和中国，都开设了展柜制造企业，其中不乏名牌产品，都遵循标准化设计理念。

图55、图56
德国汉氏展柜设计制造公司的现代产品系列。

图 57、图 58　德国汉氏展柜设计制造公司的现代产品系列。

标准化设计运动影响深远，为什么一直盛行至今？据我推测原因有二：一是20世纪初始的10—20年代正是德国建筑师W.格罗皮厄斯创建鲍豪斯学校（1919—1933）时期，也正是简洁的现代派建筑风格盛行之时。这种非常经济，表现手段既严谨而又优美的设计风格必然会影响到博物馆展柜设计。另一是博物馆教育功能发展促进了展柜设计变革。为了提高博物馆教育效果，需在文物标本之外采用许多辅助陈列资料，例如图片、文字说明、图解、地图、模型之类。这些辅助陈列资料需占用展柜内的空间，正好标准化设计的墙柜背板为辅助陈列资料提供了条件，使文物标本的阅读呈现图文并茂。图59是美国普里米蒂·拉塞·巴法罗科学博物馆（Primitive Races Buffalo Museum of Science）20世纪30年代石器展厅"石器制造"展柜。利用展柜背板描绘示意图，小格板上陈放小模型，下面则陈列小型的Diorama。图60是该馆陈列《艺术》的展柜。把彩陶、示意图、小型模型置于展柜背板上，下面又是一座微型的Diorama。图61是该馆的《金属铸造》陈列。图62、图63是芝加哥菲尔德自然历史博物馆人类学展厅，利用展柜背板展示图解。图62是"中国新石器时代"展柜，图63是"中国北方早期文化"展柜。

图 59 美国普里米帝·拉塞·巴法罗科学博物馆石器陈列室（20 世纪 20—30 年代）石器制作展柜。

图 61 美国普里米蒂·拉豪·巴法罗科学博物馆金属铸造展柜。

图 60 美国普里米蒂·拉豪·巴法罗科学博物馆艺术展柜。

图 62　美国芝加哥菲尔德自然历史博物馆人类学展示、展柜背板图解与展品组合展示（20世纪30年代末）——中国新石器展柜。

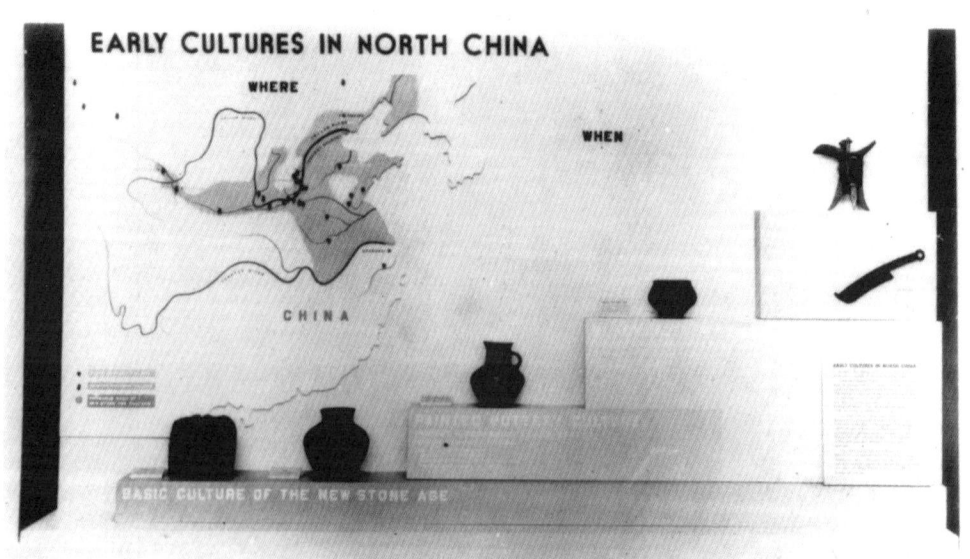

图 63　美国芝加哥菲尔德自然历史博物馆人类学展示、展柜背板图解与展品组合展示（20世纪30年代末）——中国北方早期文化陈列柜。

5. 大联柜时期（20 世纪下半叶至 21 世纪初）

　　大联柜是什么？就是把标准化设计的墙柜（立柜）三五成组肩傍肩联排而成，并把墙柜两侧的门折通相连，这就成了联柜。联柜实际上是走向大通柜设计的一种过渡形式，使用的时段不长。这种样式的联柜在布展时是极不方便的，因为柜门开在两侧，正面玻璃是固定的。在 20 世纪 80 年代因为受布展经费所制，是不可为而为的无奈之举，但它确实反映了博物馆陈展理念的诉求：为陈列叙事之需，须大量使用辅助陈列资料与标准化墙柜空间有限之间的矛盾。

　　说到博物馆陈列叙事，大略可分两类：一为展品——文物、标本本体的叙事；二为陈列内容体系的叙事。相比之下内容叙事的信息量比展品叙事要大多倍，这是单体墙柜所不能承受的。于是就出现了 20 世纪 70—80 年代勉而为之的联柜样式。例如图 64 博物馆陈展的联柜样式、图 65 湖南省博物馆 20 世纪 70 年代由墙柜组合成的联柜、图 66 云南元谋人博物馆 20 世纪 80 年代的联柜。同样的无奈外国也有，图 67 是美国芝加哥艺术博物馆展示中国清代服饰展览的联柜（20 世纪 40 年代）。图 68 是美国国家艺术博物馆 20 世纪 40 年代陈列"中国玉石"。图 69 是荷兰某博物馆临时展览"天文科普"联柜。图 70 是美国纽约印第安人博物馆 20 世纪 70 年代联柜，用新颖的铝合金型材组装而成。图 71 是美国大都会艺术博物馆 20 世纪 80 年代埃及艺术馆陈列，出现走向现代的大通柜，虽然尺度不算大，但这预示着一个趋向。图 72 纽约美国自然历史博物馆 20 世纪 70 年代末人类学馆陈列、图 73 哺乳动物陈列馆，都出现走向大通柜设计趋势。图74俄罗斯爱米塔什博物馆20世纪80年代陶瓷陈列，也出现采用大通柜趋向。图75俄罗斯莫斯科农业科技博物馆20世纪70年代末陈列，典型地反映了由联柜向大通柜的过渡。图76也反映了大通柜设计趋向（因为信息丢失，此为罗马尼亚或其他国家的历史博物馆陈列，不详）。这个展示有所创新，就是利用柜内照明的灯光明暗导引参观——讲解到哪里那部分亮度会提高许多，按序轮番。

依此看来，大联柜是走向大通柜设计的先声。

图64
20世纪70—80年代国内的一些博物馆把立柜的两侧平开门拆卸后组成联柜。

图65
20世纪70年代湖南省博物馆由立柜组成的联柜。

图66 云南元谋人博物馆20世纪80—90年代陈列。

图67 美国芝加哥艺术博物馆展示中国清代服饰展览的联柜（20世纪20—40年代陈列）。

图 68
20 世纪 30—40 年代美国国家艺术博物馆陈列。

图 69
20 世纪 60 年代荷兰某博物馆临时展览——天文科普展览，用立柜连接成联柜。

图 70
20 世纪 70 年代美国纽约印第安人博物馆用装配式铝合金型材组合的联柜。

图 71
美国纽约大都会艺术博物馆,埃及艺术馆。(Photo by Fei, 1980)

图 72
纽约美国自然历史博物馆,人类学馆陈列。
(Photo by Fei, 1980)

图 73
纽约美国自然历史博物馆,哺乳动物陈列。
(Photo by Fei, 1980)

一部展柜演变史,半部展示史

图 74
20世纪70—80年代俄罗斯爱米塔什博物馆陶瓷陈列，用的也是联柜。

图 75
20世纪70—80年代俄罗斯莫斯科农业科技博物馆陈列。

图 76
20世纪70—80年代大通柜设计趋向。

6. 从大通柜走向 No. Showcase 沉浸式展示（21世纪 20 年代起）

前文曾论及博物馆展示叙事的两种区别，现在再作进一步论述。

文物、标本的本体叙事。

例如历史考古人文历史类展示中青铜器毛公鼎、大克鼎、大盂鼎，除了展品铭牌上所载文物定名、朝代、出土地点、公元纪年等信息外，一般不会向观众叙述毛公鼎等的流传故事，也不会向观众讲述原藏家潘氏家属在抗日战争中如何隐埋大盂鼎的传奇。在自然历史陈列中，除了标本铭牌中该列明的标本学名、种属分类、采集地点及采集人名等外——如牛津大学自然历史博物馆展示的著名金枪鱼骨骼标本采集运输过程中，由于遭受船员及广大乘客的迷信几乎把标本弃之入海的传奇——要不是说明员讲述，这类信息也不会在博物馆展示叙事中出现。

陈列策划的内容叙事。

陈列内容叙事其信息量极大，这就需要辅助陈列资料，包括：文字类资料如陈列主题说明、分题及专题说明、重点说明，还有文献文摘、语录之类；平面辅助展品诸如地图（分布图、疆域图、形势图……）、文献性照片、版画、水彩画、油画及各式各样的统计图表等；立体辅助陈列资料有沙盘、模型、雕塑、蜡像、硅像，1:1 的场景，以及 Diorama 和 Panorama；科技类的辅助陈列资料包括视频、投影、幻影成像，以及数码沉浸演示。

博物馆展示效果完全取决于文物、标本与陈列辅助资料的有机组合，构成博物馆展示特有的"陈列语言"，才能实现让文物标本向观众说话。

回顾博物馆展示历史，结胎时期（Cabinet）是没有叙事的。叙事现象的发生和发展源自博物馆教育需求。因而我认为博物馆教育与叙事共同构成一场革命的标志，它同时逼迫和促进了展柜设计演变。在陈列艺术追求美学整体美的诉求下，大通柜由于柜内空间大，完全能够解决展示中"藏"与"露"的矛盾。当今展柜制造大通柜的高度可达3.6—4.0米，进深0.8—1.2米，甚至更大尺度，结构设计都不是问题。由于大通柜密封性能好，为营造柜内小气候环境：温度、湿度、空气净化等创造了条件。

在写作本文时我还搜集了近年来入围全国十大精品陈列的案例，对陈列辅助资料的运用作了些统计，可以说逐年增长，从另一角度佐证了辅助陈列资料增长与大通柜盛行的关系。如上海鲁迅纪念馆、北京卢沟桥中国人民抗日战争纪念馆、河北省博物馆、南京六朝博物馆、陕西历史博物馆，进入本世纪以来如河北省民俗博物馆、北京中央民族博物馆、河南郑州博物馆基建考古展、南京大学考古与艺术博物馆西藏精品文物展、内蒙古鄂伦春民族博物馆、辽宁省博物馆等，在常设陈列或临展中不仅大量使用辅助陈列资料，而且广泛采用大通柜。本世纪初10余年间，博物馆使用辅助陈列资料一般占整个展品的30%—40%。如上海鲁迅纪念馆占38%，吉林省博物院占34%，浙江省博物馆古代发明展占40%。到了2012—2013年，如广东虎门鸦片战争博物馆、甘肃省博物馆辅助陈列资料占比增长到57%、

52%，沈阳中国工业博物馆则高达 75%，中国园林博物馆为 74%，黑龙江北安庆华军工遗址博物馆竟高达 99%（资料来源：2011—2013 年《中国文物报》）。再以图为证：图 77 上海鲁迅纪念馆"人之子——鲁迅生平陈列"，图片占了两堵墙，少数平面文物陈列在四只坡面平柜中。图 78 江西南昌八一起义纪念馆前言、群塑、图片占满一堵墙。图 79 重庆中国民主党派历史陈列馆三堵墙都被图片文字所占。图 80 金寨县革命博物馆"洪学智生平事迹陈列"。这个单元中除了五件平柜中陈列小型文物外，所有展墙上都是辅助陈列资料。图 81 天津博物馆"中华百年看天津"常设展，实物展品着地而陈，平面文物在平柜中，碑刻露置，展墙均为图片文字及大幅油画所占。图 82、图 83 吉林延边博物馆"延边民俗展览"，作为辅助陈列资料的场景复原占了相当大的展示空间。图 84 四川北川羌族民俗博物馆"大美羌乡·北川民俗"基本陈列，小型文物仅由三件平柜组成岛式展示，四周全由场景围合。图 85 济南山东博物馆"考古山东"常设展，"商青·陈庄车马坑复原陈列"由车马坑与墙面的辅助陈列图表、图片和巨幅照片组合，相辅相成，烘托还原了发掘现场氛围。图 86、图 87 上海国歌展示馆沉浸式的展示营造出了当年国歌创作的时代氛围。图 88 百团大战纪念馆，在展览的中心空间陈列轻重武器，小件实物陈列在平柜中，在展墙上大量图片、油画及标题文字围合下营造出抗日烽火战斗气氛。图 89 中国锡伯族博物馆陈列，两大嵌入式场景占了相当大的展示空间，两厢所夹形成参观长廊。图 90、图 91、图 92 广东省博物馆"三城记——明清时期的粤港澳湾区与丝绸外销展"，展览全部用尺度很大的大通柜组成陈列。图 93、图 94 北京故宫博物院武英殿改建成展厅后，全部空间由大通柜组成。图示"良渚与古代中国——玉器显示五千年文明展"。图 95 北京故宫博物院文华殿"庙堂仪范——历代人物画特展"。图 96 中国国家博物馆国礼馆展厅。图 97 德国森肯伯克研究院鱼类标本陈列，展示描绘鲨鱼回游路线，鲨鱼标本与背板上洄游地图、文字说明相配叙述鲨鱼故事。图 98 波兰历史博物馆胄甲与盾陈列，传达了沉浸式展示先声。图 99、图 100 德国柯里茨州自然历史博物馆陈列，图片所示，展柜似乎退场，让给了 No-Showcase 式展示。图 101 美国芝加哥市科学研究院博物馆陈列。这所博物馆设在一栋住宅楼内，每个房间不大，标本很多，展示全部都是露置场景。馆长是鸟类学家，也是设计师兼场景制作师。"非洲的生态"，狮子趴在树上，标本及树干只有半个，靠墙面镜子反射，看起来标本都是临空立体的。"沼泽地"，全房间地坪由硅胶仿真制作，不怕观众踩，踩坏了可修补，踩下去有柔软下沉的感觉。"干裂的非洲大地"，满房间地面残草败叶、沙土，还留有鸟兽脚印，可供观众观察辨别。馆长对我说："因为你是我同行，可以告诉你一个秘密，房间四壁所用的镜子，涂膜都在表面，标本贴上去半个就够了，不露间隙，又节约空间，这个经验与你分享。"

图 77
上海鲁迅纪念馆"人之子——鲁迅生平陈列"。（2012 年）

图 78
江西南昌八一起义纪念馆"南昌起义"陈列。（2012 年）

图 79
重庆中国民主党派历史陈列馆"中国民主党派历史展"。（2012 年）

图 80　金寨县革命博物馆"洪学智生平事迹陈列"。（2012 年）

图 81　天津博物馆"中华百年看天津"常设展。（2012 年）

图82、图83　吉林延边博物馆"延边民俗展览"常设展。(2012年)

图 84　四川北川羌族民俗博物馆"大美羌乡·北川民俗"基本陈列。(2012年)

图 85　济南山东博物馆"考古山东"常设展"商青·陈庄车马坑"。(2012年)

图 86、图 87　上海国歌展示馆。

一部展柜演变史，半部展示史　131

图 88 百团大战纪念馆。

图 89 中国锡伯族博物馆。

图90、图91、图92　广东省博物馆"三城记——明清时期的粤港澳湾区与丝绸外销展"。（2020年）

图93、图94　故宫博物院武英殿"良渚与古代中国——玉器显示五千年文明展"。

图 95　故宫博物院文华殿"庙堂仪范——历代人物画特展"。(2021 年 5 月)

图 96　中国国家博物馆国礼馆展厅。

图 97 德国森肯伯克研究院鱼类标本陈列,图示描绘鲨鱼洄游路线。(法兰克福,1985 年)

图 98 波兰历史博物馆胄甲与盾陈列。

图 99、图 100　德国柯里茨州自然历史博物馆。

图101
美国芝加哥市科学研究院博物馆。

(1)"非洲的生态"。趴在树干上的狮子生态标示。树干和狮子只做半边,另一边由墙面上巨幅镜子反映成像,完全是立体的,以解决展室空间小、视觉要求大的矛盾。

(2)"沼泽地"。由硅胶仿真制作,观众可以踩,软软的、"湿湿的",足下的感觉像是要沉下去似的。

(3)"干裂的非洲大地"。撒满残草败叶,遍布鸟兽脚印,供青少年学生观察辨别:刚才是什么鸟兽走过这里?

图 102 是上海科技馆"贝林·动物世界"陈列，是贝林先生力导的无展柜展示典范。凡是他所捐赠的各博物馆陈列都以统一模式展示。

图 103 是辽宁省博物馆"山高水长——唐宋八大家主题文物展"，也是全部采用大通柜陈列。图 104 是英国维多利亚和阿尔伯特博物馆基本陈列。图 105、图 106 是英国维多利亚和阿尔伯特博物馆服饰陈列，全部由大通柜展示。

图 102　上海科技馆"贝林·动物世界"陈列。

图 103　辽宁省博物馆"山高水长——唐宋八大家主题文物展"。

图 104　英国维多利亚和阿尔伯特博物馆。

图 105、图 106　英国维多利亚和阿尔伯特博物馆服饰展示。（2021 年）

行笔至此,四个世纪以来博物馆展柜演变历史实际上反映了半部博物馆展示史,我只不过做了个探索者。

5

展示设计师谈博物馆建筑

说来与建筑设计也有缘。原本我学习的是美术，确切地讲是绘画，专业是油画。20 世纪 50 年代初大专院校毕业生"统一分配"，"拉郎配"配到博物馆，从此改行转入陈列设计，回首往昔，已 70 年。

之后师从苏联专家、建筑师伏伦卓夫学展示设计，他教导我**从事陈展设计须像建筑师一样思考**问题。又逢与建筑科学研究院合作的机会，考察了 20 世纪 50—60 年代全国几十所博物馆建筑，80 年代有幸参与博物馆建筑设计规范修订与《中国大百科全书》"文物、博物馆卷"博物馆建筑分支主编与撰稿。80 年代中国博物馆协会成立，我提交的论文《论博物馆建筑设计若干问题》距今 40 年，虽乏新论，但不等于没有思考或体悟，尤其是使用博物馆建筑布展更与设计有关。此乃与博物馆建筑设计有缘之由。

展示设计师谈博物馆建筑，隔行如隔山，难免偏执。好在是鄙闻陋见，不致招来见怪见讥吧。权当茶余饭后的杂谈，分享而已。

此为引子。

1. 博物馆建筑设计定位

在我的心目中，博物馆犹如大学。大学是国家社会的教育机构，是"道德渊薮，文章府第"所在，引申为博物馆何尝不是。大学设系，综合性大型博物馆及大型专业性博物馆亦有 Department 之分。博物馆建筑形象应如大学。它可以壮美，可以秀美，可以俊美，但绝不可以华而不实——"华美"。博物馆建筑犹如高山雪松，傲然挺立，虽是布衣，却气质不凡，绝不是被打扮成珠光宝气的花哨圣诞树。这是博物馆建筑形象应该有的气质。无论是人文历史、自然历史和科学技术类博物馆，其建筑形象**必须是"穷讲究"**的。

2. 博物馆建筑不该被误读误解，更不应"搞怪"

早年在北京，新中国成立初期，中国十大建筑之一的中国美术馆落成后，曾闻路人曰"这是座酒店"，也有人以为是座公共建筑。建筑师寓意象征敦煌的九层楼，只有少数人能理解。这是被误读了，至少美术馆的特征没有体现出来。这里另有个美术馆特例，堪比遭遇地震灾害房屋被震塌了。这是台湾的一家美术馆（图1、图2），都可以是搞怪案例，是直读而不是误读。扬州中国大运河博物馆，从正面直观像煞一台大坦克，两侧似履带轮，中央像炮塔又像玻璃天坛，也很搞笑（图3）。还有上海松江的广富林文化展示馆，看来是发生了大水灾，房屋建筑的室顶都漂浮在水面上，不管从哪一角度看，都是房屋被淹了的惨象（图4、图5、图6）。博物馆的"皮肤"——外观的材质肌理也是很有讲究的。宁波博物馆的外观，看起来就是一堆破砖烂瓦砌筑成的东斜西倾建筑，不规则的窗洞犹如炮击弹痕，如同上海"八一三"抗战遗迹——四行仓库。这样设计据说是想留住历史记忆。历史记忆难道仅仅是这些破砖烂瓦而没有其他？诡辩亦太偏颇！（图7、图8、图9）

图1、图2　台湾的一家美术馆。

图3　扬州中国大运河博物馆。

图 4

图 5

图 6

图4、图5、图6
上海松江的广富林文化展示馆。

图 7

图 8

图7、图8、图9
浙江的宁波博物馆。

图 9

宁波原是个有故事的城市。奉化江、姚江、甬江三江汇流之地，山水、湖泊、平原，三面环海之都。唐宋以来，古有"四明狂客"贺知章，近代有"三总兵"之英雄慷慨，更有宁波商帮之兴。人文荟萃，千古文脉。建筑师为什么不去深耕文化之韵，却捡取一堆建筑垃圾在博物馆立面一贴了之？广富林遗址是新石器时期文化遗迹之地，统长江三角洲环太湖地区良渚文化及龙山文化，历史上从未发生过没顶大洪水灾难的记载，不知道何来灵感，把广富林文化展示馆浸泡入水。据说是"三进院落形式，新时代先民房子，上海之根，海派之源"，为何不闻云间书香？真是无稽之谈！纯是形式游戏。

3. 博物馆美术馆建筑有什么个性、特征？

博物馆建筑实际上是个通称。大分之下当有博物馆与美术馆之分，细分之下有人文科学、自然科学。具体讲有历史、文化类博物馆，包括考古、美术类博物馆与人类学博物馆、民族民俗类博物馆，等等。自然科学之类博物馆包括自然历史、地质、天文博物馆等，也包括科学、技术及科学中心之类的展馆等。

从博物馆与美术馆功能特征来说，它们都有收藏功能，因而有收藏库之设。收藏库与展示厅面积之比往往是1:1，甚至大于1:1。不过科学与技术类博物馆不尽相同，它们的藏品库与展示厅面积之比，几乎不成比例。它们展示的展品不是文物、标本，主要是装置设计的现代展品。此为功能特征，是其他公共建筑所没有的。

从博物馆与美术馆外形来说,我概括"无窗、少窗,天顶采光"为普遍特征。究其特征缘由,一是为了文物标本的保护,免受日光紫外线、红外线等之损害。二是为了营造展示厅之氛围,特别是营造"沉浸式观展体验"。你敢在"光天化日"下经营?此为博物馆建筑的最大特征。试举数例:

(1)河南洛阳二里头夏都遗址博物馆。

二里头夏都遗址博物馆据说是世界最大的生土建筑。夏王朝夏文化以前仅见于文献,二里头遗址的发现,实物佐证了文献记载。它属于青铜时代早期遗址。建筑物从平面上看,一体两翼,联动东西。手功夯土+清水混凝土,铜板幕墙。建造方式、材料源自二里头文化启迪。建筑整体墙面无窗。展示厅主要采光是顶棚上的高侧窗。局部采用玻璃幕墙,只是用于走廊和中庭,实与展厅是隔离的(图14)。于是为展厅内文物陈列营造了良好的视觉效果与艺术氛围。

图 10

图 10、图 11、图 12、图 13、图 14、图 15、图 16、图 17 河南洛阳二里头夏都遗址博物馆。

图 11

展示设计师谈博物馆建筑

图 12

图 13

图 14

图 15

5 展示设计师谈博物馆建筑　153

图 16

图 17

（2）上海马家浜文化博物馆。

上海马家浜文化博物馆也是一座文化遗址类博物馆，属于长江下游地区新石器时代遗址，主要出土物为石器、玉器、陶器与骨器之类。按理说器物大都是对光不敏感的物质，为谨慎计，也为营造和烘托遗址气氛，采用了无窗外墙设计。用陶色清水混凝土砌筑，还原原生态"文明容器"，象征原始群落。该馆外立面及内庭亦局部有玻璃幕墙，幕墙内侧由隔墙与展厅分隔（图20、图21）。

图18、图19、图20、图21、图22
上海马家浜文化博物馆。

图18

图 19

图 20

图 21

图 22

（3）上海嘉定博物馆。

上海嘉定博物馆是一座县级综合性人文类博物馆。原在孔庙内，重新扩建，与周边环境协调，和谐相融。馆内收藏丰富，有许多对光敏感的文物。整个墙体无窗，为求变化，局部墙体嵌纳网状钢板（图25），或配置传统的带有美人靠的长廊（图24）。

图23、图24、图25、图26
上海嘉定博物馆。

图23

图24

图 25

图 26

5 展示设计师谈博物馆建筑

（4）四川成都博物馆。

博物馆限定在天府广场，体量与广场契合，建筑整体为金铜网板包裹，棱状起伏，富于光影自然变化，气势恢宏。成都博物馆入口为玻璃幕墙组合，局部天顶采光。在大堂及走廊、楼梯等空间，具有美丽的光影效果。成都博物馆也是一座人文类综合性博物馆。有文物保护和展示效果的需求，是典型的墙上无窗博物馆。

图27、图28、图29、图30、图31、图32、图33 四川成都博物馆。

图27

图28

图 29

图 30

图 31

展示设计师谈博物馆建筑　161

图32

图33

（5）安徽蚌埠市博物馆。

蚌埠市博物馆平面呈正方形，中庭天顶采光，外墙四周立面由仿岩石肌理陶板挂筑，缝隙处嵌入两条细细的条窗，其余均为实墙。这也是一家以实物为主的综合性博物馆，为了文物保护与展示效果需要，馆体几乎是全封闭的。

图 34、图 35
安徽蚌埠市博物馆。

图 34

图 35

（6）江苏苏州吴中区吴文化博物馆。

吴中博物馆也是一座人文类博物馆。它的建造融入澹台湖景色。它的外立面除封闭的7个白色立方体外，局部采用玻璃幕墙，虚实镶嵌，使立面富于变化。个别天顶采光，公共空间如大堂（Lobby）、楼梯以天然采光为主。展厅则是全封闭的（图40）。

图36、图37、图38、图39、图40
江苏苏州吴中区吴文化博物馆。

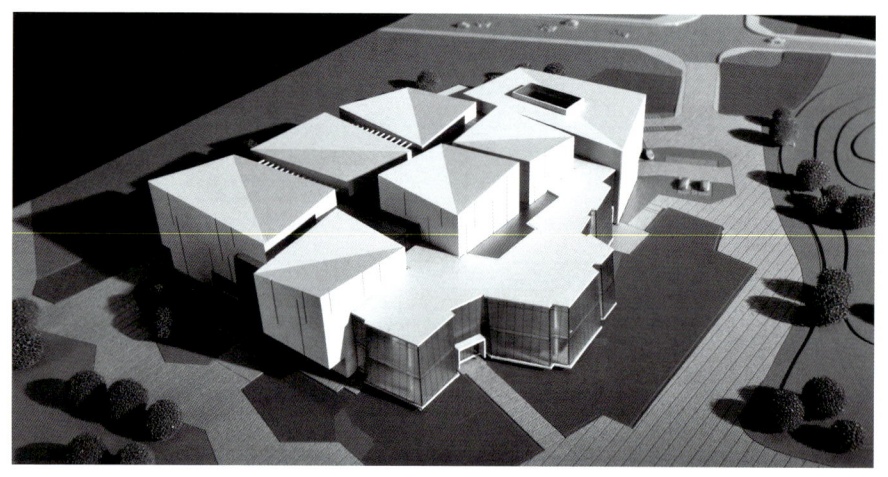

图36

图37

图 38

图 39

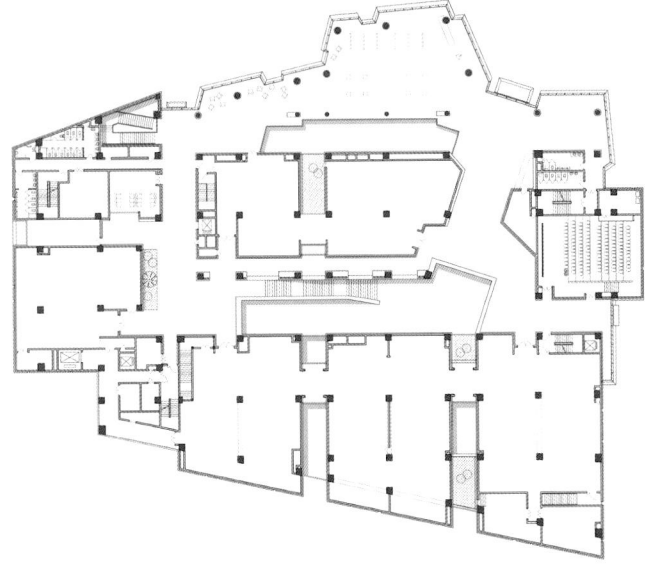

图 40

（7）浙江龙游县博物馆。

龙游县博物馆是一座地方综合性人文类博物馆。从俯视角度看，"四水归堂"意韵十分明确。四周立面丰富多彩，有玻璃幕墙、条窗，但展厅乃是封闭的"黑盒子"，其中大堂及楼梯空间布局富于变化，尤其是楼梯设计很有特色（图43、图44）。

图41

图42

图41、图42、图43、图44
浙江龙游县博物馆。

图 43

图 44

展示设计师谈博物馆建筑　167

（8）中国（海南）南海博物馆。

中国的海南省有汉族、黎族、苗族等20多个民族聚居。南海博物馆融合了当地民居风格，海滩椰风，与环境共生，既是乡土的又是现代的。半环状布局，具有巨大的视觉冲击力。内部陈列以人文学科为主题。馆舍整体由列柱环抱，四面透亮，支起巨大的坡顶，若是夜晚观看，灵动剔透。玻璃幕墙内的展厅则由实墙分隔，是封闭的空间（图49）。隔着玻璃的大堂、游廊可与室外海岛环境对话。

图45、图46、图47、图48、图49
中国（海南）南海博物馆。

图45

图46

图 47

图 48

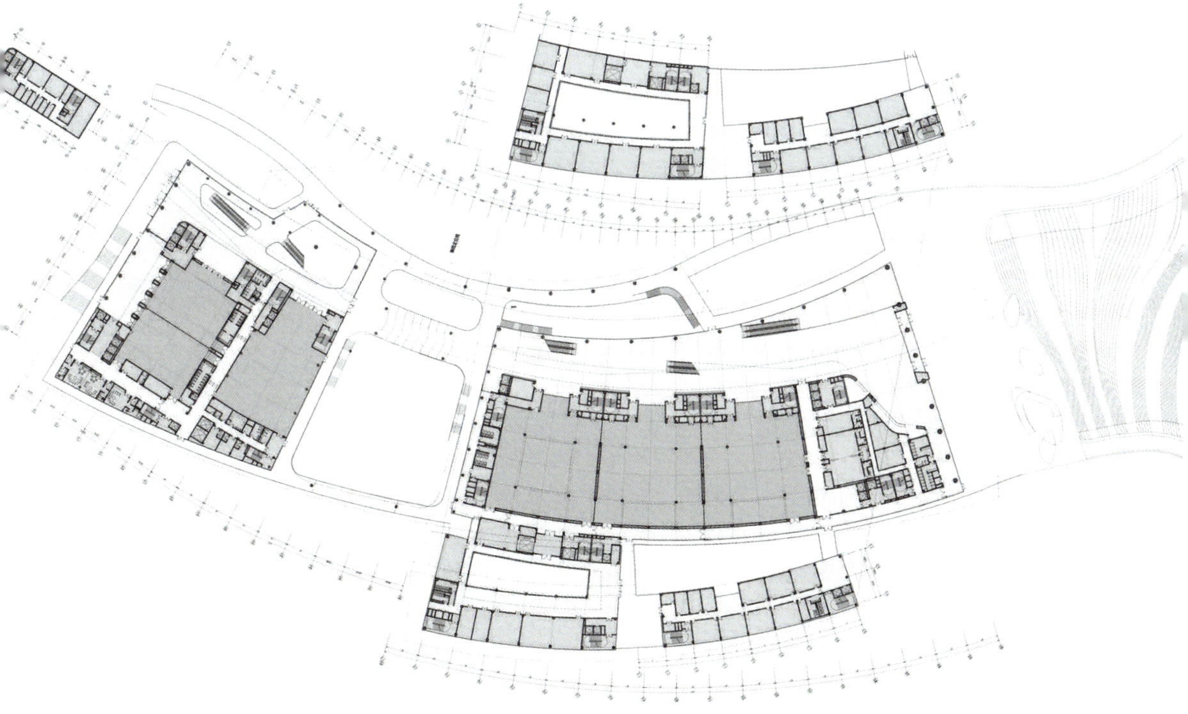

图 49

展示设计师谈博物馆建筑

4. 专题性博物馆特征

（9）中国邢窑博物馆。

邢窑博物馆由直径大小不同的7只巨无霸的"碗"所组成。馆平面呈正方形，仿佛是碗的托盘，四周展厅作环状排列，由长廊串联各展厅。"碗"本无窗，采光来自顶棚。按文物保护要求，展品绝大多数为无机物质，对光并不敏感，无须避光，无窗设计可能是为了营造展览氛围之需吧。

图50、图51、图52、图53、图54、图55
中国邢窑博物馆（河北省内丘县）。

图50

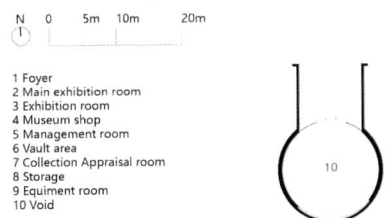

1 Foyer
2 Main exhibition room
3 Exhibition room
4 Museum shop
5 Management room
6 Vault area
7 Collection Appraisal room
8 Storage
9 Equiment room
10 Void

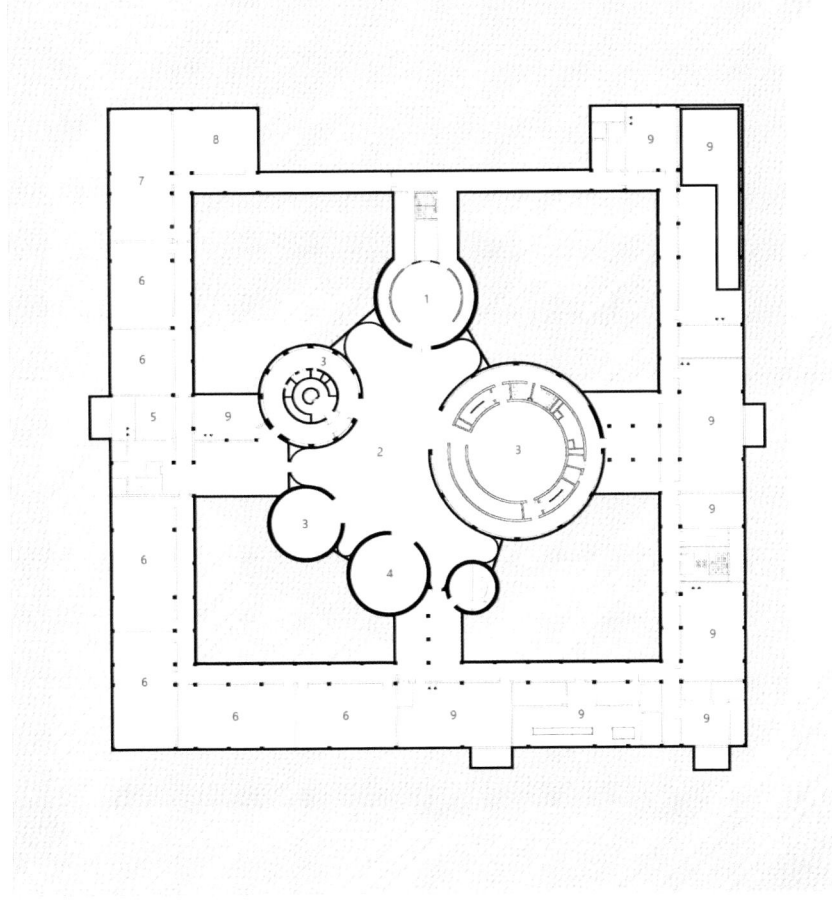

图 51

图 52

图 53

图 54

图 55

5 展示设计师谈博物馆建筑　173

（10）浙江绍兴大禹纪念馆。

大禹是中国人耳熟能详的传说中的人物。"大禹治水"功不可没，为他建纪念馆事为当然！馆舍造型天圆地方，融天、地、人之中华精神共同体的抽象，表达质朴文化。内部陈列少不了文献及文物引证，更多还是为营造神话般的展览气氛，极尽渲染。墙无窗设，仅靠天顶采光。

图 56、图 57、图 58、图 59 浙江绍兴大禹纪念馆。

图 56

图 57

图 58

图 59

展示设计师谈博物馆建筑

（11）湖北张之洞与武汉博物馆。

这是一座为名贤建立的博物馆。张之洞是清末洋务派代表人物，1844年中法战争时任两广总督，与冯子材一起击败法军，又设广东水师学堂、枪炮厂，开矿务局。后调任湖广总督，开办汉阳铁厂、湖北枪炮厂，设立织布、纺纱、缫丝、制麻四局。创办自强学堂，编练江南自强军。发表《劝学篇》，提出"旧学为体，新学为用"主张。博物馆收藏的大量文献档案资料都是对光敏感物品，展示厅采用全封闭的陈列。这座博物馆的外观颇为奇特，据说取中国古象形文字元素"方舟"之意象。

图60、图61、图62、图63、图64、图65、图66、图67
湖北张之洞与武汉博物馆。

图60

图 61

图 62

展示设计师谈博物馆建筑 177

图 63

图 64

图 65

图 66

图 67

（12）上海交通大学钱学森图书馆（博物馆）。

钱学森是世界著名物理学家。图书馆（博物馆）收藏有巨量文献档案、手稿、图书资料，都是对光敏感物品，博物馆陈列采用全封闭的"黑盒子"。

图68、图69、图70、图71、图72
上海交通大学钱学森图书馆（博物馆）。

图68

图69

图 70

图 71

图 72

（13）侵华日军第七三一部队罪证陈列馆。

日本第七三一部队是侵华日军进行细菌战的部队代号。1932年日本陆军省委派日本军医中将石井四郎主持这项工作，在黑龙江肇东、五常县一带致力于细菌战研究。1935年日本将哈尔滨西南郊居民赶走，划作"特别军事区"，抓来3万多劳工修建细菌工厂，1937年正式成立，代号为七三一部队。该部队秘密用活人进行生物实验，致中、朝、苏等抗日志士、妇女、儿童3000余人死亡，使20余万中国同胞死于生物武器，罪行滔天。1945年8月，日本战败投降前夕，为掩盖罪行，销毁了各细菌战试验设备与厂房。罪行陈列馆建在被销毁的遗址之上，下沉的广场，碎裂的黑盒子，三支巨大的烟囱，象征着被埋的真相、永不磨灭的伤痕。墙无窗设，沉寂的冰凉、黑暗、恐怖……

图73、图74、图75、图76、图77、图78
侵华日军第七三一部队罪证陈列馆。

图73

图 74

图 75

展示设计师谈博物馆建筑 183

图 76

图 77 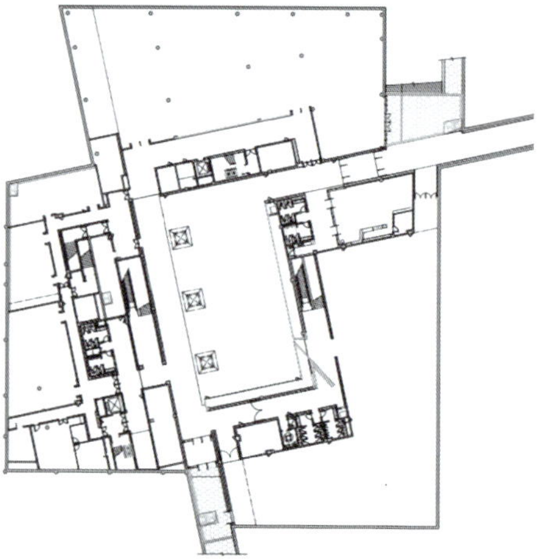 图 78

（14）西藏非物质文化遗产博物馆。

西藏非物质文化遗产博物馆凭借"天路概念"，提取布达拉宫走道之抽象演绎，在空间叠加中实现特殊体验。

图79、图80、图81 西藏非物质文化遗产博物馆。

图 81

（15）青海赞普博物馆。

青海赞普博物馆被誉为 214 国道边明亮的灯塔。这是项扩建工程，按西藏山南垒石工艺建造。白色的墙体与建筑物空隙，具有强烈视觉冲击力。

图 82、图 83、图 84、
图 85
青海赞普博物馆。

图 82

图 83

图 84

图 85

以上（14）（15）两例的建筑形态特显民族形式，凸显墙体无窗少窗的博物馆特征。

5. 自然与科学类博物馆

（16）上海天文博物馆。

上海天文博物馆是世界最大的天文馆、天文学学科最全的博物馆，演绎的主题是宇宙。宇宙之大无边无际，时间没有起始，空间没有尽头，一切都是飘浮的。观众身临其境感受飘浮体验。偌大的建筑体量，从地球视角观宇宙空间，展览装置设计无论体量大小，几乎不见支撑构件。宇宙本是暗空间，展厅也是暗空间，这样才能更好演绎群星闪耀，因而建筑外墙整体无窗，曲线环绕。一切都是为了展示效果着想。

图86、图87、图88、图89、图90、图91、图92 上海天文博物馆。

图86

图 87

图 88

展示设计师谈博物馆建筑　189

图 89

图 90

图 91

图 92

图93

图93、图94、图95、
图96、图97
中国国家海洋博物馆。

（17）中国国家海洋博物馆。

中国国家海洋博物馆分四翼，各占一个海洋主题，有6个展区，15个展棚贯通各展厅。既有大尺度的馆体，又有小细节处理，和谐共存。馆舍大堂（Lobby）为落地条窗所围，采光明媚。展厅与大堂则由实墙围隔，营造海洋展示效果。

回溯早期的自然科学类博物馆建筑，大都以天顶采光和侧窗采光为主，都是为了采光通风之需。只是现代由于照明技术进步，由人工采暖降温、通新风，称之谓"空调技术"发展，又为保护文物标本之需，求展示效果之实，才为博物馆建筑设计提供了兼顾两者的可能。但天顶采光和无窗的实墙其沉闷封闭的形象，委实使人不快。为弥补这一缺陷，于是就有了博物馆建筑既有畅通的外观又有内部展厅封闭环境之设计。具体的措施是大堂、走廊、楼梯间天然采光，展示厅与库房则是"黑盒子"人工照明。如上海科技馆、上海自然博物馆之新的设计。

图 94

图 95

193

图 96

图 97

6. 美术馆的建筑特征

国内美术馆的案例仅举 4 例：

（18）上海浦东美术馆。

2021 年新建成的上海浦东美术馆是少窗馆舍的典范。展厅内仅有局部的落地条窗，窗面积不大，仅用于调节观众视觉观感，不是为采光照明。展厅则是封闭的环境，是为了保护美术作品。

图 98、图 99、图 100、图 101
上海浦东美术馆。

图 98

图 99

图 100

图 101

（19）上海金臣·亦飞鸣美术馆。

上海金臣·亦飞鸣美术馆建在城市中的地下。地面上仅露出美术馆的入口——一座半椭圆形的玻璃房，展厅则在地下。从地面入口到地下空间设计了一座漂亮的螺旋梯，分别导入地下 B1、B2 层展厅。因为展厅设在地下当然无窗。

图 102、图 103、图 104、图 105、图 106、图 107 上海金臣·亦飞鸣美术馆。

图 102

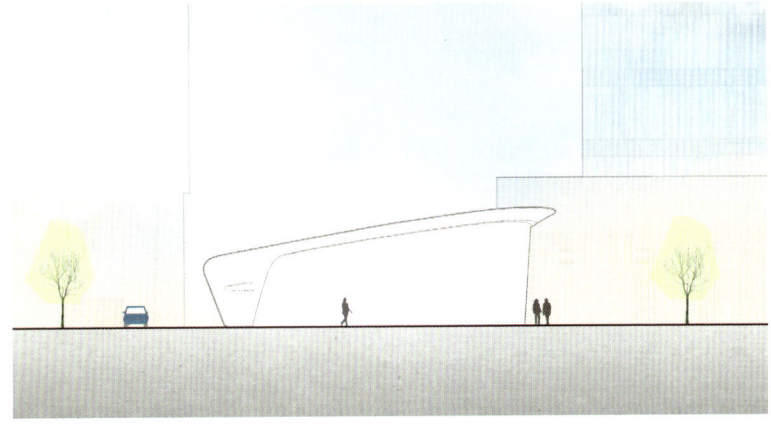

图 103

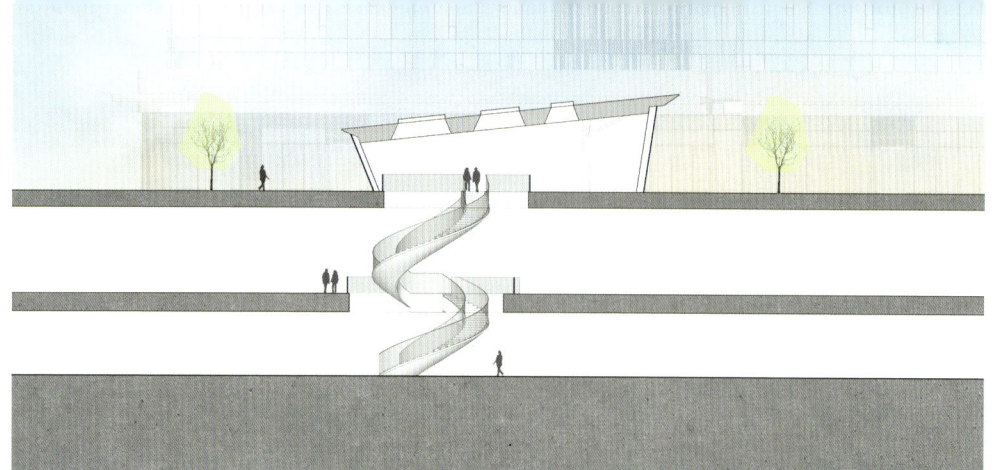

图 104

图 105

图 106

图 107

（20）山东美术馆。

山东美术馆外观是一座经几何切割的立方体。天顶采光，局部条窗，通体看起来是座无窗美术馆。据说设计理念来自"山城相依，泉城相映"，体块错动。屋顶天窗寓意"泉"的流动。

图 108、图 109、图 110、图 111 山东美术馆。

图 108

图 109

图 110

图 111

（21）天津于庆成美术馆。

天津于庆成美术馆外观看起来是七块巨大的不规整的夯土砌块。不规整的砌块之间有缝隙，便是落地窗的所在，缝隙与天窗相连，可作采光口导入光线，但室内展品展示乃是人工照明。

图112、图113、图114、图115、图116、图117 天津于庆成美术馆。

图112

图113

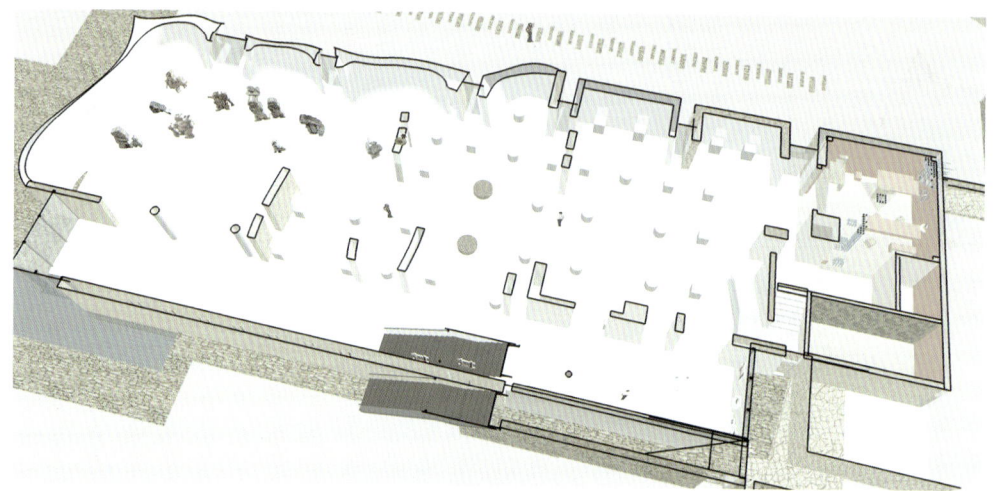

图 114

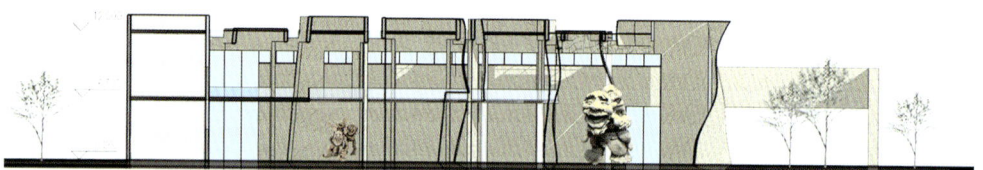

图 115

图 116　　　　　　　　　　　　　　　图 117

7. 国外博物馆与美术馆的建筑特征

（22）美国纽约现代艺术博物馆（MoMA）。

纽约市中心的 MoMA 现在扩建后仍然是无窗的展示馆，只是临街一方走廊等公共空间为玻璃幕墙采光。

图 118、图 119、图 120、图 121
美国纽约现代艺术博物馆（MoMA）。

图 118

图 119

图 120

图 121

（23）立陶宛艺术博物馆。

立陶宛艺术博物馆坐落于维尔纽斯，外立面极为简约又不乏灵动。白色的发光石膏板极富张力。室内大堂设有一座黑白相间的螺旋梯，富有韵律感。展厅与藏画库则是封闭的。

图122

图122、图123、图124、图125 立陶宛艺术博物馆。

图123

图 124

图 125

（24）美国陆军国家博物馆。

该馆也是一座封闭的黑盒子，外立面极简又有些许变化。室内展厅空间宏伟，战争气氛渲染强烈。

图126、图127、图128 美国陆军国家博物馆。

图126

图127

图128

（25）澳大利亚国家海事博物馆。

该馆建在滨海码头，馆体内外富于科技感，与周边舰艇和谐相伴。室内展示以人工照明为主，又利用展厅"〈 〉"形外墙条窗，营造出身在舰艇中的体验环境，并借此与馆外景观沟通。

图129、图130、图131、图132、图133、图134、图135
澳大利亚国家海事博物馆。

图129

图130

图 131

图 132

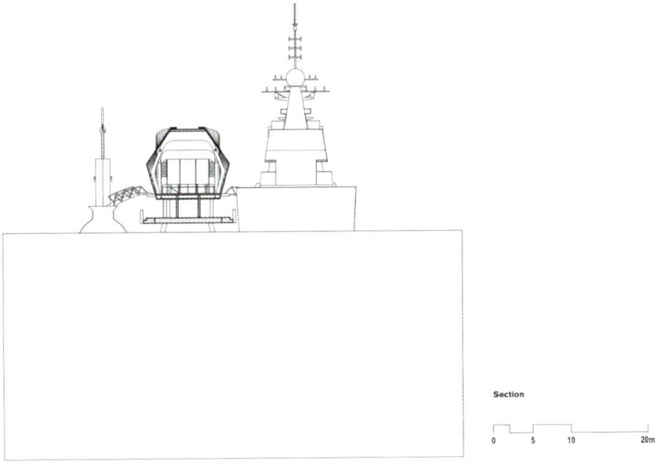

图 133

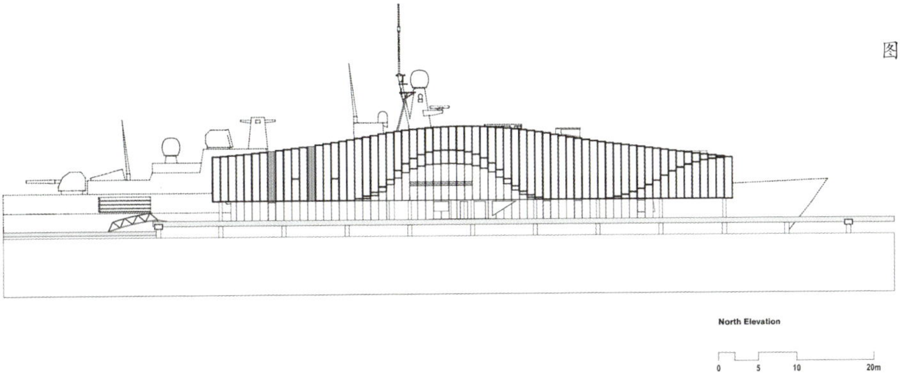

展示设计师谈博物馆建筑 209

图 134

图 135

（26）德国苏台德博物馆。

苏台德博物馆馆舍也是座封闭的大立方体。展厅是黑盒子。局部为高侧窗采光，大堂则是落地玻璃幕墙。

图 136、图 137、图 138 德国苏台德博物馆。

图 136

图 137

图 138

(27) 德国柏林博物馆岛詹姆斯·西蒙美术馆（James Simon Galerie）。

这是柏林博物馆岛新扩建的美术馆。新馆与老国立美术馆遥相呼应。新馆建在河边，以极简的白色列柱相围，与老建筑对比，相映成趣，彼此不相违误。展厅采用天顶采光加人工照明（图142）。

图139、图140、图141、图142 德国柏林博物馆岛詹姆斯·西蒙美术馆。

图139

图140

图 141

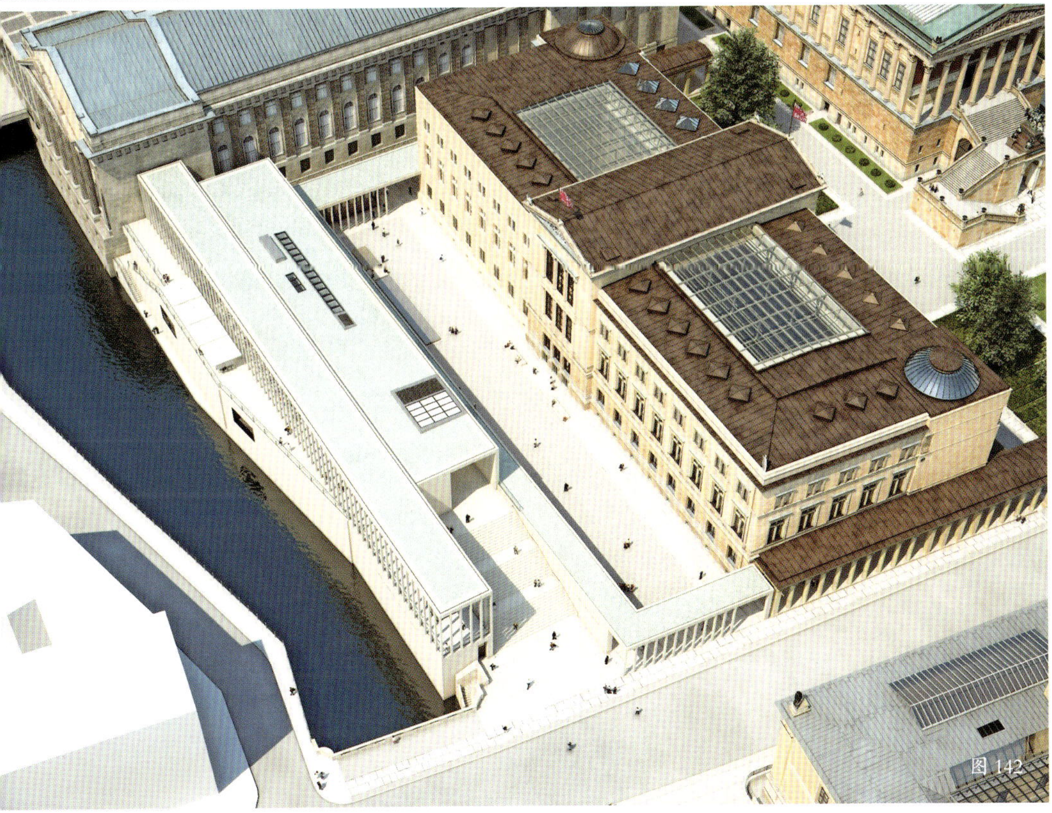

图 142

展示设计师谈博物馆建筑 213

（28）罗马尼亚 MARe 艺术博物馆。

MARe 艺术博物馆馆舍三层，底层 Lobby 及部分展厅为落地玻璃窗所围。二层为封闭的黑盒子，三层天顶采光。

图 143、图 144、图 145、图 146 罗马尼亚 MARe 艺术博物馆。

图 143

图 144

图 145

图 146

（29）日本角川武藏野博物馆。

角川武藏野博物馆是日本著名建筑师隈研吾事务所 +Kati Ma Design 以 2 万片花岗岩石片贴出石村"书街"。这是座未来主义文化迷宫："书街"+"书架剧场"。馆舍整体犹如一块巨无霸花岗岩石，缝隙间嵌入高侧窗和天窗。可见隈研吾保护图书之用心。

图 147、图 148、图 149
日本角川武藏野博物馆。

图 147

图 148

图 149

（30）墨西哥巴洛克博物馆。

一座纯白色充满着巴洛克艺术流水主题寓意的少窗博物馆。墙间缝隙嵌入落地长窗，顶层展厅天顶采光。该馆大堂也设有一条通向二、三层展厅半螺旋式俊美的楼梯，堪称艺术类博物馆的"标配"。

图 150

图 151

图 152

图 153

展示设计师谈博物馆建筑

以上 30 个案例，大概可以道尽博物馆或美术馆建筑的特色特征。究其缘由：一为文物标本保护之需，二为营造展示视觉效果与氛围之需。如此便造就了封闭的黑盒子。诚然，无窗或少窗建筑，不尽然是博物馆美术馆所特有。譬如粮仓、煤气包、油罐等建筑。但反过来看，英国泰特美术馆不是由电厂改造过来的？上海油罐艺术中心直接利用了油罐，连名字都未改，怎么说？

8. 大堂小议

博物馆或美术馆大堂（Lobby）实质上是博物馆交通枢纽设施，在空间序列中居首位。观众进入博物馆参观，首个空间就是大堂。大堂要告诉观众的首要任务，就是"这是个什么博物馆"，要做到这点实属不易。许多历史悠久的博物馆的大堂陈设一直在变，易稿不断，至今亦然。例如美国百年大馆纽约大都会艺术博物馆、纽约美国自然历史博物馆、华盛顿美国国家航空航天博物馆、华盛顿美国国立自然历史博物馆、芝加哥菲尔德自然历史博物馆等的大堂陈设，历年都在不断更新。但千变万化中总是选择最能代表馆藏特色的文物、标本，此为首选。不管怎么变换，"Information Desk"则是"标配"，绝不可缺。在这里向观众发放参观指南、各展厅空间导引（Museum Map），指明观众休息点、餐饮，以至洗手间分布，等等；有的还兼管小件物品寄存。

现今我国博物馆建设突飞猛进，各种博物馆用房配备齐全，Information Desk 当然不会缺失，但大堂的陈设问题似思考缺失，这确实是个问题，尤其是大型人文历史类博物馆如何选择大堂陈设。通常所见，大多绘幅大壁画、大浮雕、人群塑，在革命类博物馆或是大红旗、大金星＋大放光芒，配上圆雕、群塑或壁画。虽然贴题，但大家做得相似，难避"千馆一面"之讳。

要知道大堂乃是博物馆陈展设计重中之重。馆长关心，观众注意。展示设计企业则从设计背后看到的是造价——经济效益之所在！无不为此穷思殚虑。更有甚者，把馆内各项主题陈列的"序言"或"前言"，当作"大堂"处理，混淆 Lobby 与 Preface 或 Foreword 的设计区别而大肆渲染。更有博物馆执事者好这一招，致使展示企业添薪加火，形成"始于一，闻风起。顺势动，聚以成亿，横扫千里"之势，把展示设计重点导入 Preface，于是就有了"序厅是展览灵魂"的邪说。

9. 博物馆教室之设

博物馆的功能三设：收藏、研究、教育。如今把原顺数第三的"教育"倒过来置于第一位，我视之为"博物馆的觉醒"，体现了收藏与研究的根本目的在于教育——传承国家民族的文化自信，是博物馆存在于社会的价值所在。

博物馆教育的特色在于实物，对实物的观察与研究分析，以润物无声的浸润方式，寓教于乐。其与传统的学校教育不同，这里没有考试，没有考卷，不发"毕业证书"，但同样完成释疑、解惑、问道的教育任务。博物馆教育觉醒呼吁博物馆建筑设计应该有正规"教室"之设、应视为现代博物馆建筑设计的标配。

寓教于乐、润物无声，是博物馆教育特色与风格之所在。只可惜现在博物馆教育过度偏于强调所谓游乐性，譬如说搞什么"剧本杀"，脱轨了！我真不知建筑师如何为博物馆建筑配置可以搞"剧本杀"的房间？在展厅还是在教室里？

博物馆教室空间应是能容纳一个班级学生的空间，还应配有黑板、投影仪与屏幕，演示试验桌，有良好的照明，四周墙面吸音。但不一定需配正规教室的课桌椅，有个带书写功能的椅子即可。这样的教室视博物馆教育规模而定，至少不少于两间，或者应该更多。

博物馆建筑设计可以写成一部书。有许多问题亟待研究，譬如展厅采光、库房与展厅空间关系、技术用房与库房关系，还有展区之间及展厅内部的"空间导引"等问题。这些问题套用展示设计界的所谓"田野调查"，都须花时间花精力去研究的。在下垂垂老矣，谨待来者了。要知道这些问题都是很有趣的课题啊！

6

说采光道照明

1. 一句雷人的话

在书城偶然看到一套"高等院校展示设计辅导系列教材",书系共计五本,其中一本为《展示光效设计》。开卷第一章第二段有这么一句话:

> 非物质的无形的光是万事万物存在的基础,
> 一切视觉的存在都仰仗光线的照射。

"光"是什么?光是一种电磁波,是一种物质,是一种能量。查查辞典、看看物理教科书就知道,怎么能说光是"非物质的"?!更使人头晕的,说"光是万事万物存在的基础",那么夜晚在一间不点灯伸手不见五指的黑房间里,万事万物就不存在了吗?至少这是句有语病的话。后面那句"一切视觉的存在都仰仗光线的照射"。这倒是正确的,只是自相矛盾,逻辑混乱。

令人百思不得其解的是,这个常识性的疏漏竟然能够闯过编、审、校三关印成书出版,可见大家对科学知识的认知都存在一定问题。展示照明属于建筑照明设计,是建筑物理光学的一个分支领域,近几年越来越引起博物馆界的重视。反过来看博物馆陈列设计界对展示照明设计,真正做过系统研究的,我敢大胆地说"凤毛麟角"。博物馆陈列展览是种视觉传达,光是视觉的媒介，在一定程度上决定陈列展览效果的成败。所以我呼吁大家要关心博物馆陈列展览的采光与照明设计，必要时应该把它列为一个课题，甚至建立一个实验室进行科学研究。

2. 自然光·人工光

"采光"与"照明"是两个不同的概念。利用自然光照明室内称为"采光"，运用人工光——从蜡烛、煤气灯、白炽灯到 LED 灯照亮房间称为人工照明。当代建筑照明在学术层面上把采光和照明两者统一称为"照明设计"，这是建筑物理光设计理念的革新，从此不再分家。

上海有家建筑照明企业叫中泰公司。他们编写了一本博物馆或美术馆专业照明的书《文化艺术之光》，开卷第一页是这么写的：

"光·是物质，是现象，是能量。

光·是创作者，是影子，是形状，是质感，是幻想，是现实。

光·是情绪化的，是敏感的。

光·宛如一曲乐章，赋予理性建筑一份韵动的美。"

真是写得太好了。短短的四句话道尽了光与照明的本质，概括了从物质到精神、从精神到物质的哲理。这是照明思想的升华，提示出了博物馆或美术馆实现理想照明设计的高新境界。

3. 回顾·争议

20世纪40年代以后，是世界博物馆一次繁盛发展时期，其陈列展览出现了新的面貌，大大改变了藏品库房式的陈列方式。但就展览的照明而言，还是以天然采光为主。到黄昏或晚上开放，才使用人工照明。例如30—40年代的纽约大都会艺术博物馆、纳尔逊艺术博物馆、美国自然历史博物馆等的陈列展览都以天然采光为主人工照明为辅，而且一无展示专用的照明灯具。30年代中国的南京博物院、上海市历史博物馆，以至50年代中国新建的中国革命博物馆、中国历史博物馆、中国军事博物馆和北京自然博物馆的陈列，绝大多数也都采用低侧窗采光。

图1 美国纽约大都会艺术博物馆。（1934年）

图 2
美国纽约大都会艺术博物馆。(1934年)

图 3
上海博物馆青铜陈列。(1959年)

图 4
中国历史博物馆通史陈列。(1959年)

天然采光的最大优点是经济节能，并且具有无可比拟的观赏物品的舒适感。但天然采光，不论是低侧窗采光、高侧窗采光还是天顶采光，存在的问题都是十分明显的，例如照度难以控制，室内光分布不均匀，眩光，特别是镜面反射。就对文物保护来说，紫外线和热辐射，都会对古文物及艺术品带来危害。

图5
光分布不均匀。波士顿艺术博物馆。（1980年）

图6、图7　眩光的典型案例——2010年上海世博会法国馆。

第二次世界大战后，20世纪40年代，世界能源工业的发展和照明技术的创新提高，为博物馆展览采用人工照明创造了良好条件。出于对展示中文物、标本保护的安全考虑，博物馆陈列出现了采用全人工照明的展示方式。而且之后形成一种展览设计趋势，很快风靡欧美博物馆。不仅把陈列室变成了"黑盒子"，新设计的博物馆建筑窗小、窗少，以至无窗，一时成为博物馆建筑形象的个性特征，至今犹然！中国博物馆建筑设计也有一定程度的趋同。出现"黑盒子"现象的根本原因是对藏品的安全保护，而不像有人说是"盲人摸象"，盲目模仿，追求时尚。否则就不能解释当今新建博物馆"黑盒子"现象还是屡见不鲜。

图8
窗少、窗小、无窗案例。美国华盛顿弗利尔博物馆。

图9
窗少、窗小、无窗案例。美国华盛顿国家美术馆东馆。

图10
窗少、窗小、无窗案例。日本福冈东方艺术博物馆。

图11、图12
上海博物馆1983年古代雕刻陈列（中汇大楼时期）。

天然采光与人工照明两相比较，前者的缺点正是后者的优点，反之亦然。

从人的心理感受来说，观众在博物馆参观，长时间处于人工照明的封闭环境中（通常90分钟至120分钟），其感觉当然远不如在宽敞明亮的天然采光空间里那么舒适，这是不言而喻的事实。20世纪50—60年代博物馆设计界又兴起一种新的理念："让艺术品（主要是指绘画）的陈列回归到艺术品创作时的光环境中去。"重新主张艺术品用天然采光陈列。于是又开始关注起天然采光的博物馆建筑设计。一些艺术博物馆、美术馆重新从"黑盒子"里走了出来，出现许多好的经典设计，如路易斯·康设计的金博尔艺术中心和贝聿铭设计的华盛顿D.C.美国国家美术馆东馆（East Building）。好在那个时代已经有了防紫外线涂料或薄膜。玻璃制造也有了防紫外线的产品，大大提高了艺术品在展览中的安全保护系数。即便这样，出于谨慎小心的考虑，贝聿铭在设计East Building时，仍然保留了相当空间面积的"黑盒子"陈列室，用于陈列诸如达·芬奇的水墨手稿等绘画作品。之后，20世纪80年代初建成的纽约大都会艺术博物馆欧洲19世纪艺术展厅，也采用天顶自然采光，我看过它的天棚构造，其遮光百叶设计极为精巧，一年四季，从早到晚阳光都不能直射进展厅。

图 13
美国得克萨斯州凯萨市金博尔艺术中心（路易斯·康作品）。

图 14
美国得克萨斯州凯萨市金博尔艺术中心（路易斯·康作品）。

图 15
美国得克萨斯州凯萨市金博尔艺术中心（路易斯·康作品）。

说采光道照明

图 16
美国得克萨斯州凯萨市金博尔艺术中心（路易斯·康作品）。顶棚采光口设计非常特别，半圆穹顶的曲面正好有效地反射自然光倾泻入室，采光口又有塑料"阳光板"散光，使光线变得非常柔和，射灯的导轨镶嵌在采光口下两缘边上，显得有序而富韵律感。

图 17
华盛顿，美国国家美术馆东馆。该展厅展示对光不敏感的雕塑作品。

　　天然采光与人工照明，在视觉感受两相比较和展览艺术效果的美学追求上，孰好孰不好，至今还争论不休，我想这也是正常现象。至于当今设计师故弄玄虚，心无禁忌，片面强调营造展览氛围，追求"所谓戏剧性效果"，乱用灯光（例如用红、白、黄、绿灯泡翻滚照耀文物）以致造成视觉污染那就另当别论了。

4. 未来会怎样？

欲探索未来，不妨先来观察研究一下当今世界博物馆照明设计出现了什么发展趋势，归纳起来看，我认为就是"**取长补短探索混合照明**"。所谓取长补短就是取天然采光之长，补人工照明之短；取人工照明之长，补天然采光之短。

天然采光之优长最主要的在于它是免费的，是环保的，而且光的质量不是任何人工光源可以替代的。它的麻烦在于不好控制。天然采光设计都要通过建筑光学设计来实现；采光方式、采光口大小、采光口构造，在技术上都很复杂，造价也高；而且照度、光分布数值不稳定，尚不能满足全天候的展示照明要求。人工照明最大的优点在于能够自由控制照明效果。在这样的现实条件下，博物馆陈展照明设计必然被逼走上混合照明方式。

这种发展趋势其实早在20世纪70—80年代就已经出现。前文提到的路易斯·康设计的金博尔艺术中心，是天顶采光与人工照明相结合成功的经典之作，另一件作品耶鲁大学英国艺术中心，是低侧窗采光与人工照明结合的另一经典。后来在美国休斯敦新建的 Menil Collection 美术馆，展厅是天顶采光。它的遮光百叶设计非常独特，既能遮挡阳光直射，其曲面又能散射天然光，使光线均衡地倾泻于展厅。而人工照明的轨道灯导轨却隐蔽在百叶下缘曲线内，巧妙至极，实现了天然光与人工光互补的效果。在法国巴黎有座阿拉伯文化中心，这是一家美术考古博物馆。建筑由玻璃幕墙围成，展厅纵深部位用人工照明增补天然采光照度不足，维持了良好的照明效果。另外在考古遗址上建成的佩里格设计的里昂高卢罗马博物馆也是玻璃幕墙采光与人工照明结合，使遗址遗物的照明呈现出非常优美的效果。在巴黎东北部的莫城有座新建的第一次世界大战博物馆，照明设计也秉承上述两例思路，同样取得了良好效果。至于旧建、古建改造成博物馆的优秀采光案例，当首推法国奥赛美术馆。在美国洛杉矶的自然历史博物馆，原来也是一栋老房子，其展厅是低侧窗与天顶采光，经改造维持了原来的采光方式，加设了人工照明，也取得了成功经验，在美国加以推广。以下选用几个我心仪的案例来证明我的观点。

图18、图19、图20、图21、图22
美国纽黑文耶鲁大学英国艺术中心（路易斯·康作品）。

图18

图19

图 20

图 21

图 22

图 23、图 24　美国休斯敦 Menil Collection 博物馆。

图 25、图 26　法国巴黎阿拉伯文化中心。

图27、图28
位于法国由佩里格设计的高卢罗马博物馆。

图29、图30　法国巴黎奥赛美术馆。

图 31、图 32、图 33
美国洛杉矶自然历史博物馆。

5. 理想照明设计

博物馆陈展照明的功能要求：一是要防止光对文物、标本的损害；二是要保证看清展品；三是要让照明营造出良好的展览环境氛围；四是要有利于环保节能；五是要设法消除眩光，防止光污染。为了实现这五个目标，照明设计的核心内容应是**正确选择光源；正确选择灯具；正确选择照度标准；正确处理防止眩光。**

（1）正确选择光源。

理想的光源应是无紫外线、热辐射低的光。就天然光来说，建筑物采光口可采用防紫外线玻璃，或通过在玻璃上涂紫外线吸收剂、粘贴防紫外线薄膜等来实现。对人工光源来说，现代电光源技术已经解决了无紫外线灯泡的生产技术，无论是卤钨灯或 LED 灯都已经有了无紫外线辐射的产品。不管何种电光源，用于博物馆展示照明的灯，其显色指数（Ra）均应选大于 90%、色温（Tc）应该在 3200K 以上、4000K 以下。为谨慎起见，采购光源时应向供应商索取正规的权威性的技术检测证明文件。

（2）正确选择灯具。

理想的灯具应该是直视灯具而光源不刺眼（无眩光），但被照射面的光斑有效照度要高；既是聚光的，光的投射有方向性，但又是漫射的，光斑边缘能虚化。这样要求是否自相矛盾？在技术上其实是能做到的。1983 年上海灯具研究所为上海博物馆的古代雕刻陈列、中国青铜器陈列曾开发出了这类灯具，其光源采用的竟是 25V/50W 的手术无影灯泡！至今已过去近 40 年，市场上供应的国内外生产的灯具已为我们提供了巨大的选择空间，但要遴选出理想的灯具，最有效的解决方案是通过"实验"。

（3）正确选择照度。

理想的照度从展览的视觉效果来说，我的体验是：照度应选择在250—300lux之间。20世纪80年代中期我在日本京都博物馆看到日本彩绘屏风展出的照度在300—375lux之间，效果非常好。但这类展品以ICOM的照度标准来审视，应归入对光特别敏感的那一类文物，即照度标准不可大于50lux！

这是怎么回事呢？曾经询问陪同参观的日本朋友，回答说："开馆以来一直都是这样陈列着，应该是安全的吧！"

尽管我对ICOM制定的50lux照度标准疑虑重重，但其作为一项法规，不论是国际的还是中国的，都应该遵守。虽然无法知道ICOM照度标准出台的历史过程，但比照英、美、日等各国博物馆照度标准，都基本一致。相信一定是有科学根据的。想起20世纪50年代末60年代初参与建筑科学研究院物理所对国内博物馆的展览照度标准调查与实验，经过大量的观众主观评价和研究分析，得出的数据竟与ICOM的数据惊人地相似，所以我想一定是有道理的。

（4）正确处理防止眩光。

理想的博物馆陈列室照明环境应该是无眩光的。陈展环境的眩光分两类：直接眩光，间接眩光——二次反射（俗称"照镜子"现象）。眩光是造成视觉污染的"元凶"，直接影响参观效果，历来为博物馆陈列工作者所关注。解决直接眩光的方法很多，技术难度也不高，相关的图书中都有记述，一查看就明白应该怎么做。麻烦的是"照镜子"现象的间接眩光，一不小心就"犯病"。有人想方设法通过高新技术，制造特种玻璃来解决镜面反射，是否有效不敢断言。其实解决这个问题最有效、最简单的途径，是在镜面（玻璃）内外两个空间"**制造照度差**"。简单地说即让展柜内部的照度值大于展柜外部——观众所处空间的照度值，即可一举消除二次反射。另外，在空间布局上尽量避免两排玻璃展柜平行布置，万一不能避免时，务必使两排展柜内的照度一致，其背板应选用反射率低的深色饰面材料，也能够在一定程度上缓解间接眩光。

纵观国内外博物馆陈列展览，展柜玻璃上的二次反射现象十分普遍。有趣的是这一现象竟然引起个别摄影家的创作兴趣，专找有照镜子重影现象的展柜拍摄，并把作品发表在媒体上，不知是赞赏还是讽刺。

图 34、图 35、图 36 眩光的典型案例。纽约,美国自然历史博物馆。(2012 年)

6. 疑问·困惑

回过头来再说 ICOM 的 50lux 照度标准问题。

ICOM 的照度标准中，对光特别敏感的展品规定照度不可大于 50lux，指的是水彩画、水墨画、纸张、丝织品等。它真的安全吗？如果超出了会带来什么样的后果？

看来 ICOM 的专家们在研究确定这个标准时肯定也很纠结。一要保护对光敏感的文物，二要保证观众能轻松观赏文物。以中国宋元书画陈列为例，从文物保护来讲，最好是不见光！但这样一来又有悖于保护的目的是鉴赏研究，所以"两难"！为了"两全"，于是就降低照度吧。众所周知，紫外线强弱、照度高低、照射时间长短是与对文物危害的程度成正比的，为此限定照度的做法当然是正确的。但也有不容忽视的一面，光对纸张、丝绢类文物之所以会有损害是光化作用的结果。而光化作用在高湿度环境下其破坏能量远高于相对的干燥环境，所以即便在 50lux 照度下也尚须规定环境的湿度参数。这就是要把小气候环境稳定在相对湿度 50%±2.0%。对文物保护只限照度不限温湿度是不科学的。

那么在照度 50lux 的条件下能不能看清宋元古画呢？这需要两个条件：一要视觉适应。从亮环境走进"黑盒子"展厅，经过一段时间适应，瞳孔放大了，确实就能看清楚古画。二要求古画图像清晰。若图像不清晰，纸或绢已氧化泛成黑褐色，不要说 50lux，即使在 150lux 照度下亦分辨不清，那个展示效果就可想而知了。

现在再讲"视觉适应"问题。

通常观众到博物馆参观展览，都是从室外亮环境走入室内暗环境的。视觉如何适应？这是不可忽略的问题。中国照明设计规范 5.1.3 条指定"**应设置视觉适应区**"。想必这个"区"应是在博物馆建筑展览区域中的一个空间里。现在要问这个"视觉适应"的时间需多长（从生理学角度），观众是在静止状态下等待视觉适应，还是在行走流动下逐渐适应？若是后者，把适应时间折算成空间，这个空间该设置多长（参观流线的长）？真是一头雾水！20 世纪 80 年代末我在日本参观琦玉县博物馆，从户外入馆，进入大堂（Lobby），再进入似我国称之为"序厅"的一个狭长空间。在这个过程中，空间的照度被逐步降低。该馆在序幕长廊左右两侧布置了两

图 37
日本琦玉县博物馆大堂。

排连续的视屏（TV）和灯箱，目测这个狭长空间的长度25米左右。我注意了一下"流动"了3—4分钟观看视屏，我的感觉是适应了。这真是个好的案例！

这个案例或许就是规范第5.1.3条所谓的"视觉适应区"吧！回国以后，为了编写陕西历史博物馆新馆建筑工艺设计书，我曾经做过实验和计算。记得当年查到一条资料，说从亮环境进入暗环境，人的视觉适应时间大约需5分钟。也不知道两个不同环境亮到什么程度，暗到什么程度。于是我到西安钟楼电影院（一家十分简陋的影院）做实验。买了票故意等到开映时进场，时间是盛夏午后2点钟。进入"暗环境"不看银幕只看银幕反射光下的观众席，开始感觉自己像是一个盲人，后来逐渐看清了，上座率不到一半，场内空空荡荡的。再看表（我的表的表面是荧光的），时间经历是4分18秒，与5分钟的说法很接近。

若视觉适应时间需要5分钟的理论可以成立的话，就可大致推算出所需的空间尺度。设一主题陈列面积为2500平方米，面积与展线长度比设定为5∶1，即展线长500米，参观时段设定为90分钟，则可推算出参观流速平均值是每分钟看5.6米的展览。以5分钟为准可推算出约需28米展线，再把展线折算成空间，大约需140平方米，即要占用2500平方米展览面积的5.6%左右。这一推算结果比照琦玉县博物馆的序幕长廊，空间面积很接近，视觉适应时间亦差不多。所以我把它确认为好案例。不知日本朋友是有意而为，还是无意的巧合。

这个案例的前提条件必须是在特定的空间中要有东西可看，即要有陈列。若是个空环境无物可赏，即便是按最悠闲最慢节拍散步的速率来算，5分钟可走120—150米，如此算来所需的"视觉适应区"空间面积恐怕是任何一家博物馆都不会接受的！

在更多的情况下，博物馆陈列展览中的文物是很"杂"的。既有不敏感耐光的文物，也有对光非常敏感的文物，堆放在一块儿展出。如若一个陈列清一色都是怕光的书画或丝绸文物，照明设计可统一采用低照度标准50lux。而综合性的陈列我该如何根据文物正确选择"标准"？真的很让人困惑。

还有，我国博物馆照明设计规范4.5.1条有这样的规定"墙面宜用中性色和无光泽的饰面，其反射比不宜大于0.6"，4.5.2条规定"地面宜用无光泽的饰面，其反射不宜大于0.3"，等等。对照我们从文献资料上看到的成功展例和身临其境体验到的实体案例，不少博物馆展厅的墙面使用色相饱和、明度极低的暗红色、深蓝色、墨绿色等来衬托油画，或用明度极高的乳白墙与地面来烘托现代艺术作品，均取得了很好的视觉效果。这使我深切地感受到，真要在设计实践中执行这两条规定，实有束缚设计师手脚之感。

图38 因为博物馆类别多样,展览和展品又极其复杂,所以规范应具有更大的适用性和包容性才好。图为美国耶鲁大学艺术博物馆展厅,展墙既有深红色,又有深蓝色,更有白色墙。(摄于1980年)

图39 法国法布尔画廊(旧建筑经翻修后的陈列)。(摄于2009年)

我国的博物馆照明规范发布至今已整整过去了20余年。在这20余年中博物馆陈列实践开创了好多新的设计理念，又积累了许多新的经验，照明技术更有了突飞猛进的进步。作为一项技术规范的修订应该与时俱进，使它真正起到既可规范设计行为，又能起到促进和提高照明设计水平的作用。例如白炽、卤钨光源会逐步被淘汰，新的LED光源会代之而起。这些都应该及时反映到规范中来。还有，因为博物馆类别多样，展览品种和文物、标本等都极其复杂，所以规范的修订不仅要有全面性、前瞻性，还要有更大的包容性。

7. 我的经验与建议

照明设计（包括天然采光和人工照明）的好与不好（恕我使用普通人的非专业语言），取决于对照度的正确选择和对照明质量的正确把握。而对这两项参数的判定，最终取决于人的主观评价（专业人士与普通观众综合性的主观评价）。主观评价是对规范的各种参数分析、研究、执行和评判的过程，应是通过实验取得的。因而我建议：为了保证博物馆展览照明设计既科学合理，又简单有效，不妨在国家重点的大型博物馆或在有条件的展览工程企业中建立展览照明设计科学实验室。在照明专家指导下，在陈列研究人员、建筑师、展览设计师，甚至有观众代表的共同参与下，对采光、照明设计项目搭建模型，或制作1∶1的模拟展览，对照明设计进行实验、检测和主观评价，最后为方案决策找到扎实的依据。计算机当然可以做照明设计，但只能是一种辅助手段，不可替代实验。20世纪80年代初纽约大都会艺术博物馆建中国园林"明轩"，同时改造中国书画陈列室。耶鲁大学建筑设计院为此建立了专项实验室检测照明设计效果。我应邀"客串"过两次主观评价。见识了美国朋友对陈列照明设计的重视和认真细致。1988年上海博物馆中国陶瓷陈列室改陈（中汇大楼时期），对展柜的照明设计也进行了类似的实验，均为后来的施工布展保证了较好的展示效果。这种实验是否显得有些原始落后和保守？我以为还是有必要的。在我的经验中，电脑模拟的效果与1∶1的模拟布展实验，两者的实际感觉是不一样的。虽然用电脑进行照明设计在技术上具有无比的先进性和有效性，而实验与主观评价亦是做好照明设计不可或缺的重要环节。唯有两者结合，相辅相成，才是获得理想照明设计的最佳途径。

7

用事实说话是最有效的

有人在讲座和报告时说：美术馆是白色的光线，是亮堂堂的；博物馆是黑色的，是黑乎乎的。此说实在有违历史和事实。

从历史上看最早的博物馆或美术馆，如 16 世纪的 Cabinet（博物馆的雏形期）和开放最早的乌菲齐博物馆（美术馆），一直到 19 世纪末，博物馆和美术馆的采光照明都是以天然采光为主。20 世纪 20—30 年代像美国纽约大都会艺术博物馆、纳尔逊博物馆及大英博物馆等都是亮堂堂的天然采光并辅以白炽吊灯照明。那时候的博物馆并非都是黑乎乎而是亮堂堂的。

所谓"黑盒子"博物馆建筑的出现并非偶然，首先是博物馆的文物保护人员出于对文物，尤其是绘画、丝绸之类保护的需要，防光对文物损害是首要考虑的问题。提出了新建的博物馆和美术馆设计无窗或窗少的设想，到了第二次世界大战以后，能源工业大大发展，为无窗博物馆和美术馆的室内通风、空气净化以及全人工照明提供了可能，因而在世界各国陆续建起许许多多所谓"黑盒子"博物馆和美术馆，不仅成为一时的流行，而且一直延续至今。

也就是在"黑盒子"博物馆建筑流行之后期，许多博物馆人和艺术家观念又有转变，认为古代也好现代也好，艺术作品（包括一切人工制品）都是在天然采光下制作产生的。当今观众在博物馆参观时应该还原物品产生时光的环境，才能显现物品原来真实的面貌。于是又开始探索博物馆照明的天然采光方式。建筑师们在建筑物理学指导下探索了许许多多的博物馆天然采光方式,包括天窗、侧窗和高侧窗,尤其是天窗采光,其技术的复杂性一般人很难想象(图1)。

图1　美国纳尔逊美术馆天棚。

综上所述,博物馆照明设计走过了天然采光—人工照明—天然采光的历程,但不是简单的亮堂堂与黑乎乎的更替,更不是"艺术作品与观众之间民主平等"和"光的政治"问题!

拿天然采光与人工照明作比较各有所长,优缺点彼此相背。

天然采光首先是廉价,绿色环保,显色性无与伦比。缺点是光照不恒定,朝晚不同,室内照度分布不均,导光不易。对文保来说阳光中的紫外线、红外线对绘画、丝绸之类损害极大。这是经科学实验证实了的事实。

人工照明的优点,首先不论是白炽灯、荧光灯还是LED时代,光谱的紫外线含量远少于阳光,特别是LED,几乎是不含紫外线的。其次照度、色温、显色性可控可调,其三光分布可控可调。缺点是不环保,但进入LED时代已达到了绿色环保要求。由于文保要求"黑盒子"式的博物馆建筑盛行是不争的事实。上海博物馆西馆(人民广场)的书法、绘画、少数民族工艺展厅等都是全人工照明(图2)。书法绘画馆按国际标准规范规定画面照度50lux,我们也照做了。试想要是在亮堂堂的天然采光条件下限定照度不得超过50lux有可能做到吗?

图 2
上海博物馆少数民族工艺展厅大通柜"面具"陈列。

再举一例，前上海美术馆（即现在的上海市历史博物馆），馆舍是旧上海跑马总会，原来都是天然采光的建筑，改作美术馆使用后把窗户都封闭成"黑盒子"，然而在展览绘画作品时又把墙面"洗"白，成了亮堂堂的"白盒子"（图3、图4）。还有，日本千叶县 Koki Museum，这是一家私人美术馆。馆舍是新建现代极简主义风格的建筑（图5、图6）。长弧形展墙由金属板筑成，画框背侧暗嵌高磁性的磁铁，画品就被吸附在展墙上。具有讽刺意味的是主人把画廊设计成黑、白两色：白画廊（图5）与黑画廊（图6）。亮堂堂与黑乎乎的两大画廊均在没有窗户的所谓"黑盒子"的美术馆里！

图3、图4
上海美术馆底层展厅张功慤油画展。（摄于2012年5月）

图5、图6　日本千叶县 Koki Museum。
　　这是一家私人收藏美术馆。馆舍建筑是现代极简主义风格。长弧形展墙由金属板筑成，画框背侧暗嵌高磁性的磁铁，画作被"吸附"在展墙上。图5为白画廊，图6为黑画廊。

我们曾经在1983年做过一项实验性的陈列"中国古代石刻陈列"。那还是上海博物馆在中汇大楼时期，建筑是低侧窗采光，采用人工照明时把窗户用通风不透光的百叶全封闭了。利用人工照明的光可控可调，我们设定石刻照度最低150lux，最高的中心照度375lux，一件展品最多不过4只射灯。经布光后古代的佛像都露出了慈祥的笑容（图7）。当年上海灯具研究所测定了数据（图8、图9）。

图7　上海博物馆古代石刻陈列。

图8、图9　上海博物馆古代石刻陈列1983年10月照明实测记录"Lux/nt"数据（部分示例，数据单位为nt）。

正因为人工照明的照度、色温、显色、布光的种种可控可调的优越性赋予展览的照明巨大的选择空间。例如上海博物馆陶瓷陈列取得了较为理想照明效果（图10、图11）；又如西安博物院古代雕塑陈列。要是没有优秀的照明设计，石刻的立体感、质感、光影效果不可能达到如此好的程度（图12、图13、图14、图15）；再如2012年5月上海美术馆"台湾著名雕塑家谢栋梁作品展"中的雕塑照明布光也极为优秀（图16、图17）。

图10、图11
上海博物馆陶瓷陈列。

图 12、图 13　西安博物院古代雕塑陈列。(摄于 2012 年 4 月)

图 14、图 15　西安博物院古代雕塑陈列,照明:LED 射灯。

图 16　雕塑照明的优秀案例。

图 17　上海美术馆台湾著名雕塑家谢栋梁作品展。(摄于 2012 年 5 月)

"亮堂堂"与"黑乎乎"之议其实并没有多大意义，也无关于什么美术史策展之类值得讨论的议题。关键是怎样做好博物馆和美术馆的照明设计，纯粹是项技术活。要靠实验，更要重视照明效果的主观评价研究，这点非常重要。

不过话又说回来，要是让观众长时间逗留在黑乎乎的环境中观展不免让人感觉气闷疲惫。观众希望有喘息放松的可能，在亮堂堂的环境里要做到这些就容易得多。要是展厅有落地长窗，还能看到馆外绿地，那是非常理想的。于是博物馆和美术馆照明设计又探索出了天然采光与人工照明相结合的途径。这一点世界博物馆和美术馆已经实践做出了许多成功的案例。德国柏林新国家美术馆，采用落地侧窗，以天然采光为主、人工照明为辅的照明方式，灯具都隐身在天顶井字格栅内，从远处望去只见展墙照得通亮而不见光源点，陈列风格极为简洁（图18）。英国伦敦的大英博物馆是一座罗马风格的老建筑，画廊是经典的天顶采光，也采用了自然光与人工照明混合方式，达到了既取天然采光之长又补上了其短。展出中世纪高浮雕艺术，为突出浮雕的光影效果，在基座内侧隐藏着长串射灯（图19）。法国里尔市造型艺术宫博物馆坐落在一座古堡内，展出中世纪艺术，原本室内采光极差，也是采用了取长补短的办法，它提供了以人工照明为主、天然采光为辅的展列（图20）。

图18 德国柏林新国家美术馆采用落地大面积侧窗采光为主、人工照明为辅的照明方式。灯具都隐蔽在井字格栅内侧,从远望去不见光源点,陈列风格极简。

图19
伦敦大英博物馆高浮雕的照明方式。灯具光源隐蔽在基座内侧。观众从正面望去,见光不见灯具。

图 20　法国里尔美术馆。中世纪与文艺复兴艺术陈列在 19 世纪的古堡内。

　　天然采光与人工照明相结合，不管是天然采光为主、人工照明为辅，还是人工照明为主、天然采光为辅，两者结合，取长补短是解决博物馆和美术馆照明设计的有效途径，历史的实践可以证实，它也预示着未来博物馆建筑照明设计的发展方向。

8 从博物馆展示审视"非遗"的展示

2015年7月7日《中国文物报》刊载了苏东海先生《"非遗"不属于遗产范畴》的文章。时隔一个月,8月8日又刊登了马自树先生的论文《"非遗"是"遗产",应该是没错的》。对于学术争鸣,报端此次反应之快也算罕见。综观两文的观点分歧归纳起来有三点:第一,苏先生的文章(以下简称"苏文")提出"物遗"与"非遗"之间存在着三大差异,即"物质与精神的差异""终结存在与过程存在的差异""过去的与活着的差异",并指出"它们之间的差异性更大、更难以调和"。马自树先生论文(以下简称"马文")在承认这种差异的前提下,对"难以调和"不能认同。认为"非遗"和"物遗"之间,"并非不可调和",犹如一个钱币的面和里,相互依存,相互融合。理由是有"文化内涵寓于物之中",而文化内涵即属精神遗产。第二,关于两种文化遗产存在方式问题。苏文说:"物质文化遗产是历史的化石,处于历史的终端。非物质文化遗产是在展示中存在。"马文举了故宫与刺绣两个例证来说明,所谓终结"只能说是阶段性的终端,更没有变成化石""非遗的活态,性质,恐怕不能以过程存在来解释"。第三,关于文化遗产的再生问题。苏文指出,"物质文化遗产是一定的社会的产物,是不能再生的""但非物质文化遗产则恰恰与之相反,它必须再生才能延续它的存在"。马文对什么是"再生"一词作了定性阐述,说再生的意思就是"死而复活""本意是修复、维护、还原事物的本体原状",并用"枯树发芽再生,细胞新旧交替,伤口愈合,骨折重合来比拟京剧的传承发展",以证实"再生"的原义是什么。

苏文结尾有这样一句话:"理论并不总是披荆斩棘,有时也会困顿前进,当理论贫困时,还是让我们先做起来吧。"我对这话十分感佩!笔者是博物馆的陈列工作者,在工作实践和理论学习中又经常感到困顿。譬如非遗博物馆的陈列应该怎样做,它与物遗博物馆的陈列到底该有哪些异同。拜读苏、马两位先生的文章以后,更对什么是"非遗"、什么是"终结存在和过程存在"、什么是"调和"与"难以调和"、什么是"遗产"、什么是"再生"、什么是"传统"、为什么非遗项目中的"传统手工技艺"被称作"技艺"而不称作其他等一系列的概念产生了极大的思索兴趣。目前已经入选国家非遗的项目上千,分别为十大类。对照起来看,这些概念应当如何完善从而正确概括,如果应用于博物馆展示实践,又会产生哪些新的解释与理解?

先说"非遗"是在展示中存在问题。笔者认为这是苏文对"非遗"本体最为精确的概括。通观国家"非遗"项目十大类别,无一不可概括在"展示中存在",如传统音乐、传统舞蹈、传统戏剧、曲艺,等等,一曲一舞都是在展示——演出中才能展示出它的存在,演出一结束,除了在现场拍摄的剧照之类记录外,什么都不存在了。又如传统中医、传统诊法"望、闻、问、切",上海陆氏针灸疗法,等等,更是如此,诊疗过程一结束,什么都看不见、摸不着不存在了。

但是,"过程"也者,必有始终,从始到终这是一个时间概念。所以艺术学对艺术分类把诸如音乐舞蹈、戏剧曲艺等划为时间艺术，意谓以时间形态加以展示，而把建筑、雕塑、绘画三大类列为造型艺术，意指它们是在空间存在中展示，故称之空间艺术。空间艺术是有"外壳"的，那么它们就应该属于物质文化了，这该是个常识！可是"非遗"项目中的两大类：民间美术与传统手工技艺情况就不一样，在这"非遗"项目的"过程"终端都出现了物，即外壳的存在，例如杨柳青木版年画、蔚县剪纸、东阳木雕、苏绣，还有传统手工技艺中的景德镇制瓷技艺，技艺的过程终端，即"终结存在"，是青花瓷器。建筑的技艺终端即北京的故宫和福建龙岩的客家土楼。手工织造技艺的终端是南京的云锦和四川的蜀锦或苗族的织锦。把这些年画、剪纸、木雕、苏绣、青花瓷器、建筑、云锦织绣放在博物馆中陈列展览，如何区分它是物质文化陈列还是非物质文化陈列？毫无疑问，非遗博物馆的展示设计（Display Design in Museum of Intangible Culture Heritage），我想也必须展示其"过程"。这就决定了"非遗"陈列一定是活态的，活态展示方式中最精贵的部分是人的技与艺的表演。当然还有其他技术的展示手段，譬如风行于今的数码视听的辅助技术，使"非遗"陈列摆脱了"物遗"陈列的种种局限。

　　回顾从20世纪80年代初开始的博物馆陈列改革，从设计理念到展示的技术手段可说是进入了"创新世"的时期。其实从那个时代起博物馆陈列工作者就已开启了陈列展示如何实现动静结合、时空兼顾的思考了。

　　20世纪80年代的苏州戏曲博物馆，一进入博物馆前区便可听到灼烈喧闹的开场锣鼓，笙笛唢呐齐鸣之声，人未入馆氛围已成。馆内除静止的物的陈列外，设有评弹书场及演示昆曲的传统形式的剧场，还不时组织著名艺人演出。苏州丝绸博物馆陈列有苏州丝绸一条街，有织、染、绣的各个作坊场景；有技师演示丝绸织染的技艺流程。作为非遗展示的苏州民俗博物馆陈列，设有真人尺度的婚庆、寿仪的真实场景，以空间存在的方式再现婚寿民俗过程中的瞬间凝固。与此陈列类似的尚有宁波服装博物馆和宁波博物馆的"十里红妆"陈列。这些都是列入中国"非遗"项目的展示。上海工艺美术研究所的工艺美术博物馆，剪纸、刺绣、黄杨木雕等展示现场，都有"非遗"著名传承人常驻在展场作技艺演示。上海美特斯邦威服装公司设有一家服饰博物馆，在苗族服饰陈列部分除了展出苗族织绣及成衣外，还请来了苗族姑娘现场表演，这些姑娘都是苗织苗绣的高手，恬静的展场，只闻机杼穿行的"嗖嗖"之声。

图1
上海美特斯邦威服饰博物馆。展示中国苗族服饰，同时展演苗族非物质文化遗产的"苗织"与"苗绣"，用真人表演织与绣技艺过程。（摄于2014年）

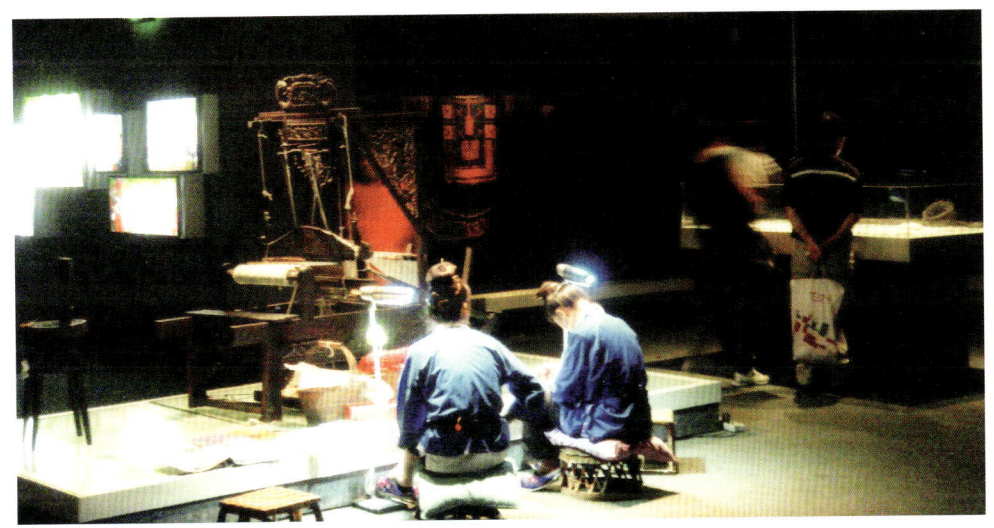

图2、图3 2010年上海世博会意大利馆。在该馆展厅中建一座玻璃房,由意大利著名服装设计剪裁师和制鞋师现场展示意大利制鞋、制衣的传统手工艺,让观众目睹其制作全过程。

  "非遗"项目中的传统音乐、传统戏剧的演示需借助"物"——乐器、乐队、服装、道具、脸谱面具等才能完成表演,因而这些物也是组成"非遗""过程存在"的构成元素。这些物陈列在博物馆中肯定是静止的,或者说是"死"的。但作为"非遗"陈列应该如何揭示其"活"性呢?以古琴艺术为例,陈列应该揭示古琴的发明及制作琴的技艺、弹奏技巧,以至演奏仪式,甚至曲谱的谱写。古琴若不演奏,何闻《阳关三叠》《高山流水》的美妙音色及其旋律。所以"古琴艺术"是物我的融化,二者相互依存;但艺术的主体在于人的演奏,因而"古琴艺术"的确是一种过程的存在。单独一张古琴是构不成"古琴艺术"的。传统戏剧的京剧艺术,情况也是如此，若没有表演——京剧的话态特性，那就根本谈不上"观赏京剧艺术"了。至于京剧从程长庚时代起逐步传承发展到梅兰芳时代，最后形成以梅兰芳命名的京剧梅派表演体系，被视为东方戏剧表演体系的代表。这的确是个漫长的历史发展过程，但这个"过程"显然不可与"过程存在"中所说的过程画等号，两者的区别就无须赘言了。

从博物馆展示设计的视角来审视，是否可以把物质文化的"终结存在"这一学术用语理解为物在空间中存在，它是看得见的、有形的；在陈列展览中是以"空间形态"展示给观众看的。而把非物质文化的"过程存在"理解成以"时间形态"展演给观众观看，它展示的是技与艺，是用精神的、思想的、感情的能量来完成信息传播的。如果允许作这样的理解，那么所谓"调和"与"难以调和"这个问题就可以从空间与时间这两个维度来探索陈列展示中是否能做到共存共享（Co-sharing，日本学者翻成"共生"）的可能性。事实上在国内外的陈列展示中早已有人在探路。日本学者把 Co-sharing 分成两种类型：时间共生型（Time Co-sharing）和空间共享型（Space Co-sharing）。前者是博物馆除展厅空间外专设剧场（Theater）或表演空间（Show Space），就如上文提到的苏州戏剧博物馆。后者是展厅与剧场合二为一。演出时陈列厅内展柜（大通柜、中心柜）灯光全部熄灭，舞台上演出或巨幅视屏投影。演示结束，展柜灯光恢复，仍然是个传统的展示厅。具体的经典案例可举香港历史博物馆的粤剧陈列，它是一座投影剧场，也是展室。剧场四边的墙都做成壁龛式的大展柜，展出粤剧乐队使用的各种乐器，著名艺人使用过的戏服、戏帽，以及各种剧目版本和曲谱等，演出与展示交替。观众不须等候太长时间，既能看演出又可观赏文物。日本新津市石油博物馆也是采用"空间共享"型展示方式。该馆展示面积758平方米，在展厅中央设有一巨大的沙盘模型，展现新津地区石油分布与开采状况，展厅两侧分别为大通柜，展示石油与生活、人力开采石油等的各种工具及设施。正前方是屏幕、油船模型、人工采掘模型、网式挖掘模型。演示时全厅灯光熄灭，演示结束全场复明，展柜陈列"历历在目"。

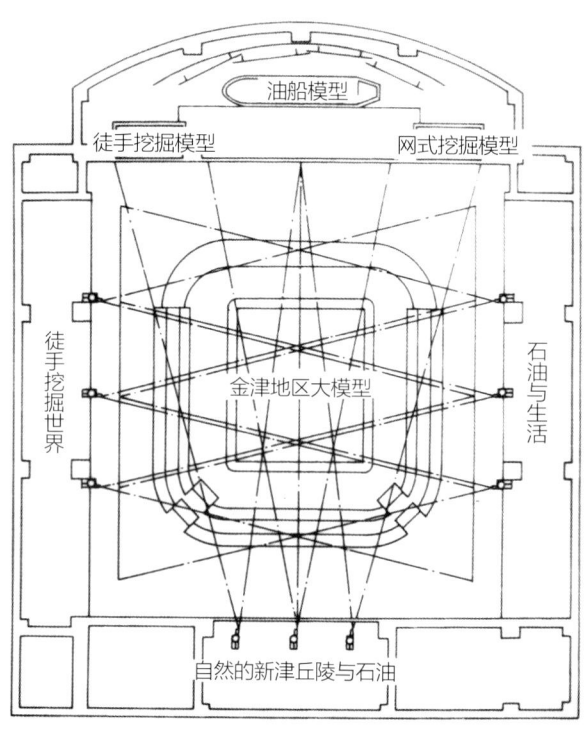

图4
日本新津市石油博物馆"石油的世界"展厅平面图。可见展厅顶部三方各设有3台投影仪，投影仪下方为大通柜，展出从古到今石油开采的各式工具与装备，展厅中央为大沙盘模型。

图5 日本新津市石油博物馆，当视屏投影不演示时它是一座平常的展厅。

图6 当视屏投影演示时它就是一座剧场。观众席上有位等人大小的人偶（见左下角）可与观众互动。

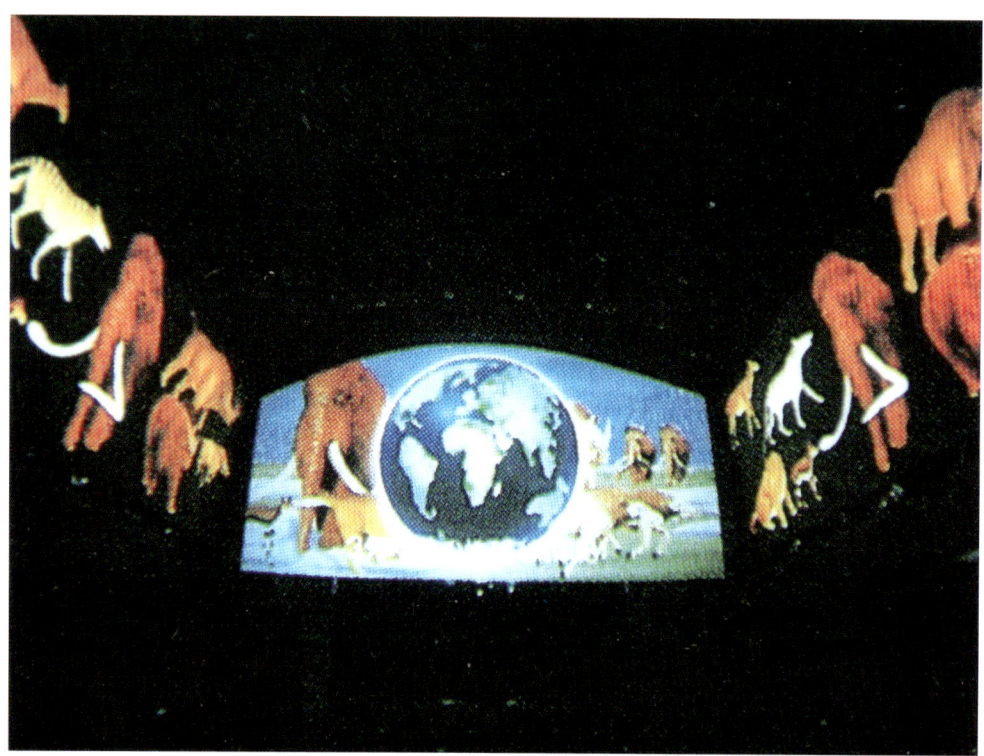

图7、图8 日本新津市石油博物馆。展柜上部的投影墙演示石油亿万年以来形成的故事。

综上所述，回过头来看"调和"一词，在汉语中"调和"有三重意思：第一是指和谐。例如色调和谐、音调和谐；第二是指和合、融合；第三是指烹调。"物遗"和"非遗"的三大差异是客观事实。但在展示设计领域，展示方式的时空共享是有可能实现的。从这一层面上说，"难以调和"恐怕也未必到了绝对对立的地步。

再想说一说对"物遗是不能再生"和"非遗是必须再生"的一些疑问。苏东海先生说："物质文化遗产是一定的社会的产物，是不能再生的，我们不可能再回到产生这种物质文化遗产的历史环境中再产生它。我想这里还应该包括产生物质文化遗产的技艺吧。譬如说有些出土或传世文物的生产技艺失传了，历史遗物便成了孤品，不可能再生了。但是实验考古在现代高科技的支持下，不是破译了汉代透光镜的生产技艺从而再生产出透光镜吗？还有越王勾践剑剑身上的暗纹图案铸造秘技；宋代缂丝、织锦的再现；再有昔年王振铎先生科技考古复原再造了指南车、记里鼓车、地动仪。这些能不能理解为技艺的"死而复生"？我深感迷惑。另外，马自树先生引用辞书"再生"词条的解释，把再生词义延伸为"本意是修复、维护、还原事物本体的原状"，进而引用到"非遗"，得出"非遗如果是这样的再生，那是没有什么前途的"结论，我也深感迷惑。我的理解，苏先生所说的"非遗"必须再生才能延续它的存在，指的是再次生产、重复产生的意思吧。譬如说京剧，今天演出《霸王别姬》，明天再重演一场。景德镇烧瓷，这周生产一批青花大盘，下周再生产一批青花瓷瓶。这不是"再生"才能延续它（制瓷技艺）的存在吗？怎么能说这样的再生是没有什么前途呢？字与词有时难免会发生歧义歧解，但曲解于事没有补益。

　　最后想引用王福州先生（曾任文化部非物质文化遗产司副司长）的话。他说："非遗和传统文化密不可分，但不是一回事。传统文化是一个民族历史上创造的文化总和，而非遗是传统文化传承下来的最精华部分。"（见《世界遗产》2014年9月刊，第20页）此话讲得绝好！面对中华民族上下五千年传统文化传承下来的最精华部分，我们博物馆工作者在理论与实践两个方面该作如何思考？这是一项挑战！目前国家级的"非遗"项目有1585项，加上省级总数过万。在这个庞大数字中有相当多的"非遗"项目已经濒危，须以抢救的焦迫心态，投入保护传承行动中。此际博物馆可做些什么？我想诸如传统书画装裱技艺，为了保护传承，是否可将"裱画间"移入中国书画陈列室之一角，成为书画陈列体系的一部分，以"透明裱画间"（即由玻璃板隔成的工作室）加以演示裱画技艺及其过程？这类展示方式，可参照的如美国国立自然历史博物馆，在古生物化石展厅里辟有"透明化石实验室"，演示化石发掘修理、装架复原的过程；在 Written in Bone（骨骼的叙说）展厅里有透明的骨骼研究工作室，演示骨骼研究并接受观众咨询。

图9 美国国立自然历史博物馆的古生物化石展厅里辟有"透明化石实验室",演示化石发掘修理、装架复原的过程。(张晖摄)

图10 美国国立自然历史博物馆的骨骼的叙说(Written in Bone)展厅里有透明的骨骼研究工作室,参观者可与专家进行互动活动,让专家鉴定各种骨骼。(张晖摄)

如今诞生"非遗"的牛耕马走的时代已经远去，社会已进入高铁、飞机等信息时代。"非遗"的活化提出了"非遗创客+"的模式。什么是"+"？就是Cross Over——跨界。"非遗"的理论研究和活化实践呼唤跨界思维的运用，让"非遗的存在方式"真正走进博物馆。

9

析"原状陈列""复原陈列""摹拟陈列"与场景

　　《中国大百科全书》"文物、博物馆卷"（以下简称"文博卷"）列有"原状陈列""复原陈列""摹拟陈列"等词条，每个词条的定性都注明是一种"博物馆陈列形式"，当然这是正确的。但在词条的详细释义中出现一些颇可商榷的问题，词目的英译似亦有不妥之处。作为20世纪90年代初版的辞书，站在30多年后的当今来看，疏漏欠密当是不奇怪的事。本文想通过陈列设计实践，再对照一些经典的案例，设想做些"加密"的工作，又因为这些词条内容都涉及陈列形式中的"场景"设计，所以联系"场景"一并讨论。

1. 原状陈列

　　《中国大百科全书》"文博卷"是这样说的："<u>原状陈列（Presentation of Articles in Their Original Forms）按文物、标本的群体或文化遗迹存在的原状布置的一种**博物馆陈列形式**。</u>""原状陈列所展示的文物群体、标本群体或文化遗迹，必须保留其原来布局，不能随意增减。原状陈列真实、朴素，富于空间感，有较强的感染力，<u>在各类博物馆陈列中广为应用</u>。"

　　接着说，"原状陈列形式很多"。把它归纳成两类：大型的原状陈列和小型原状陈列。前者指的是宫殿、王陵、村落、住宅、工厂，举例有庞贝遗迹、金字塔、半坡村落、故宫、宋庆龄故居等，特别注明"**这种陈列是固定的，文物或文化遗迹保留在原址**"。后者指的是"可以搬迁，如'纪念周恩来展览'中的周恩来办公室、民族展览中的蒙古包等"。

仔细读来，这个释义是自相矛盾的。严格来说**凡原状陈列必然是原地原物按原状陈设**。所以这种陈列形式必定是"固定的、文物或文化遗迹保留在原址"，是为其特征。一经搬迁，原物在异地按原状布展出来这是**复原陈列**的陈列形式，不再是原状陈列了。

依我看，原状陈列大致上可以归纳成四大类：

（1）名人故居中的原状陈列。

经典的案例可举上海香山路的孙中山故居、淮海西路的宋庆龄故居、山阴路大陆新邨的鲁迅故居等。国外的经典案例可举美国密苏里州汉尼拔镇，坐落在加的夫山脚下的马克·吐温故居和坐落在康涅狄格州哈尔福特的马克·吐温故居。故居内的陈设一如他们的生前生活原状布展，特别富于亲切感和真实感。这样的案例在国内国外真可以说不胜枚举（图1—图6）。

图1
美国康涅狄格州马克·吐温故居纪念馆,这是"马奥盖尼"客房,由美国著名设计师豪厄尔按皇家样式设计装潢。

图2
美国康涅狄格州马克·吐温故居纪念馆,School Room 原状。原来是马克·吐温小女儿的卧室兼教室。朋友克莱门茨带孩子来访时就寄住在这里,与马克·吐温的孩子一同学习和做游戏。

析"原状陈列""复原陈列""摹拟陈列"与场景　279

图 3
莎士比亚故居二楼卧室。1564 年莎士比亚诞生在这里。家具及织物是 16 世纪原物。

图 4
莎士比亚与安妮婚前叙谈的地方。当年莎士比亚坐在火炉边的长木椅上。

图 5　北京铁狮子胡同行辕——孙中山与世长辞之榻原状陈列。保持了 1925 年 3 月 12 日上午 9 时 30 分的原状。

图 6　托洛茨基在法国的寓舍。现为托洛茨基博物馆，室内陈设如他生前模样。

（2）历史事件发生地的原状陈列。

经典的案例，我想仅举一例就足以说明问题，它就是波茨坦会议旧址。波茨坦会议亦称柏林会议，是二战德国投降后，苏联斯大林、美国杜鲁门、英国丘吉尔（艾德礼，1945年7月28日以后），及三国的外长们，于1945年7月17日至8月2日在柏林西南的波茨坦举行的。会议讨论占领德国的基本政治、经济原则，德国赔偿，波兰边界，对意大利的政策，处理战犯和对意、匈等国的政策及其加入联合国组织等一系列重要问题。1945年7月26日发表了《波茨坦公告》敦促日本无条件投降，8月2日签订《波茨坦协定》。

会议旧址原为塞茜琳宫，是德皇威廉二世的皇位继承人的宫殿，以儿媳塞茜琳公主名字命名。波茨坦会议期间，宫邸的36个房间全部用作工作室。近80多年来至今保持会议当时的一切家具陈设原貌：作为会见厅的白色沙龙、英国代表团的海蓝色办公室、美国代表团的茶褐色房间、苏联代表团的红色沙龙，室内宽大的写字台、办公桌、扶手椅、书籍、地图——按当年原样陈放；会议大厅简洁庄重，大圆桌周围15把座椅，其中有3把扶手椅，正中为杜鲁门座位、右侧是斯大林座位、左侧为丘吉尔座位；圆桌上插着英、美、苏三国国旗，《波茨坦公告》和《波茨坦协定》就是在这张圆桌上签订的。观众进入参观，犹如穿越时间隧道走进了当时的历史瞬间（图7—图14）。

图7
德国"波茨坦会议"纪念馆,《波茨坦宣言》签字厅原状展示。

图8
德国"波茨坦会议"纪念馆,英国代表团的房间"蓝室"。

图9
德国"波茨坦会议"纪念馆,美国代表团的房间。

图10、图11　德国"波茨坦会议"纪念馆苏联代表团的房间。

图12、图13、图14 德国柏林苏军博物馆，德军投降在此签字（原状展示）。右上方视屏投放纪录片。（摄于1997年）

（3）考古遗址遗迹所在地的原状陈列。

经典案例可举陕西西安临潼秦兵马俑博物馆、西安半坡遗址博物馆、咸阳汉阳陵博物馆等。遗址保持考古发现时的原貌，盖了建筑大棚，把考古遗迹整体包裹起来展示。为了保持历史考古原貌的真实，就连必要的文字说明、图片图解之类辅助陈列资料，都小心翼翼地陈放，尽量不影响原貌的真实展现。意大利庞贝古城则是考古遗址遗迹露天展示经典中的经典。展现在观众眼前的都是原地原物的原状，就连自然科学的地质古生物考古展示，例如四川自贡恐龙博物馆，亦都遵循原状陈列的原则对外展示，因而享有学术声誉（图15—图22）。

图15　陕西临潼秦兵马俑博物馆考古发掘现场原状展示。

图 16
陕西咸阳汉阳陵博物馆考古发掘现场原状展示。

图 17　北京大葆台西汉"黄肠题凑"汉墓原状展示。

图 18　浙江余姚河姆渡遗址原状展示（干栏式建筑柱桩）。

图 19
根据考古发掘资料及文献,复原了当时庞贝古城居民日常生活情景(油画)。

图 20
庞贝遗址原状陈列(城市居民宅邸)。

（4）宫殿寺庙的原状陈列。

北京故宫博物院可说是宫殿原状陈列的中国经典，也是世界级的经典案例。从午门到太和殿、中和殿、保和殿，到养心殿，到最后的乾隆花园，殿内的陈设都是原物按原来的布局陈放，真实呈现了大清皇室辉煌陈设的原貌。与之相媲美的可举德国在巴伐利亚的白天鹅堡。白天鹅堡又称新天鹅堡，为巴伐利亚末代国王路德维希二世所建。始建于1869年，历时11年，到1880年才完全竣工。这位君主钟情于艺术，不善治国，只活了41岁，于1886年去世，这座宫殿当时只建成1/5。现今新天鹅堡内部陈设完全保持路德维希二世时期原貌，礼仪大厅、起居室、会客室、卧室、书房、餐厅以及厨房，原物都按原来位置陈放，一成不变，而且管理得一尘不染，好像正在使用着。最让我惊讶的是，原状陈列的古堡室内并不阴暗，很亮堂，显然是配有现代照明的，却找不到现代照明的光源在哪里。可见为了维护历史的真实原貌，德国人是决不允许现代灯具穿越在以前的历史环境中的。日本奈良东大寺也可称为原状陈列的经典案例（图23—图38）。

图21　庞贝遗址原状陈列（城市居民宅邸）。
图22　庞贝遗址原状陈列（古船与船坞）。

图 23
北京故宫乾隆御书房原状陈列。

图 24
沈阳故宫的原状陈列。

图25 新天鹅堡入口的"玄关"。

图26 新天鹅堡巴伐利亚末代国王路德·维希二世的宫殿：路德·维希二世的书房。

析"原状陈列""复原陈列""摹拟陈列"与场景

图 27　新天鹅堡内路德·维希二世国王的寝宫。

图 28　新天鹅堡中位于底层的御厨房。

图 29
新天鹅堡内的礼拜堂。

图 30
新天鹅堡内国王路德维希二世的起居室。

析"原状陈列""复原陈列""摹拟陈列"与场景

图 31 新天鹅堡内国王的用餐室。

图 32 新天鹅堡内的国王化装间。

图33、图34 新天鹅堡内的皇座大堂。

图35
新天鹅堡内的国王御书房兼视事室。

图36
新天鹅堡内的国王歌舞厅。

图37
新天鹅堡内的议事厅。

图38　日本奈良东大寺。

综上所述，可以肯定地说，原状陈列只能是限于原物在原地按原来布局位置陈放，而且必然是以场景的形态展现在观众面前。

2. 复原陈列

《中国大百科全书》"文博卷"是这样说的：

"复原陈列（Restored Exhibition）通过科学处理和艺术加工，使已经消失或局部破坏的文物、标本或文化遗迹再现的一种**博物馆陈列形式**。""复原陈列在各类博物馆中均可应用。"接着，词条作者把**复原陈列**也分作两大类来阐述："大型的复原陈列可以是一座城堡、一个村庄、一个工厂、一个作坊、一个战场。"举的例子是日本明治村博物馆。"小型复原陈列可以是一件生产工具、一件武器，也可以是一种生产工艺部分或全部过程的再现。"指的是"青铜器铸造工艺过程、风候地动仪、水运天象仪、北京自然博物馆的恐龙、西安半坡遗址博物馆的仰韶文化房屋等"展品复原。

这里值得商榷的是，要澄清**复原陈列**的概念：要复原的究竟是**陈列**还是**陈列品**——文物、标本！什么是**陈列**？"文博卷"对**博物馆陈列**（Museum Display）有明确的阐述："以文物、标本和辅助陈列品的科学组合，展示社会、自然历史与科学技术的发展过程和规律或某一科学的知识，供群众观览的科学、艺术和技术的**综合体**。"概括起来讲，所谓**陈列是文物、标本和辅助陈列品等组合成的综合体**，显然，不是指单体的展品。所以根据古文献记载经科学考证复活的风候地动仪、水运天象仪、恐龙之类是复原了的文物或标本，而不是**陈列**。因而本词条的定性叙述存在概念混乱。

依我看，**复原陈列**可以分为**原物异地复原**和**原地非原物复原**两大类。**原物异地复原**经典案例可举德国柏林施普雷岛上帕加马博物馆巴比伦文明展览，把伊施塔尔城门迁入博物馆，甚至把整座"祭坛"都复原在展厅内展出。

（1）原物异地复原陈列。

1980 年夏天我参加美国 AAM 年会去波士顿，顺路参观了麻省 Old Sturbridge 乡村博物馆。该馆规模不算大，把从维蒙特杜密斯顿迁来的廊桥、建于 1801 年的普利尼·弗里曼家的厨房、怀尔德·史莱克史密斯铁匠铺等都迁到麻省 Sturbridge，组成露天的乡村博物馆。每栋房屋内都有"主人"，廊桥下的牧鹅少年在赶鹅，弗里曼家的主妇正在削苹果，铁匠铺炉火正旺，布莱克史密斯父子俩在打马蹄铁。这里把房屋建筑、桥梁、河道，以至室内所有陈设及活人组合成了可供观众观览的**综合体**。还有一位酷爱欧洲中世纪艺术的加德纳夫人，她收购了一座欧洲北隐修道院的庭院，迁到她在波士顿住宅的庭院中重建复原，还收购一整套中世纪荷兰建筑起居室，把其内装修及家具陈设全部用来装潢客厅，起名"荷兰室"。最后捐献出来建立了加德纳艺术博物馆，对外开放供公众参观。这样的收购、迁运到博物馆重建复原的不同历史时期有艺术价值的房间或庭院，是外国许多著名博物馆收藏和展示的常态做法，在陈列中他们称作 Period Room 和 Period Garden。这些都可划为**原物异地复原**的典型案例（图 39—图 47）。

图 39
德国柏林施普雷岛博物馆古巴比伦文明陈列。伊斯塔尔城门（公元前6世纪新巴比伦）。

图 40
德国柏林施普雷岛帕加马博物馆的"祭坛"——帕加马博物馆的镇馆之宝。

图 41　美国 Sturbridge 乡村博物馆"维蒙特杜密斯顿廊桥"架设在磨坊池的末端。

图 42　美国 Sturbridge 乡村博物馆在磨坊池另一端有条小溪，大白鹅游走在小溪上。

图 43　美国 Sturbridge 乡村博物馆从戈森（Coshen）迁来的 19 世纪早期制陶作坊。

图 44　美国 Sturbridge 乡村博物馆 19 世纪华道波罗地区"纳什箍桶铺"（1969 年迁入博物馆）。

图 45　美国波士顿加德纳夫人博物馆（Isabella Stewart Gardner Museum）内庭园由中世纪北隐修道院拆迁复原建成。

图 46　美国波士顿加德纳夫人博物馆"中世纪荷兰室"，内部装修及家具都来自荷兰。

图 47　美国 TAFFT 博物馆，美国 19 世纪住宅内的"蓝室"。

其实，当前中国博物馆这种原物异地复原陈列也很常见。上海博物馆中国明清家具展厅中的堂屋、书斋，安徽省博物馆建筑馆中的徽派民居都是很优秀的展例。上海科技馆中贝林的动物世界，动物标本来自非洲、澳洲、美洲与亚洲，设计复原了四大洲的生态场景，标本融入场景，观众被场景包围，宛若身在其境，都是自然陈列中复原陈列的成功个案。上海曼特威邦服装博物馆展出贵州苗族服饰，同时运来了苗族织布机、织带机，请了两位苗族姑娘现场表演织布织带和刺绣，复原了贵州苗织苗绣"非遗"的展示。无独有偶，2010年上海世博会意大利馆连人带机器复原了一座传统手工制衣作坊和制鞋作坊，观众可以看见意大利服装与皮鞋传统手工制作工艺的全过程，可谓原物异地复原的"另类"展示（图48—图59）。

图48
纽约大都会艺术博物馆时代室——18世纪末美国民宅的餐厅。（摄于20世纪50年代）

图 49
美国纽约市博物馆洛克菲勒卧室。
(加利福尼亚州，1886年，摄于20世纪40年代)

图 50
纽约大都会艺术博物馆东方部展厅展出一间叙利亚房间。室内装潢、家具陈设均来自大马士革一座建于1707年的住宅内厅。是 Period Room 典型复原陈列格式。

图51　1821年拿破仑逝世在"长木屋",此为内景。

图52　巴黎军事博物馆,拿破仑的战事帐篷。

析"原状陈列""复原陈列""摹拟陈列"与场景　309

图 53
美国纳尔逊美术馆,复原中国庙堂陈列。
A. 入口处的宫门来自中国河北省易县某皇陵（庙被拆,菱花门被美国古董商收购运往纳尔逊美术馆）。
B. 北京禄米仓智化寺被拆,藻井被纳尔逊美术馆收购,安装在中国艺术陈列室中。
C. 墙上壁画原来在山西广胜寺（元代）。

图 54
美国纳尔逊美术馆,中国明代建筑复原陈列。

图 55　美国纳尔逊美术馆，中国明代建筑复原陈列。

图 56　上海博物馆 1981 年"辛亥革命在上海"展，中山故居孙中山客厅复原陈列（纪念"辛亥革命"七十周年）

图 57
芝加哥市历史学会博物馆"林肯总统专题陈列"。文物家具和陈设均来自林肯老家伊利诺伊州春城故居。是原物异地复原陈列的典范。(摄于1980年)

图 58、图 59
上海图书馆展览厅"巴金的世界"——纪念巴金诞生100周年展"巴金的居室"(展于2014年11月23日—30日)。

（2）原地非原物的复原陈列。

典型的案例可举中共一大会址纪念馆。

中共一大会址坐落在上海兴业路76、78号，当时为法租界望志路106、108号。建成于1920年秋，原来为李汉俊胞兄李书城的寓所。1921年7月23日至30日中共第一次代表大会就在106号楼下客堂间举行。1951年上海文物管理部门经严格查考确认为会址，并于1952年初修复竣工。30年来这幢房屋几易其主，室内原有家具陈设早已不知去向。又经广泛调查考证，复原了原来的室内布置。现在室内中间的长餐桌、四边12只圆凳、东西墙两侧茶几左右椅子、北墙两斗柜、桌上茶具等物，均按当年原样仿制。就连悬吊的电灯，都仿制成今已绝迹的"长丝乳头"灯泡，开关也一如20世纪20年代的样式，均非原物。这一复原陈列于1958年经董必武、薛文淑（李书城夫人）查看，认可为恢复了当年陈设的原貌。在革命遗址纪念地这种原地非原物的复原陈列已成常规的展示方式，例如1927年中共五大会址（武汉），延安抗日战争时期的新闻纪念馆窑洞是原址，"发报室""广播室""排字房"等内部之家具陈设都不是原物。

复原陈列设计贵在严谨的调查研究与考证，其存在的价值在于恢复了历史真实的原貌（图60—图64）。

图 60
上海中共一大会址会议室。

图 61
陕西延安新闻纪念馆。修建在原址窑洞的边上。

图 62
陕西延安新闻纪念馆播音室。

图 63
陕西延安新闻纪念馆排字房。

图 64
陕西延安新闻纪念馆编辑室。

3. 摹拟陈列

"文博卷"是这样说的:

"摹拟陈列(Simulated Exhibition)是以实物、模型、雕塑、绘画、音响、照明、电脑等结合或单独使用,来表现特定主题的一种博物馆陈列形式。"这样的定性叙述疏而泛,语焉不详,而且概念混乱。既然是一种陈列形式,前文已有定性:"陈列是物的组合",当不是展品单体。所以该辞条所举的例证:"常见的有沙盘、模型、布景箱、全景画、巨幕电影、全景电影等",都不能成立!

什么是摹拟陈列?应该回答的问题是为什么要"摹拟",摹拟了以后用在什么场合上,以及怎样摹拟才算是"摹拟陈列"。回顾几十年来陈列设计实践,我想所以要用摹拟手段,常常是因为陈列内容(譬如指一历史事件)特别重要,非演绎不可,而又没有可移动文物或不可移动文物支持时,就需要动用这一陈列形式。例如"签订《中俄尼布楚条约》"、"签订《瑷珲条约》"的陈列,就是两个典型案例。

记得当年筹建位于黑龙江省黑河市的瑷珲历史陈列馆时,签订《中俄尼布楚条约》、签订《瑷珲条约》是陈列内容的重中之重,可是"文物"仅有两件从国家档案馆中复印来的条约文本,如何形象地再现签订条约时的情景,那就得使用摹拟陈列的表现手法了。创作过程中馆方提供了详细的历史文献,包括中俄官员的奏折、外交文件,甚至中俄官员们的日记,创作人员据此再深入俄罗斯远东地区考察,收集形象资料,对细节之深的关注都反映在当今具体场景之中。再现了1689年9月

7日清政府代表索额图与沙皇政府代表戈洛文在波尔河畔布拉村豪华的帐篷中签订《尼布楚条约》时那种平等友好的情景。可是，1858年5月28日签订《瑷珲条约》时情景就不一样了。当年沙俄乘英法联军进犯天津、威胁北京之际，用武力胁迫清朝黑龙江将军奕山签订这项不平等条约。模拟的场景表现了沙俄代表盛气凌人的傲慢，穆拉维约夫咄咄逼人的目光，奕山将军的屈辱与无奈：这个条约不签不行，签约意味60多万平方公里的国土将失。奕山手握毛笔重若千斤！这两座场景通过仿真硅像的"姿态语言"和家具、陈设，以及地图、笔墨文具等物的组合，把历史事件凝固于瞬间。场景虽是虚拟的，但是有历史依据的，建立在考证基础上，反映了历史的真实（图65—图69）。

图65
黑龙江黑河市历史陈列馆硅像场景"中俄签订《尼布楚条约》"。

图 66
黑龙江黑河市历史陈列馆硅像场景"中俄签订《尼布楚条约》"。

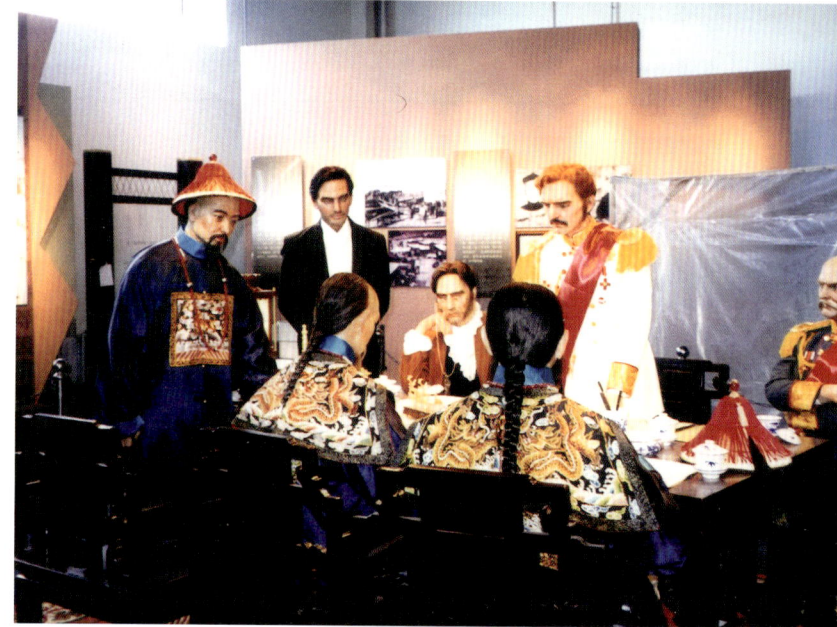

图 67
黑龙江黑河市历史陈列馆硅像场景"中俄签订《瑷珲条约》"。

图 68
黑龙江黑河市历史陈列馆硅像场景"中俄签订《瑷珲条约》"。

图 69 珲春历史陈列馆——1900 年珲春城被沙俄焚毁历史场景（王纪厚创作）

历史场景陈列面积约 300 平方米，塑像展示沙俄战争内容置于场景各个部位，观众从场景中走过身临其境，与塑像零距离接触。

还有一个摹拟陈列的典型案例说来煞是有趣。这就是坐落在伦敦贝克街221号B座的福尔摩斯博物馆。众所周知，夏洛克·福尔摩斯（Sherlock Holmes）原是英国作家柯南·道尔（Doyle.Sir Arthur Conan）笔下的虚构人物。由于小说写得太棒，大侦探福尔摩斯、助手华生医生以及他们的对头罪魁祸首莫利亚蒂教授等人物仿若真有其人，作者赋予书中人物非凡的生命力，在读者群中形成福尔摩斯狂热，一些福尔摩斯协会组织在欧美各国多地成立。福尔摩斯祖国——英国的好事者就建起了一座纯粹是虚拟的福尔摩斯博物馆。贝克街221号B座是虚拟的门牌，内部的陈设、家具摆设、生活用品、起居室、卧室布置等都是摹拟陈列，但一如小说中的描写，非常真实。连烟斗等物看起来都是福尔摩斯用过的"原物"。此时假作真时真亦假，从而吸引了广大观众。许多到伦敦旅游的观光客都希望一睹这座"名人故居"（图70—图74）。

图70 英国伦敦福尔摩斯博物馆位于贝克街221号B座，原是他的"故居"。左方大门是博物馆入口，有穿当年制服的"警察"守门。大门左侧是福尔摩斯博物馆纪念品商店。
图71 英国伦敦福尔摩斯博物馆的"福尔摩斯工作室"。圆桌上随意陈放着什物，看来有些零乱，但充满生活的情趣。
图72 福尔摩斯的卧室一角。

THE SHERLOCK HOLMES MUSEUM
SOUVENIRS BOOKS ANTIQUES AND CURIOS

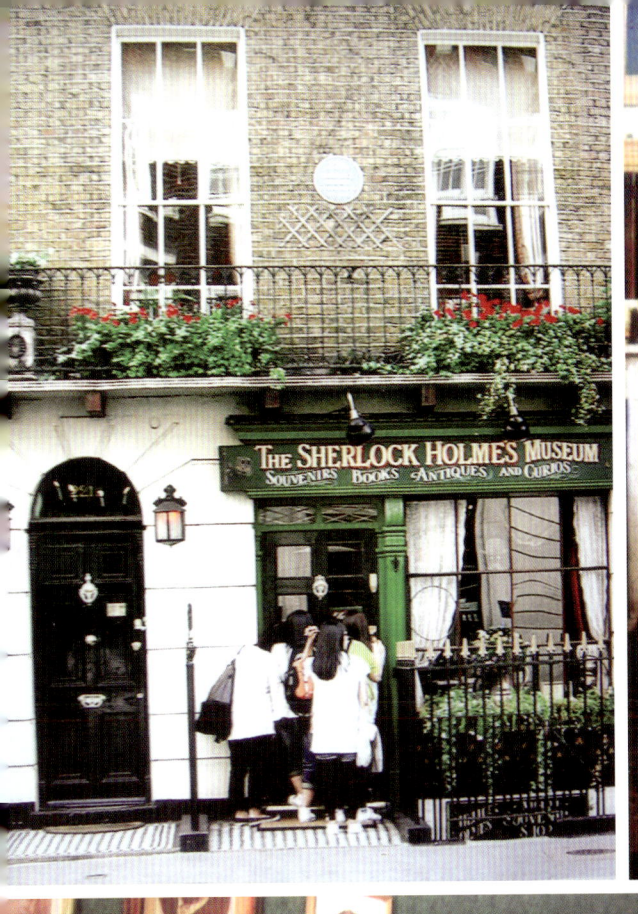

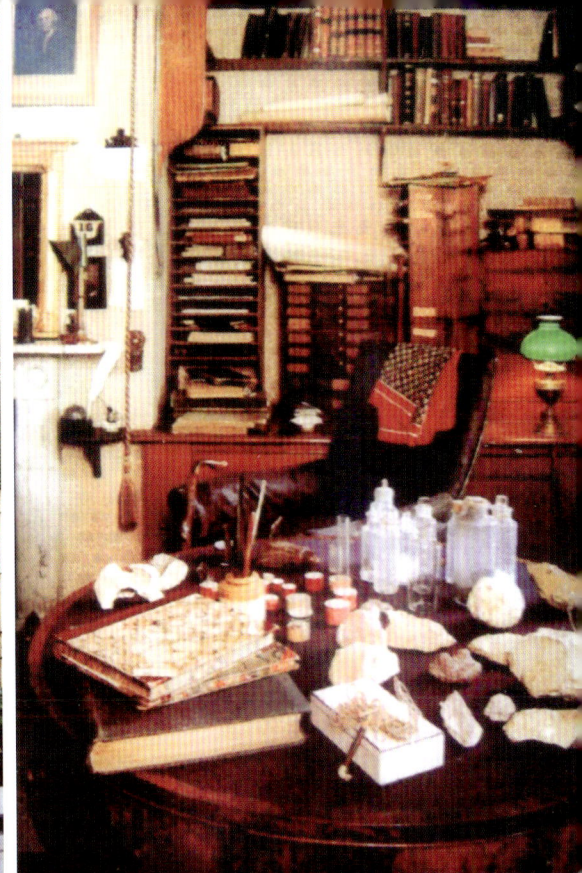

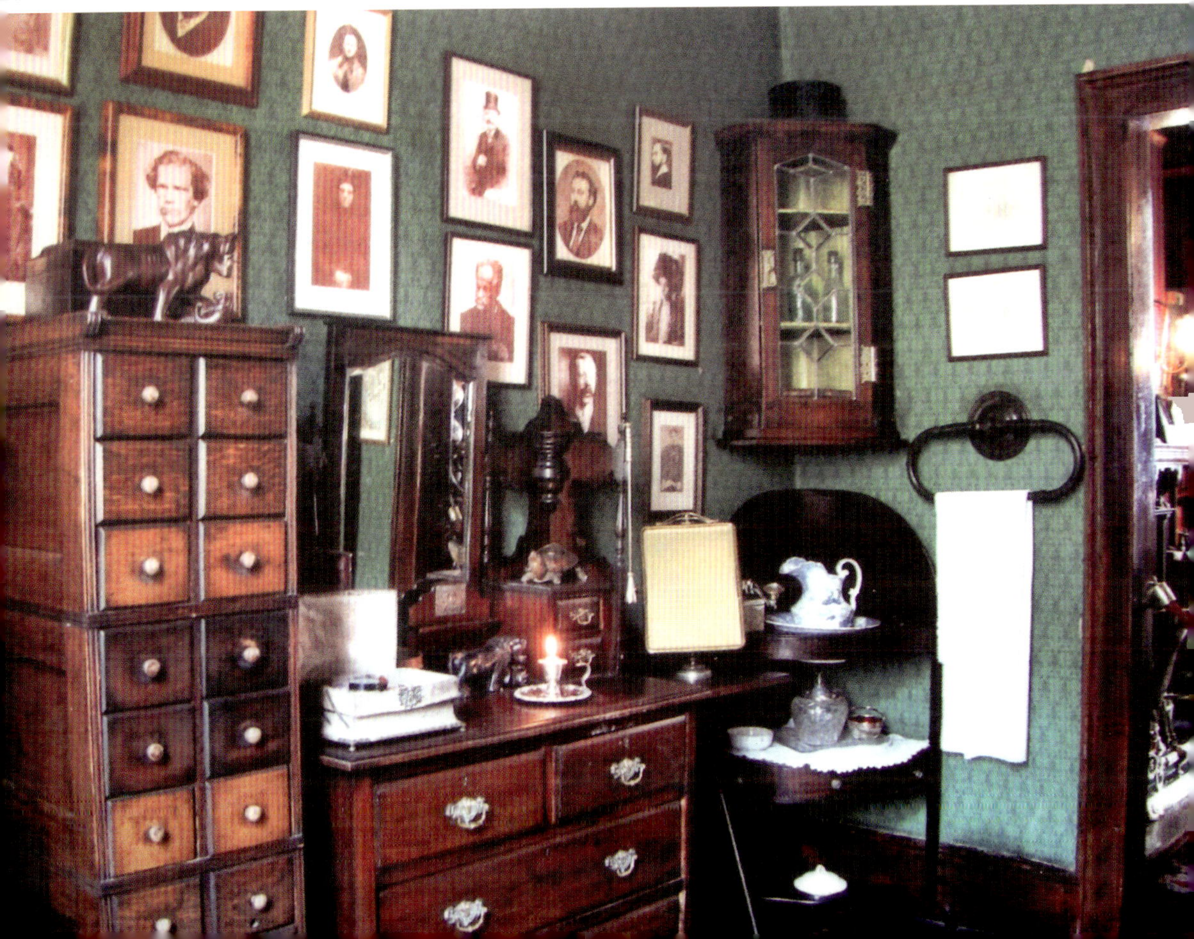

图 73
福尔摩斯的书房兼起居室。

图 74
华生医生的一张小桌上陈放的书、水银血压计和寒暑表等。

摹拟陈列在科技馆展览中也有一个成功的案例可说。在上海科技馆科技之光展厅中有"摩尔根果蝇实验室"和"孟德尔豌豆实验室"场景，用1∶1比例，其中"摩尔根果蝇实验室"按照摩尔根1909年在美国哥伦比亚大学从事果蝇实验的工作室，如实在展厅中重现。室内装修和家具陈设都是有根有据的仿制品或复制品，桌上的打字机、显微镜、玻璃器皿、实验柜等都是20世纪初的原型。场景的时代气息十分真切浓厚，虽无人物，好像只是摩尔根先生临时走开的样子。原来摩尔根是世界著名的遗传学家，他因为发现果蝇中的遗传传送机制，建立了遗传学染色体理论体系，于1933年获得诺贝尔生理学或医学奖。博物馆陈列要表现摩尔根的遗传学可能是件吃力不讨好的事，科技馆聪明地利用摹拟陈列方法，通过这座场景让观众在人文体验中感受摩尔根智慧之光的同时，普及了遗传学的科学知识（图75—图81）。

图75
上海科技馆科技之光展厅陈列的场景"摩尔根果蝇实验室"。

图76
上海科技馆科技之光展厅陈列的场景"摩尔根果蝇实验室"细部。

图77、图78
上海科技馆科技之光展厅陈列的"摩尔根果蝇实验室"一角与小桌陈设一组。

图 79
上海科技馆科技之光展厅陈列的场景"孟德尔豌豆实验室"全景。

孟德尔豌豆实验的方法

孟德尔成功建立了具有豌豆七大特征（茎的高矮，花开在顶部或侧面，豆荚饱满或皱扁，豆荚、子叶、种皮的颜色，种子的形状等）的纯育品系，并坚持不懈地进行豌豆的杂交实验。更为可贵的是，他用严格的数学统计和分析方法来处理观察结果，最终得出了著名的"孟德尔定律"。

图 80
上海科技馆科技之光展厅陈列的场景"孟德尔豌豆实验室"细部。

图 81　上海科技馆科技之光展厅陈列的场景"孟德尔豌豆实验室"细部。桌上放着供实验用的豌豆标本。

4. 陈列中的场景问题

综上所述，可见所谓**原状陈列**、**复原陈列**和**摹拟陈列**，纵观实例无一不是以**场景**（Scene）形态展现在陈列中。就博物馆收藏与研究价值来衡量，原状陈列建立起来的场景，它本身就是文物，这是毋庸置疑的。而复原陈列建立的场景，**原物**异地复原，所谓原物即文物。原地即遗址或原址，本身就是文物——非移动文物。所以这种复原了的场景都具有文物的品格，复有所据，原有所依，存在的价值都在于文物印证了历史的真实。在陈列研究中，颇受争议的是摹拟陈列的展示方法。因为摹拟的场景，既无原物（文物或标本）更不在原地，是在陈列室空间中纯粹虚拟出来的空间。从设计实践看，目前在各博物馆陈列中这种虚拟（摹拟）场景良莠不齐，且有滥设计发展趋势。一些筹展者有哗众取宠之心，责任思考不足，写文本时不顾是否必要和可能，这里写一个"场景"，那里设一个"场景"。在市场经济大社会语境下，"场景"在设计方案图集中容易出彩，能争夺眼球，夺得标书。设计企业既可借此显示"设计水平"，又因制作场景价格不菲，可以"产值"猛增。因而乐此不疲，簇拥推销，以至于造成陈列中场景泛滥，这是个值得关注的问题。2013年12月21日，《中国文物报》发表了署名"文宣"的文章《国家文物局要求加强博物馆陈列展览工作》，提出了六条指导性意见。其中第四条提出："……努力实现形式设计与内容设计和谐统一，突出文物、标本主角地位和观赏性，突出陈列展览的真实性和知识性。科学运用具有较高艺术水准的辅助展品和声、光、电等现代科技手段；避免与文物、标本及展览内涵无关，花费超常、牵强附会的设计制作；**杜绝无历史和科学事实依据的虚拟场景、蜡像或幻影成像等形式；杜绝不必要的装饰性和刻意文化符号叠加。**"国家文物局在这个时候对博物馆陈列展览发出这样的指导意见，具有极强的针对性和及时性。

行文至此，对于摹拟陈列，最后提出几点意见：

（1）摹拟陈列作为博物馆的一种陈列形式或陈列方法，如何正确运用，首先需要研究的是陈列内容设计是否必须使用摹拟的场景；其次是资料的搜集、研究考证是否足以支持摹拟场景的设计。

（2）摹拟陈列作为陈列艺术表现手法，不等于纯艺术创作。艺术创作**源于生活却高于生活的创作原则**虽可适用，但前提是要依据史实，来不得一点牵强附会。摹拟陈列的设计过程应是学术的、科学的研究过程，其作品应是学术与艺术研究的成果，要经得起时间的考验。

（3）摹拟陈列情景再现如同原状陈列和复原陈列的场景特征一样；空间尺度必须是 1∶1 的原大。陈列中 1∶1 场景可有两种设计：一种是有人物的场景，一种是无人物的场景。例如名人故居中原状陈列的场景，通常是不出现人物的。可以试想一下：如果把已故的名人蜡像放在原状的真实环境中会让观众产生什么样的心理反应！而无人物的原状陈列场景反而会给观众留下许多遐想空间，用含蓄的语言更能传达意境的真实与深远。当然摹拟陈列的场景也可以出现人物。如安徽凤阳县小岗村档案馆的"小岗村的灯光"。有 18 位农民兄弟在保证书上摁手印，这一幕再现了改革开放激浪中点燃中国农村改革燎原之火的时刻。还有甘肃兰州秦腔博物馆基本陈列"秦腔音乐篇"中，硅像场景"秦腔乐队"，把各个不同年龄、性格、身世的乐手们专注演奏的神态，表现得淋漓尽致。这类场景犹如真人表现雕塑剧的一幕，我想可以把它称为 Tableaux 或 Tableau-Vivant，把人物的神情动作凝固在一瞬间。再有山西太原八路军纪念馆"白求恩大夫在战地手术室抢救伤员"、沈阳"九·一八"历史博物馆陈列中的模拟场景"白桦林露营"，都取得了成功的效果（图82—图86）。

图82 "小岗村的灯光"。

图83 兰州市秦腔博物馆"音乐篇"陈列中的硅像场景"秦腔乐队"。

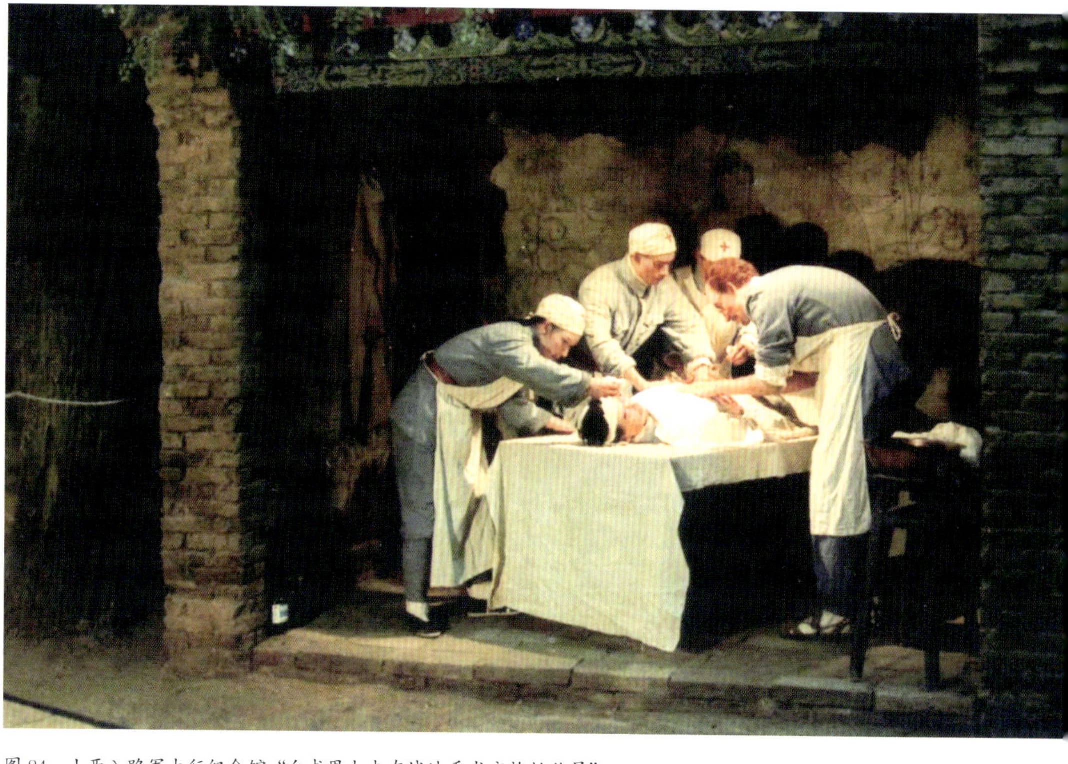

图84 山西八路军太行纪念馆"白求恩大夫在战地手术室抢救伤员"。

图85 沈阳"九·一八"历史博物馆大型场景"抗联战士露营白桦林"。

图86 沈阳"九·一八"历史博物馆大型场景为"老百姓送粮支援"等历史情景再现(王纪厚创作)。

10

硅像艺术在博物馆陈列中

1. 争议是引导正确认识的途径

我与硅像艺术结缘，如从1988年算起，已有30余年之久，是一名较早把硅像用于博物馆陈列展览的使用者。博物馆陈列可不可以使用蜡像、硅像，一直存在争议，有支持者，也有反对者。争议至今，没有因为全国各地博物馆多有使用蜡像、硅像于陈列展览，或国家博物馆创建了中国蜡像馆而有所平息。有鉴于此，我想重要的倒是应该对蜡像、硅像艺术进行研究，从艺术学和博物馆学角度作番认真的讨论，探索蜡像、硅像正确的创作理念、创作方法及如何妥善使用，是件非常有现实意义的事。有趣的是在造型艺术界（Fine Art）对蜡像、硅像算不算是艺术，也存在争议。不少艺术家以为蜡或硅胶这类材料制作的人像，只不过是人的模型，不是艺术创作。即便杜莎夫人于1835年在伦敦创建了第一座永久性的蜡像馆，180年以来，她的蜡像作品也未能冠上"蜡像艺术"的名词。查遍《大不列颠百科全书》《中国大百科全书》《辞海》《美学大辞典》等权威辞书，都不见收有"蜡像艺术"词条，更不必枉论"硅像艺术"了。《大不列颠百科全书》倒可查到"图索德夫人"即杜莎夫人（Tussad）词条，译成中文亦仅300余字，只字未提"蜡像艺术"。另有词条"蜡塑"（Wax Scu-lpture），介绍用蜂蜡制作模具和模型技术，稍稍带上这种技术与艺术创作的关系，例如提到意大利文艺复兴时期米开朗琪罗用蜡模制作雕塑的"小样"和16世纪蜡塑肖像徽章、彩色蜡塑浮雕之类，只说成是著名匠人的手艺，也未敢提升到"艺术"层面来说事。由此可见一斑！

2. 技术渊源

从历史溯源来说，蜡像技术源于"翻模"。这种技术最早用于铸造青铜器，即古代的"失蜡浇铸"。由于蜡的可塑性，又可以上色，在古代也用来制作玩偶或宗教神像，后来发展到为贵族翻制逝去祖先的面模，或模拟纪念性肖像，用于出殡和祭祀。之后又用于制作医学解剖模型。18世纪中叶生于法国斯特拉斯堡的杜莎夫人，就是跟随她的母亲来到巴黎，当她的母亲成为著名医学家菲利普·柯狄斯医生的管家时，柯狄斯教会了她蜡塑医学解剖模型的技术。杜莎夫人是位绝顶聪明的女人，善画还会雕塑。她为名人塑像时，有许多时候没有条件直接在名人身上翻模，就是用雕塑造型的技术进行创作。她又通晓商业经营之道，她的创作对象，几乎毫无例外地选择历史文化名人，特别是政治和艺术界的新闻人物，风云际会，因而她的蜡像馆特别吸引公众的关注。凭着这样的经营理念，创建了分布在世界各地的杜莎夫人蜡像馆得以长盛不衰。像上海的杜莎夫人蜡像馆，干脆就以"名人蜡像馆"命名，即是创意运作的一例（图1—图4）。

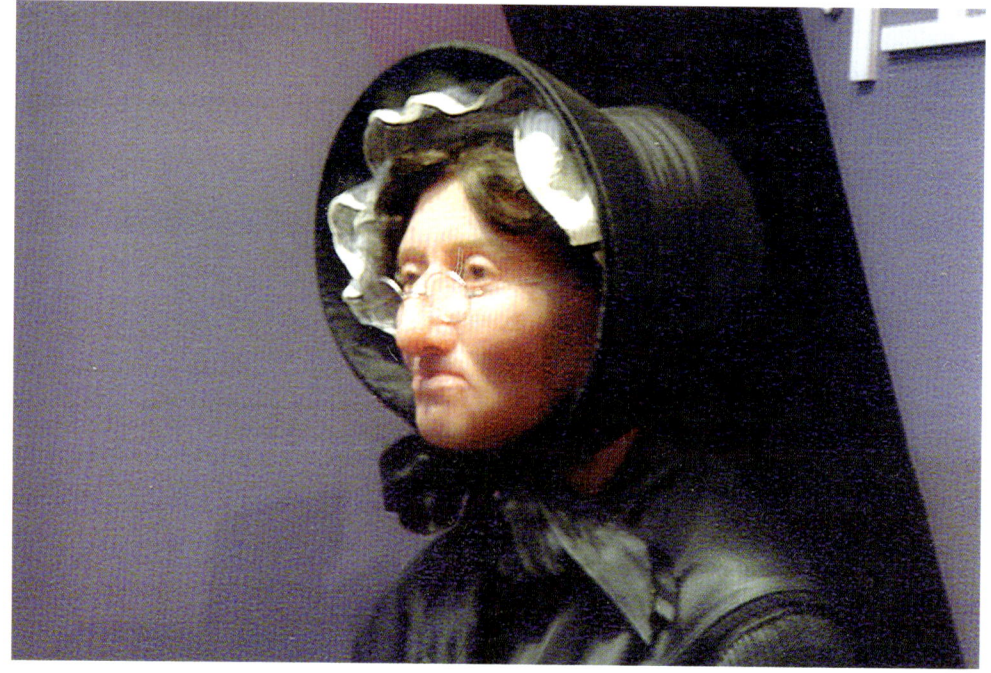

图1、图2　上海杜莎夫人蜡像馆中的"杜莎夫人"。

图 3　美国前总统克林顿蜡像。

图 4　俄罗斯总统普京蜡像。

真是无独有偶。到了20世纪70年代，在美国兴起照相写实主义艺术思潮，从中涌现出来的照相写实主义雕塑，标志性的代表人物杜安·汉森和约翰·德·安德烈亚的雕塑作品，也是直接在真人身上翻模制作的，但是他们用的材料换成了树脂，即"玻璃钢"，而不再用蜂蜡或工业蜡。不过在"化装"上还是继承了蜡像制作的"植毛发"、上彩、穿衣戴帽的传统。有趣的是汉森和安德烈亚的作品，作为照相写实主义的艺术上了《大百科全书》，而杜莎夫人的蜡像则不是。具有讽刺性的是，现代蜡像艺术"活"了一百七八十岁，至今还很鲜活，而汉森和安德烈亚仿真玻璃钢像虽然进了博物馆，但是风光不再（图5、图6）。

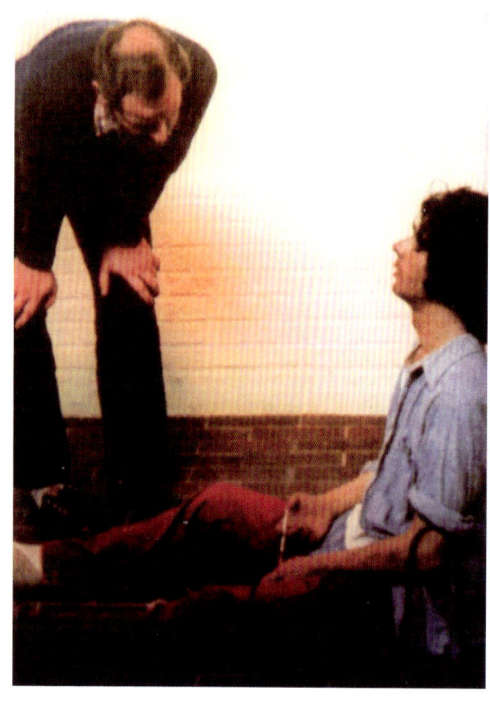 

图5 照相写实主义雕塑《瘾君子》，杜安·汉森作。　图6 照相写实主义雕塑《裸女》，约翰·德·安德烈亚作。

如果说蜡像技术源自近代制作医学模型的话，硅像技术则脱胎于现代电影艺术创作中的化装特技。它一开始就不是翻模成像，而是雕塑造型，用于电影化装，塑造特型人物。硅像与蜡像，和汉森、安德烈亚的照相写实主义雕塑，在表现技术上有共同的诉求，那就是追求"酷真"，讲究惟妙惟肖，栩栩如生般再现被塑造对象的"真人"形象，其最高要求是达到与真人一样，真假难分。但是，如果细加观察比较，蜡像与硅像在"乱真"的程度上乃是有细微区别的。蜡像人物的肌肉质感、触觉偏于坚硬与光滑，而硅像用的是高分子硅胶，它是软的，富于弹性，触觉近于真人的皮肤，只是没有体温而已。而在工艺技术上则远比蜡像或玻璃钢人像要复杂许多。它是造像技术史上的后起之秀！

3. 是技术还是艺术？

蜡像或硅像究竟是技术，还是艺术？技术与艺术的关系究竟怎样？有时很使人困惑，甚至从事硅像创作实践多年的作者内心也会存有疑问。其实这是可以区分的。硅像作为一种艺术创作，它与其他审美方式一样，反映社会生活、社会的人及其内心世界。艺术家对社会生活进行观察、体验、想象提炼，形成审美意象，用蜡或硅这种材料，借助工艺手段转化为可感知可鉴赏的艺术形象，蜡像或硅像便成了具有认知、评价、教育、审美或娱乐功能的艺术。蜂蜡、石蜡、硅胶，采用一定的工艺技术铸模成型，产生的是模型、人的模型；如果融入了艺术家思想、情感或叙事理念，技术成了表达艺术家主观精神诉求的手段，产生的是艺术作品，即蜡像或硅像艺术！所以，我认为**艺术是靠技术而体现，技术以融入了艺术精神才能显现出鲜活的生命力**，两者相互依存。这种现象，不仅反映在硅像艺术上，在其他艺术创作上也一样。所以摄影照片不能等同于摄影艺术，书写的字不能等同于书法艺术，盖的房屋不能等同于建筑艺术，道理是一样的。

那么，硅像艺术从美术史的史学视角来区分，它究竟应归属于哪类"主义"的艺术呢？硅像艺术在一出现时，作者们就冠以"超写实主义雕塑"艺术，本初的意思在于表达比一般写实主义更写实的意思。可是"超写实主义"一词在世界艺术史上是个特定的概念，它的内涵与外延，完全与我们要表达的意思相反，简单地说，"超写实主义"是反"现实主义"的！

超级写实主义的英文写作是"Surrealism"，或"Super Realism"。是指第一次与第二次世界大战之间兴起于欧洲的一场视觉艺术和文学方面的运动。法国作家勃勒东（一译"布列顿"）在1924年有个《超现实（写实）主义宣言》，按照他的说法，超现实主义是一种手段，可以把经验的有意识领域和无意识领域完满地重新结合起来，使得梦和幻想的世界能在"一种绝对的现实、一种超现实"中与日常理性世界相连接。勃勒东的哲学理念直接取自弗洛伊德潜意识论，并作为思想养料来指导这一艺术运动。如果要举超现实主义绘画作品来印证的话，我们看了一定会大跌眼镜，就可明白这个词的实际含义与我们想要表达的意思完全不一样。那么"照相写实主义"呢？它倒是忠于真实并不"梦幻"也不"潜意识"，但是它的创作方法、艺术思潮是"纯客观"

的。它的经典论述是:"把人置于照相机的视线下客观地把物体的影像呈现出来。"认为传统的写实主义是注入了作者主观激情的,是主观的写实或人文的写实,而不含主观感情用大家共同的眼睛——照相机来观察和反映,则能为更多的观众所了解,传播的范围也就更加普遍。杜安·汉森和约翰·德·安德烈亚的雕塑创作,从来不用雕与塑,只是翻模。雕塑家的手就是部立体成型的照相机,他们认为"塑"就会不可避免地"注入作者的主观激情",会落入"主观的写实或人文写实"的臼套,有悖于用"照相机来观察和反映"客观现实的创作理念。尽管他们观察的对象和反映的现实,创作题材多选取社会底层人群,但只作照相机式"纯客观"的反映,而拒绝融入雕塑家的思想、感情以及美学价值观,这是有悖于现实主义创作思想的。我们过去抱着自己的意识形态思维定势去看待汉森和安德烈亚的作品,以为他们是在批判"当代西方社会人与人之间的冷漠、疏远和无人情味",从而判读为"现实主义艺术"之作,这的确是种误解或臆断(图7、图8)。

图7
超写实主义绘画《集体发明物》,比利时雷尼·玛格利特作。

图 8
超写实主义绘画《圣安东尼的诱惑》,西班牙画家萨尔瓦多·达利作。

4. 现实主义的真实性引领硅像艺术进入博物馆殿堂

什么是现实主义与现实主义创作方法?

引用恩格斯的话:"除了细节的真实外,还要真实地再现典型环境中的典型人物。"(《马克思恩格斯选集》第四卷),商务版的《美学小辞典》说:"现实主义其美学意义在于妙肖自然又高于自然,真切而传神地再现对象的特征。"根据这些经典理论的阐述,运用现实主义创作思想与创作方法指导硅像艺术创作,最高的准则应该是"真实"两字(Truth),这也是硅像艺术之所以能够进入艺术之门的最低门槛。硅像艺术要求达到真实的高度,包括形象的真实、历史的真实及细节的真实三个方面,缺一不可。

形象的真实。例如塑造社会公众人物,要求酷像、酷真,要经得起像与本人站在一起难分真假的考验;要经得起硅像人物至亲好友认可的考验;要经得起硅像的形、神,与本人内在气质高度统一的考验(图9—图12)。

图9 世界著名慈善家、收藏家、世界轮椅基金会主席贝林先生和他的硅胶像（西安超人公司创作）。

图10 中国已故国家领导人聂荣臻硅胶像，他的女儿聂力中将正在为"父亲"提放大镜阅文件（西安超人公司创作）。

图11 李咏和硅像机器人"李咏"坐在一起,后立者为央视春晚总导演陈临春、主持人董卿(西安超人公司创作)。

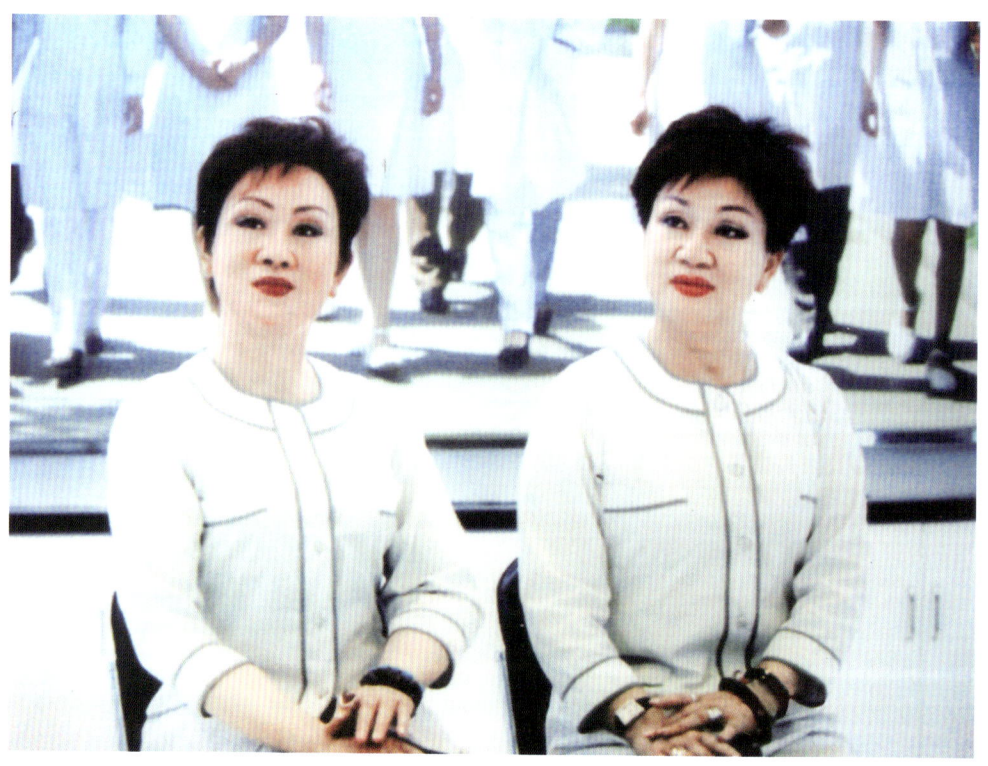

图12 中国著名整容专家史三八女士和她的硅胶像(西安超人公司创作)。

历史的真实。要求硅像场景的创作还原历史的本来面貌，不允许为了某种需要"拿捏"历史、"化装"历史。在创作方法上，虚拟情景是允许的，但以不违反历史事实为准则，目的是真实再现历史。在现实主义创作原则指导下，硅像及其场景设计，均应高度重视调查研究和学术考证，其作品要经得起学术与时间的考问，做到事事有据，站得住，问不倒。

细节的真实。要求硅像人物的肤色、须发、皮肤纹、皱褶一如本人，及至其人的服饰、质料都得符合人物年龄、身份、性格、动作以及习惯，要符合社会、时代和文化风尚。细节真实决不允许时代的"穿越"，闹出"关公战秦琼"之类的笑话（图13、图14）。

图13 韩国首尔，白凡纪念馆（又称金九博物馆），韩国国父金九（号白凡）(西安超人公司创作)。

图14 北京中国银行博物馆，汇丰钱庄的老伙计（西安超人公司创作）。

艺术创作唯有真实才能永恒。现实主义硅像艺术达到了形象的真实、历史的真实和细节的真实，其作品便具有了历史信息的价值、科学研究的价值和艺术鉴赏的价值，从而进入博物馆的陈列展览和收藏。早期的经典案例当数黑河瑷珲历史纪念馆中的"签订《尼布楚条约》"和"签订《瑷珲条约》"。山东威海中国甲午战争博物馆的"《马关条约》谈判"；山西八路军太行纪念馆中的"白求恩战地手术室"、北京中国银行陈列馆中的"汇丰钱庄"、北京西藏文化博物馆中的"《十七条协议》的签字仪式"、重庆中国民主党派历史陈列馆中的"邓小平与'五老火锅宴'"等（图15）。这些作品使历史陈列

图15　北京西藏文化博物馆，《十七条协议》签字场景。1951年5月21日中国中央人民政府和西藏地方政府全权代表谈判，通过《十七条协议》，5月23日举行正式签字仪式。

更加形象化,更鲜活,更有亲切感。硅像场景在博物馆非物质文化遗产展示中能发挥重要的作用,例如甘肃兰州非物质文化遗产陈列馆硅像场景展示的空间比重远远超过了实物陈列,从而使"非物质文化"转化成具象的展示,永久定格在陈列室中,随时可供观众观赏体验、可供研究传承。为什么能产生这样的效果?原因在于维护了**现实主义的真实**(图16、图17)。

图16　广州陈李济中药博物馆,医馆里的老中医(西安超人公司创作)。

图 17　上海银行博物馆，老钱庄的襄理（西安超人公司创作）。

在博物馆考古陈列中，例如湖南省博物馆西汉马王堆考古陈列，硅像创作与公安刑侦学头骨复原真像技术相结合，还原了古尸"马王堆老太太"生前的生态像，重现了两千年前"辛追夫人"俊美的风采。其实她一点也不老，也不像古尸那么丑，这尊像是艺术与科学技术完美结合的典范之作，经得起科学与学术的考问（图18、图19）。

图18、图19
长沙,湖南省博物馆,"马王堆西汉墓"出土古尸,根据公安刑侦学头骨复原技术复原"辛追夫人"生态原貌(西安超人公司创作)。

硅像艺术在自然科学类博物馆陈列中,亦开创了全新的空间。江南水乡文化博物馆硅像作品海派书画领导人物、画家吴昌硕惟妙惟肖(图20)。陕西杨凌西北农林科技大学昆虫博物馆里出现了一台"蝶神"周尧工作室的场景。周尧是世界著名的昆虫学家,一位端庄的白胡须老先生手拿放大镜全神贯注地在观察一件蝴蝶标本(图21),吸引了许多爱科学的青少年观众,谁都想与老先生合影留念,可谁也不敢轻易打扰"他"工作。陕西自然历史博物馆陈列中,还曾塑造了两尊全身裸体的男女青壮年硅像。其精确的解剖关系和符合体质人类学(人种学)"中国人"的典型体型,是硅像艺术用于自然陈列的典型案例。

图20
江南水乡文化博物馆,海派书画领导人物、画家吴昌硕(西安超人公司创作)。

图 21
陕西杨凌西北农业大学昆虫博物馆,国际著名昆虫学专家、中国"蝶神"周尧教授(西安超人公司创作)。

　　硅像进入博物馆陈列,它的身份仅属于"辅助陈列资料",相对于文物或标本而言,它是配角,依附文物实物陈列而存在。但是"文物"在陈列中并不是万能的,特别是在历史陈列中,"文物断链",历史陈列缺乏文物支持,这种现象相当普遍。怎么维护历史陈列语言表达完整的形象性,这就需要依靠"辅助陈列资料"的设计与制作了。传统历史陈列的辅助手段采用"历史画"或历史题材的雕塑,甚至采用类似连环画式的"组画"来弥补历史陈列缺失文物支持的"断链"。发展到今天,用蜡像或硅像,或由此组合成的场景之类,大有与传统的"历史画"或"历史主题的雕塑"在陈列中并驾齐驱甚至有取而代之之势。当博物馆陈列设计的研究发展到以信息传播为主导的今天,当务之急是需对蜡像、硅像的创作以及在陈列传播中的应用进行认真的探讨和研究;另外,应为蜡像、硅像艺术进入博物馆陈列制定评审标准和评审制度。不达标准的不得用于博物馆陈列,优胜劣汰,把劣质制作排斥出陈列,以保证博物馆陈列学术与艺术的纯洁性。

现代传播学原理导入博物馆研究，催生了博物馆展示传播学研究。从传播学视点来看，文物实物和辅助陈列品，包括蜡像和硅像，都是信息的载体。文物是物，因其具有历史信息、科学信息和可供鉴赏的艺术信息，并经过时间的历练而成为文物。南京出土赤乌十四年的"虎子"，在当时只是一件日常生活用品——尿壶，现在成了能够体现当时物质文化水平的文物青瓷。辅助陈列资料中，比如历史画《毛主席在井冈山》《开国大典》，雕塑《苦难的岁月》等，在半个多世纪前的中国革命博物馆陈列中都置于"副线"地位，其身份也只是辅助陈列资料，不作为文物看待。可是如今已成了国家博物馆的藏品。那么硅像艺术呢？我正期待着有朝一日也能上升到文物而为博物馆收藏。相信这一天一定会到来（图22）。

图22
1951年上海纪念太平天国革命100周年展览。在这个展览上使用了多组蜡像场景，是新中国成立之初开创历史性陈列使用蜡像场景的先例。

论 DIORAMA

"Diorama"一词在英语词典中有三种解释：（1）（模拟日出等的）风景画；（2）（通过小窗或小孔窥视的）透视图画；（3）（电影）小型模型：布景（见《新世纪英汉多功能词典》）。在《大英汉词典》中也有三种涵义：（1）（从小孔窥看的）透明幕上的画面，透视画，西洋景，洋片；（2）有人物塑像的缩型立体布景；（3）与野生动物一般大小的动物标本陈列馆。

查《不列颠百科全书》Diorama 条（p.317），它是这样定义的："立体式陈列一般置于小室中并通过镜孔观看。通常为一平面或弯布景，上置画景或照片。其前摆放平面或立体实物以加强空间感，还可加放彩色透明织网或塑料垂幕。配以舞台边沿或侧面装置则更显著提高透视效果。**准确运用透视规律对于透视的成功至关重要。**照明巧妙也能增强效果。透景画的发展通常归功于 L.J.M. 达盖尔，他是法国布景画家、物理学家和达盖尔照相机的发明者。**达盖尔的技术保存在现代透景画中；透景画仍在广泛使用，尤其在博物馆，能以任何比例处理任何主题。**"

《中国大百科全书》不收此条目。但在"文博卷"有两处（p.378、p.469）提到：一处是在"摹拟陈列（Simulated Exhibition）"的定性叙述后，说这种陈列形式，常见的有沙盘、模型、**布景箱**、全景画、巨幕电影、全景电影等。另一处是在"生态陈列（Ecological

Exhibition）"条中，"……生态陈列一般采用**景观**、照片、幻灯片、投影片、电影、沙盘、录像和录音等手段，表现某一种生物的主体或突出某一地区的小生态，有时也可采用**大型景观**，表现海洋鱼类、森林动物，使观众有身临其境之感"。在"电影卷"中的"模型摄影（Miniature Process）"条中（p.292）讲到电影特技摄影运用模型代替实景以假乱真的手法，说"**模型**可以单独拍摄，也可用作实景或**布景**的配景和背景，通过光学方法合成在一起。电影中的模型和布景一样，用以代替实际存在的或虚构的拍摄对象，以达到……提高画面的艺术感染力的目的。……**为了影片画面的真实感，模型制作须严格注意比例尺寸和表面质感**"。

除此之外，一般辞书包括《辞海》，均未见"布景箱"词条，但《辞海》收有"布景"和"舞台设计"词条，涉及"布景""立体景片"等的用词。

综上所录，"Diorama"中文解释可以概括成如下几种："风景画""透景画""透视画""小型模型""缩型立体布景""布景""西洋景"，甚至叫做"标本陈列馆"，却没有一本词典译作"布景箱"的。日本在20世纪90年代初出版的《1980—1990日本展示设计》，其中第四卷"博物馆与休闲公园"，把Diorama只作音译，中文版译为"实体模型"。

"布景箱"一词在中国博物馆界是个耳熟能详的词，特别在自然博物馆陈列中，使用频率相当高，通常称作"生态布景箱""生态景观箱"或直呼为"景观"，一听就明白指的是什么，如今一查辞书倒反而捉摸不定，犹豫起来。所谓"箱"者应该是指尺度不会太大，四周有边、有顶有底的一个特定空间。但对照国际博物馆陈列实践中的一些案例和相关的文献论述，被称作 Diorama 的不仅限于"箱"的概念，有的尺度大至大橱窗，更大的甚至占满了一座小型的展厅。如此看来，如何选择一个合适的中译名，既有概括性，又名实相符，叫起来顺口不涩，倒成了一个值得探讨的问题了。本文想通过一些比较经典的案例分析，在探索其合适称谓的同时，概要地论述一下 Diorama 创作设计的原则，及应规避的禁忌，为现今的设计实践做个提示。为了叙事方便，在这里把 Diorama 分为两大类来讲，即按比例尺缩微的模型 Diorama，和由实物标本或文物实物及复制品组合成的 Diorama。

1. 按比例尺缩微的模型 Diorama

案例 1.美洲土著部落原住民营造居所和堡垒（图1、图2）

这两座 Diorama 在美国波士顿科学博物馆，"窗口"面宽和高均不足 80 厘米，进深 60—70 厘米，这可以说是我们概念中典型的"布景箱"了。从"窗口"望去，空间极为深远宽广。所塑人物高不足 3 厘米，但细节刻画清晰。这是该馆人类学陈列的组成内容。我曾问美国同行："你们把这种陈列叫做什么？"他们说，这叫"Diorama"，就是依观众所站的视点出发，根据透视学原理设计制作模型，营造出一处"风景"。这是我第一次听到 Diorama 这个词和解释。

图1、图2
Diorama "美国土著部落原住民营造居舍和堡垒",波士顿科学博物馆。(摄于1980年)

案例2. "J.W.索恩（James Ward Thorme）小姐的'美国房间'（American Room）"（图3—图6）

美国芝加哥艺术博物馆辟有一间专题陈列室"美国房间"，展出J.W.索恩设计制作的模型20多个。每个窗口都不大，70—80厘米。美国朋友称这种制作为缩微模型"Miniature"，而不称为"Diorama"。这些房间模型做得极其精细和真实，而且有根有据是按某地某人的住宅仿制的（这些住宅至今还在）。"室内"的家具陈设、门窗挂帘、吊灯地毯、装修装饰，都根据原物原材料手工制作。地毯用羊毛编织，彩绘瓷盘在小电窑中烧制，家具用橡木或柚木，坐椅包镶金丝绒，惟妙惟肖，一丝不苟。因其做得高度真实，工艺精湛，作品具有艺术鉴赏价值和记录建筑艺术史的研究价值，现为该馆收藏的文物。

图3
芒特·普兰森特客厅，宾夕法尼亚州，费城，1761年。

图4 安达卢西亚·本萨伦·汤希伯的客厅,宾夕法尼亚州,1834—1836年重建。

图 5　杰里迈亚·李麦松客厅，美国麻省马布尔黑德，1768 年。

图 6　哈蒙德·哈伍德住宅的餐厅，美国马里兰州安纳波利斯，1770—1774 年。

案例 3. "近代新加坡"（图 7、图 8）

新加坡宣布独立时，许多有关新加坡的近现代历史文物、文献资料绝大部分已移往英国，要用文物组织有系统地演绎新加坡现代史已属不可能了。新加坡国家博物馆为了鲜活地再现这段历史，组织创作了 20 座 Diorama。故事叙述从东南亚包括中国在内的最初移民到新加坡，共同开发这块土地起，直到国家独立召开第一届国会止，简明而形象地演绎了百年历史，一看就懂。据馆方介绍，这 20 座 Diorama 花了多年时间，从伦敦大英图书馆查考了 6000 余份文献档案，是以研究历史的科学而严谨的态度创作而成的。Diorama 的窗口约 80 厘米见方，图 7 描绘最初移民乘船来到新加坡口岸情景；图 8 表现中国早期移民发生纠纷时，由族中长辈来评判解决矛盾的情景再现。

图 7
Diorama 新加坡近现代史布景箱，新加坡国家博物馆。（摄于 1989 年）

图 8　Diorama "新加坡近代史",新加坡国家博物馆。(摄于 1989 年)

案例 4. "埃迪凯伦海洋生物群"（图 9、图 10）

这是一座根据地质古生物学家对前寒武纪化石研究成果制作而成的古生物生态 Diorama。其窗口面宽 1 米左右。陈列在美国华盛顿国立自然历史博物馆地质厅。因化石发现地在澳大利亚的阿德莱德北方埃迪凯伦（Ediacaram）丘陵地而命名，表现寒武纪生命大爆发之前的生物群落景观。

图 9
Diorama "埃迪凯伦海洋生物群"，华盛顿美国国立自然历史博物馆。（张晖摄于 2013 年 9 月）

图 10　Diorama "埃迪卡伦海洋生物群",美国华盛顿国立自然历史博物馆。(张晖摄于 2013 年 9 月)

案例5."上海吴淞铁路的养护工"（图11、图12）

上海吴淞铁路是铺设在中国大地上的第一条商业铁路，现在早已拆除。上海铁路博物馆还保存了几节当年的铁轨、道钉等的一些原物，配合曾行驶在铁道上第一台机车"先导号"1∶1模型展出。该馆在实物展台上设计了一座嵌入式的Diorama，再现当年铁路养路工劳作的情景。Diorama面宽1米多，是一座典型的按比例缩微的模型景观，制作非常逼真。

图11　Diorama"上海吴淞铁路的养护工"，上海铁路博物馆。（摄于2006年）

图 12　Diorama "上海吴淞铁路的养护作业",上海铁路博物馆。(摄于 2006 年)

案例 6. "非洲人的族群"（图 13—图 15）

纽约美国自然历史博物馆中有一项永久性的专题陈列"非洲人"馆，研究和探索从古埃及到现代非洲文化遗产，以人类学视角展现非洲人不同族群的地方习俗、生活方式。大约于 20 世纪 50 年代设计制作了 4 座大尺度橱窗式的 Diorama。"窗口"玻璃面宽近 3.0 米，外观造型设计成圆锥形的非洲草屋，4 座联排，分别描绘撒哈拉沙漠柏柏尔人、东非人等生活在草原、沙漠、森林与河流 4 种不同的生态环境，真实地展现尼日尔河、尼罗河、赞比亚河和刚果河流域的文明。20 世纪 60 年代初 Unesco 的 *MUSEUM* 季刊曾予介绍，我看照片以为是在非洲拍摄的实景。1980 年到纽约一看才知道原来是座 Diorama！它至今仍是该馆的标志性展览项目。图 14 为"生活在草原的非洲人"，图 15 为"生活在丛林中的非洲人"。人物比例比真人略微矮小一些。听该馆设计师介绍，这 4 座 Diorama 从研究设计到最后制作完成前后花了五六年时间，馆方认为这是一项科学研究成果，是陈列中的瑰宝。

图 13
Diorama "非洲人",纽约美国自然史博物馆。(张晖摄于 2013 年 10 月)

图 14
Diorama "生活在草原的非洲人",纽约美国自然史博物馆。(张晖摄于 2013 年 10 月)

图 15
Diorama "生活在丛林中的非洲人",纽约美国自然史博物馆。(张晖摄于 2013 年 10 月)

案例7."北京猿人"(图16、图17)

中国国家博物馆基本陈列开首的一座,也是唯一尺度很大的 Diorama。依据北京周口店"北京猿人"考古发现资料设计创作而成,是学界公认的具有科学性、学术性的制作,是历史陈列中典范性的 Diorama。早在1959年中国历史博物馆"通史陈列"时,也使用过"北京猿人"的"布景箱",不过尺度远没有现在那么大。

图16　Diorama "北京猿人",中国国家博物馆基本陈列"中国古代"。(摄于2013年4月)

图 17　Diorama "北京猿人",中国国家博物馆基本陈列"古代中国"。(摄于 2013 年 4 月)

案例 8. "新石器时代河姆渡人生活情景"（图 18）

宁波博物馆基本陈列古代宁波部分是一座大型的结合文物展出近乎"场景"（Scene）式的 Diorama。它已经摆脱了展柜玻璃的束缚。这种 Diorama 或许可以溯源至香港历史博物馆的陈列，如今在博物馆界已广为流行。

图 18　Diorama "7000—5000 年前河姆渡人的生活"，宁波博物馆基本陈列古代宁波。（摄于 2011 年）

案例9. "傀儡皇帝溥仪登基"（图19）

这座 Diorama 陈列在沈阳"九·一八"历史博物馆基本陈列中。故事描写1931年九一八事变后，在日军秘密护持下溥仪来到了长春，于1932年3月9日策划成立傀儡帝国"满洲国"，9月15日签订所谓《日满议定书》，确定"满洲国"是日本军事占领的殖民地。Diorama 面宽约2米，根据历史照片如实重现了溥仪登基那天的情景。溥仪及8个内阁成员，按提线木偶设计，面相酷似本人，栩栩如生。人物高仅60厘米，衣饰以及皮鞋，都用真材实料缝制，背景却是一巨幅照片，出席登基仪式的日本军政人物画面几近真人大小，相映之下，突出了"傀儡皇帝"的主题，整体画面宛如一个提线木偶的舞台。

图19
Diorama "傀儡——溥仪"。沈阳"九·一八"历史博物馆，王纪厚创作。（摄于2000年）

案例 10. "军民鱼水情——抗联战士与老百姓"（图 20）

这座 Diorama 也陈列在沈阳"九·一八"历史博物馆内。窗口面宽 120 厘米，口高 80 厘米，也是座典型的"布景箱"。抗联全称东北抗日联军，前身是东北人民革命军。九一八事变后，中国共产党在东北组织和领导 10 多支游击队，组成抗日联军，自 1934 年至 1945 年间，部队曾发展到 48000 余人，游击区扩大到 70 余县。这支联军在中国共产党领导下，扎根于人民，坚持艰苦斗争，在东北战场上牵制了 40 万日军，有力地配合了关内对日作战。Diorama 真实地反映了联军战士与东北人民之间的鱼水情。一天傍晚，一场战斗之后，战士们在一位老乡家休息拉家常，讲战斗歼敌故事，亲如一家人。Diorama 全部由传统的木雕工艺创作，全场 21 个人物，刻画细致入微，充满了生活气息。

图20 Diorama "军民鱼水情——抗联战士与老百姓",沈阳"九·一八"历史博物馆,王纪厚、李光仁创作。(摄于2000年)

案例 11. "梨树沟战斗——杨靖宇歼灭日伪军邵本良部"（图 21）

这座 Diorama 也陈列在沈阳"九·一八"历史博物馆中。故事是讲述东北抗日联军杨靖宇部全歼日伪军邵本良一个团的战斗。战斗发生在辽宁本溪梨树沟。邵本良部原为东北伪军邵一团。全部是日本精良装备，率领满编加强营和部分骑兵五六百人，在日本炮兵中队约 120 人后续支援下，进犯梨树沟。杨靖宇联合几股抗日联军总人数七八百人，与敌作战，最后全歼邵团，邵本良被打成重伤，死于医院。这是一座尺度较大的橱窗式 Diorama，面宽约 2 米，内高及进深约 3 米。Diorama 创作者根据史料记载，深入当年战场梨树沟采风写生，拍摄外景，最后利用电脑写真与人工描绘结合，做成巨幅背景，在严格按透视方法计算下，设计制作人物和布置景物，形成深远旷达的视觉效果。

图 21
Diorama "梨树沟战斗——杨靖宇歼灭日伪军邵本良部"，沈阳"九·一八"历史博物馆，王纪厚创作。（摄于 2000 年）

案例 12."莫斯科保卫战 1941 年 12 月苏维埃士兵反击入侵者"（图 22、图 23）

1996 年参观位于莫斯科俯首山的苏联卫国战争博物馆。我看到有 6 间不是很大的展厅，每间 60 平方米左右，都设有一"景"。第一感觉这是一种小型的半景画馆，但在英文简介里，指的竟是 Diorama。这 6 座景观分别是"1941 年 12 月莫斯科保卫战""斯大林格勒前线会师""列宁格勒保卫战""库尔斯克战役""强攻第涅伯河·基辅"和"直捣柏林"。约在 8 米见方的展厅里，Diorama 作对角线分割占了一半空间，"舞台"口面宽约 8 米、半径进深目测约 4 米，背景画呈弧形。"舞台"口前沿装有厚玻璃扶栏，前景是近实物尺度的模型装置，中远景模型按透视比例逐级缩微，最后与背景画衔接。视觉效果非常深旷，宛如看野外情景，极为真实。

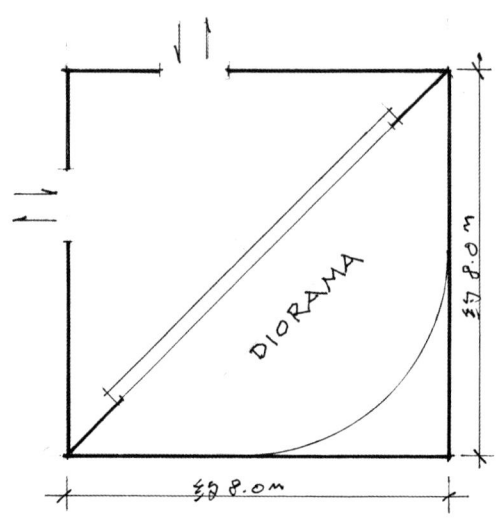

图 22
平面图。

图 23　Diorama "1941 年 12 月莫斯科保卫战",俄罗斯莫斯科卫国战争博物馆。(摄于 1996 年)

案例 13."3 亿年前石炭纪森林生物群落","翼龙展翅飞翔"

这两张图片(图 24、图 25)是从一本《有影响力的博物馆》(Kenmeth Hudson Museum of Influence, 1987)书中翻拍的。在书中作者把它称作 Biochron,而不叫作 Diorama。这个词在英语词典里找不到,它可能是个 Bio+chron 新的复合词各取首尾组合而成,意在表达石炭纪森林生物群落景观。译作"景观"或许有点符合,而 Chronicle 一词也确有年代、历史记事之意,亦有记录、记述、叙述的意思。我想陈列中的"景观"不也就在记述故事吗?这些生物群落模型均根据化石研究作原大 1∶1 的生态复原,尺度巨大,但景深不大,背景还是按透视法绘成,而且没有玻璃与观众阻隔。翼龙生态复原也是与真物一样大。景观创作在荷兰埃门市动物园自然历史博物馆内。

从作品实际来看,Biochron 与 Diorama 可认作同一事物,可是英国人用词严谨,作了区分,Biocnron 用来专指远古,如古生代、中生代的动植物,而 Diorama 只指新生代的动植物生态景观。

图24、图25
荷兰埃门动物园自然历史博物馆为了更好发挥博物馆教育功能，于1985年在陈列展览中增设"生态景观"（Biochron）展项。

荷兰埃门动物园建于1935年。原本是保罗斯·伦逊私家花园中的一座小动物园。埃门最早是个乡村，二战后发展成城镇，动物园也由农村动物园扩展为城市动物园，年参观人次达百万之多，俨然还是一座真正的"北方动物公园"。其中设有博物馆，经常举办各种展览、各种活动，也经常放映电影。

2. 由实物、复制品、标本组合成的 Diorama

案例 14. "极地的爱斯基摩人"（图 26）

这是一座尺度很大的橱窗式 Diorama。由 W.H. Halimos 创作于 1903 年，坐落在华盛顿史密森学会国家自然历史博物馆陈列室中。讲述一个爱斯基摩人家庭因一位年轻人从冰窟窿里用长矛猎到一只小海豹而高兴的故事。因为海豹、海象都是爱斯基摩人赖以为生的珍贵资源。景观中爱斯基摩人的毛皮衣裤、长矛都是原物，雪橇犬、海豹是标本。这是一座经典的 Diorama，我见到时它已经存在了 77 年!

图26 Diorama "极地的爱斯基摩人",史密森学会国家自然历史博物馆。(摄于1980年4月)

案例 15. "CARNAC 人的太阳崇拜"（图 27）

这也是一座大尺度橱窗式 Diorama，在芝加哥菲尔德自然历史博物馆人类学展厅内。表现生活在 4000 年前法国 Carnac 农耕人群迎接日出崇拜太阳的仪式。景观的背景描绘了"Carnac 石头阵"，近景与一块模型石头衔接，形成深远的意境，十分逼真。人物是一尊上彩的雕塑。

图 27
Diorama "太阳崇拜"，芝加哥菲尔德自然历史博物馆。(摄于 1980 年 7 月)

案例 16. "塞伦盖蒂大草原的野生动物"（图 28、图 29）

纽约美国自然历史博物馆内有一间以 "Akeley" 命名的大展厅，创建于 20 世纪前期。专题展示非洲塞伦盖蒂平原到尼罗河上游的各种野生动物。展厅分上、下两层，下层中央展出 5 头非洲象，全部露置作岛式陈列，四周围以 14 座大橱窗式的 Diorama。上层是一圈 "跑马廊"，周围沿墙也布置了 14 座 Diorama。为了减少眩光，大面积玻璃作前倾处理。景观内动物均是真实的生态标本，背景呈弧形，绘制该动物栖息地的环境风景。前方草木灌丛也采自塞伦盖蒂，按透视关系与背景绘画过渡，衔接得天衣无缝，视觉效果极其真实。这 28 座 Diorama，是动物学陈列"生态景观"非凡的典范之作，至今也存在近一个世纪。

图 28、图 29
Diorama / Iland "非洲哺乳动物馆",纽约,美国自然历史博物馆。(张晖摄于 2012 年)

案例17."巴哈马珊瑚礁的鱼群"（图30）

这座 Diorama 在芝加哥菲尔德自然历史博物馆。珊瑚礁海峡是海洋生物种群的栖息地，景观描述了虎鲨正在巡游觅食，一群魟鱼跟着为它清洁皮肤，扮演了保洁员角色，很有些故事性，同时传播了生物之间相互依存关系的科学信息。

图30　Diorama "巴哈马珊瑚礁的鱼群"，芝加哥菲尔德自然历史博物馆。（摄于1980年）

案例 18. "温州乐清湾湿地鸟类"（图 31）

乐清湾湿地是温州的自然保护区。在温州博物馆动物陈列室中再现了湿地景象。整座 Diorama 全部露置，有一条 3.0 米宽的木架栈道穿景而过供观众边走边看。景观中的涉禽游禽都是标本实物，湿地芦苇、水草等是尼龙仿真制品，背景则是电脑写真，设计制作前创作人员两度考察乐清湾，拍摄了许多照片用于参照研制。

图 31　Diorama "温州乐清湾湿地鸟类"，浙江温州市博物馆，作者刘晓炜。（摄于 2002 年）

案例 19. "三头狮子搏杀斑马"（图 32）

这座巨大的景观描述三头狮子围猎斑马的壮观景象。因狮子捕食食草大型动物都是群体行为，为了科学真实地表现这一动物捕食行为，日本东山动物园资料馆（其资质仅次于博物馆）特别征得坦桑尼亚共和国政府同意，在非洲草原猎得三只狮子、一匹斑马和一只土狼，即时运送到美国丹佛市动物标本制作公司，用"艾克雷"方法制成栩栩如生的生态标本。所谓"艾克雷"技术，是对动物肢体丈量测定后，按动物解剖学塑造骨骼筋肉及姿态动作，然后覆盖剥离下来的皮张于塑型上，不同于传统的向兽类皮毛内塞防腐剂及填充物的做法，避免了动物姿态僵硬呆滞，保证了生态标本的鲜活状态。在背景的绘制上特请高手画家根据在非洲实地拍摄的照片，细致地描绘在弧形穹顶的"天幕上"，从而真实再现了非洲草原辽阔的景象。让站在景观前的观众仿佛感觉到吹来了热带风。日本同行这种敬业的精神和严谨的科学工作态度真的很值得钦佩。

图 32 Diorama "热带地区动物之间的猎杀",日本东山动物园资料馆(20 世纪 80 年代)。(资料来源:《1980—1990 日本展示设计》卷四)

案例20. "金鹰山"（图33、图34）

Diorama "金鹰山"是日本岩手县立博物馆招牌展项，十分著名。日本同行称其为"DND"（Diorama Natural Dome），意为有圆穹顶的模拟自然的Diorama。它的设计程序是景观策划在前，建筑设计在后，建筑设计满足陈列需要。整座景观为半圆形，直径12.0米，纵高13.5米，贯穿两层楼面，参观层设在二楼。景观表现金鹰夫妇筑巢在200米高的山崖绝壁的红松之巅，时间是吹着西北风的下午3点。鹰巢中有两枚鹰蛋，亲鹰一蹲在巢边，另一飞翔，徘徊在鹰巢的上空，情景十分温馨，富于人情味。景观中的鹰、蛋、巢都是实物标本，置景由近推远，按透视法则遂步微缩，与天际线吻合。半圆桶式的Diorama，差不多可看成是Panorama的微小型了。

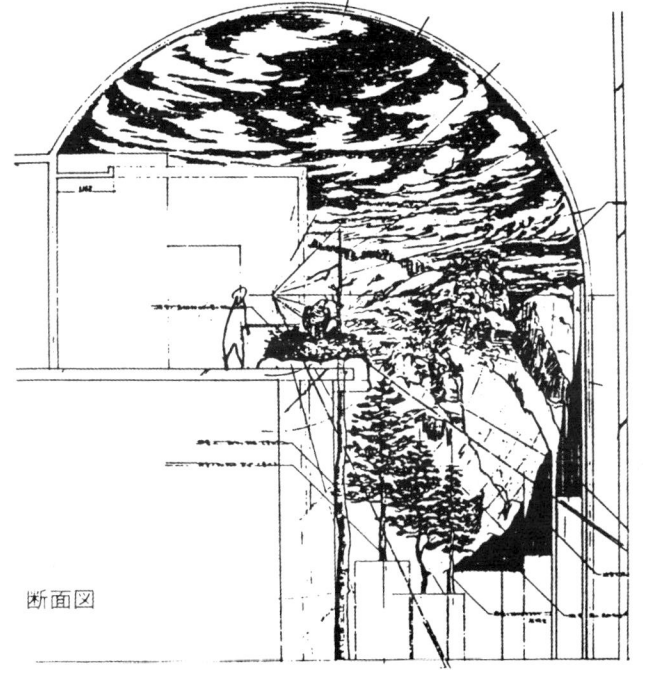

图33

图33、图34
"金鹰山"断面图及景观展示，日本岩手县立博物馆。（资料来源：《1980—1990日本展示设计》卷三，1980年）

图 34

3. 结论

什么是 Diorama？应该如何中译？

上文总共举了 20 个案例，用了 33+1 张图片，我想大体上已经可以回答什么是 Diorma 了，是否可以中译为"**模型景观**"，因为 Diorma 的本体是模型，景观则是它的形象特征。如以为尚不确切，建议不如直接采用音译"达奥拉玛"？现试做定性叙述如下：

"**模型景观**是博物馆陈列中广泛使用的辅助陈列技术手段之一。它的本体是**模型与绘景**的结合，须正确运用**透视成像方法**把实物模型、置景工艺、背景绘画，或和实物、标本组合，集结成一个完整的、具有立体空间感的、真实的**景观**；在照明技术支持下产生逼真的空间视觉效果。"

模型景观技术或可追溯源于戏剧舞台的布景设计和电影艺术的**模型摄影**技术。"模型景观"在博物馆陈列中的使用，可以说开始于近代早期博物馆为小型动物标本（例如小型鸟类标本）在收藏箱背板上绘制生态风景背景，以使标本收藏箱直接用于陈列时，提高其直观效果，可算是**模型景观**的雏形。**模型景观**在现代博物馆被广泛应用于自然历史陈列和人文历史陈列中。由于**模型景观**在视觉信息传达中，能以形象的、直观的、拟真的方式再现自然或人文的景观于博物馆陈列空间中，至今并不因现代展示设计"**全面标准化和现代化理念，就让已经得到验证的方法和手段让位于新的追求**"。模型景观是博物馆陈列的典型形式之一，"**享有其独特的魅力，毋庸置疑有保留价值和展示价值**"。〔《展览设计实用手册》（第一版）p.20[德]伯特龙、史沃兹、费雷编著，章梅，

译.北京：中国建筑工业出版社〕

4."模型景观"设计创作原则与禁忌

从"模型景观"的设计来讲，它应该是博物馆陈列的科学与艺术相结合的产物。它的创作过程也是学术研究与艺术研究的过程，所以其设计作品也应该被视为陈列研究的学术成果。博物馆陈列设计（内容与形式）的最高准则是"真实"两字（Truth），这也是模型景观创作的原则：它必须具有科学性、思想性和艺术性。创作态度贵在严谨，贵在考证研究。

（1）模型景观的设计禁忌。

一忌速成，粗制滥造；二忌在陈列室空间条件不具备的情况下勉强而为；三忌在同一个**模型景观**空间内使用两种不同比例尺设计；四忌时间穿越，举例讲：在复原原始社会古人狩猎和生活场景中出现现代人考古发掘工作场面；五忌空间穿越，例如把大熊猫与非洲狮虎置于同一生态景观中，这可不是笑话（图35）。

图 35 这个馆的陈列曾经获全国十大精品陈列奖。哺乳动物生态陈列却上演了一场罕见的"关公战秦琼",是现代版的"诺亚方舟":中国的大熊猫与非洲狮子共生,突破了自然陈列的科学底线,原本应该判为不及格的陈列却成了"精品",怎不令人瞠目结舌!

（2）最后的话。

回顾改革开放以来，博物馆陈列中**模型景观**做了不少，其中有高质量、高水平的成功之作，也有不少不够格、质量不高的东西。对于这些，只要不是出于赚钱的目的而不负责任地"乱搞"，而是出于认识不足，或技术水平所限，或创作周期太短等客观原因，造成产品质量问题，则应通过开展陈列设计批评和技术指导加以扶正，这才是解决"成长中的烦恼"之道。

12

沉浸式展示溯源

在展示设计行业中,"沉浸"一词已成为热词:沉浸式戏剧,沉浸式美术馆(无界美术馆),沉浸式影院(秘密影院),等等,那么从博物馆展示设计的历史角度看如何理解和阐释"沉浸"?如要溯源如何溯起?

其实,这是一种展示方式,或称展示方法,在我的理解中至少可追溯百年以上。

沉浸一词原是个动词:即把某种物质浸泡在某种液体中。

沉浸一词后来引申用到做学问,比喻为学力的深透;唐代韩愈在《进学解》中有"沉浸浓郁,含英咀华"之句,意谓做学问要细细品味吸取精华。

"沉浸"之引申为一种展示方式,在我的认识中起自20世纪的80年代我访美之后,这或许是种"结胎"。因为回顾博物馆历史从来没有沉浸式展示之称,但不等于说没有最初的意念与初试的践行。

那么沉浸式展示究竟是什么概念呢?我归之为两点:(1)展示环境的角色转换;(2)观展观众的角色转换,两个角色转换叠加,就是沉浸式展示。

什么是展示环境的角色转换?

常态的展示是观众围着展品观展,沉浸式观展是展品包围观众——观众被围于展品所形成的环境下:人在景中身临其境。

什么是观众的角色转换?

任何博物馆的展览博物馆是主体,观众是客体。沉浸式展示客体则转换成了主体,观众不仅仅是观展者而且是参与者、实验者、实践者。

这个概念是否能成立?试举8个案例分析以验证。

案例1. 露天博物馆(Outdoor Museum)

在瑞典有位叫哈契利乌斯的人,是位研究历史的教师。他看到18—19世纪以来由于工业发展致使许多古建筑以及传统的生活方式都逐渐改变甚至消失了,于是从19世纪70年代起开始关注、搜集和收藏古典家具、生活用品、服饰服装以及整幢的古建筑,日积月累数量愈来愈多,最后他在斯德哥尔摩的哥登岛上找到一块地,把他的收藏迁移到这个小岛上加以组合、重新规划布局,建成一座露天的博物馆——斯凯森博物馆,并于1891年对社会公众开放。

这个小岛原本是个狩猎场,岛上丘陵起伏,林木葱郁。现今的斯凯森博物馆占地约30公顷,拥有来自各地的不同风格的瑞典古建筑130余所。观众走进斯凯森,徜徉于街中,信步走来,见有古老的店铺、作坊、铁匠铺、药房、印刷所、银行、面包房、教堂、学校,等等,店铺里有身穿古装的店员在营业,还讲本地方言,作坊里有工人在铁砧上打铁,教堂里面有人正在举行婚礼,学校里有学生合班上课,街道上不时举行各种节日活动,化装游行,载歌载舞……在乡间可参观不一样的农舍、农家,观众进屋与主人面对面交流,还可进酒窖品酒、抚摸畜舍的牛马,观看风车与仓库、庄园、樵夫的板房,更有拉普人(瑞典的少数民族)的居住点居住着现代的拉普人(图1—图3)。

图 1
瑞典斯凯森露天博物馆入口大门。

图 2
斯凯森露天博物馆瑞典风车。

图 3
瑞典拉普人的居室。

20世纪80年代访美时,我有幸参观波士顿的 Old Sturbrige 乡村博物馆。这是一座与斯凯森类似的露天博物馆,不过规模较小,只有乡村没有城镇。当时我遇到正在修农舍围栏的"农民",发现他用的钉子很是古怪,长长的钉身竟是方形的。我问他:"钉子怎么是方的?"他回答:"我们村子里只有这种钉子,就是对面铁铺打出来的。"我去铁铺看到两个壮汉正在打马蹄铁,一个叫摩西,另一位叫布莱克(图4)。走进一家农舍,女主人正在准备午餐,一边削苹果一边热情地邀坐,并分享她刚烘焙出炉的面包(图5)。这时有一驾马车正拉着粮食从磨坊出来……居住在乡村里的男女老少说话都用第一人称:"我怎么怎么……""我们怎么怎么……"正是这段身临其境的切身体验,仿佛我不再是观众而是一位访客,我沉浸在美国移民的乡村环境中……

图4
摩西与布莱克的铁匠铺。

图 5
女主妇正在为家人准备午餐。

案例 2. 主题公园（Amuseumemt Parks）

与露天博物馆相比较，主题公园也具有沉浸式展示的品位，同样是展品——各色建筑物包围观众，观众又转换成体验者、践行者。

20 世纪 80 年代日本展示设计界已普遍认可主题公园的展示设计应纳入博物馆展示设计范畴。1990 年出版的《1980—1990 日本展示设计》四卷本丛书第四卷就把博物馆与主题公园合成一册。在这本集子里收录了建成于 1983 年的"北海道开拓村"，1986 年的"千叶县江户村"、"日光市江户村"，这些主题公园确确实实原汁原味地保存了日本 17 世纪江户时代的建筑与生活风貌，记录的是日本民俗的记忆（图 6、图 7）。

图 6 日本北海道开拓村主题公园内的旧蒲河主厅舍（前幢），后一幢是小樽新闻社旧址。

图 7 日光江户村主题公园内吉源游廊若松屋内正在演出《奥义兰》剧。

20世纪80年代日本为了发展文化旅游事业,1983年位于长崎的荷兰村建成开放,不仅移建和复建了荷兰古建筑群,有的街道房舍外还建了荷兰艺术博物馆、航海博物馆及各色体验馆(如航海体验馆、天体体验馆),观众进馆不单是看,而且参与动手操作(图8、图9)。

图8
日本长崎荷兰村主题公园景观一隅。

图9
长崎荷兰村内有艘1:1原大的知名的威廉王子号贸易舰,甲板下层配备了舰载大炮,为防御海盗袭击。

1989年7月开业的"古留克王国主题公园"Gulckskonigreich。由日本企业善鄰休闲乐园投资，在北海道的带广市，公园占地15公顷，园内设有博物馆3座，景观及娱乐设施各12座。为了建立"古留克王国"，业主单位专门聘请德国设计师，并使用德国建材，请德国匠人，原汁原味地复原了格林兄弟的村镇。在这里观众走上格林街，小镇街心中可看到高高立着的格林兄弟青铜像，可以聆听街头艺人的器乐演奏……（图10、图11）

1993年当我看到丛书第四卷时深感把博物馆与主题公园串在一起不以为然，甚至感觉别扭，深读至此也就释怀了。

图10　古留克王国主题公园街心广场立有格林兄弟的雕像。

图11　格林街马尔科德广场上时有音乐会、民族舞蹈、戏剧等演出，图中所示是表演一个特别节目。

案例3. 水族馆（Aquarium）

对于现今的水族馆我想大家一定不会生疏：观众如同进入海洋世界沉入深海，看到各类沙角虎鲸自由穿梭游来游去，在浅海观赏珊瑚礁，仿佛触手可及。当今水族馆技术突飞猛进，就从展示技术层面讲，制作玻璃+亚克力合成的透明幕墙不仅可以做到巨幅尺度、厚度80—100毫米以上都不是问题（图12）。在过去100年以前却是件不可想象的事。

1980年我在芝加哥参观谢德水族馆，那时的美国也尚未见大幕墙玻璃的水族箱，使用的还是火车窗式的水

图12　这是具有大面积玻璃幕墙的现代水族馆。

族箱（图13）。也参观了水族馆的"后台"，那真是一套极为复杂的系统（图14、图15）。

日本20世纪80年代以来也建了多座水族馆，尝试使用透明的玻璃幕墙。值得一看的如三重县的鸟羽水

图13
美国芝加哥谢德水族馆火车窗式小型水族箱。

图14
芝加哥谢德水族馆的"后台"，在展厅的上层可见水族箱的上方排列，便于投食饲养。

图15
芝加哥谢德水族馆内设有一套复杂的人工海水供应系统，人称水族馆的"肺"。

族馆（Toba Aquarium）。该馆初建于 1955 年，1990 年 7 月扩建后开放，顶层是企鹅池，顶层以下是大水族箱，新扩建的展示面积 3445 平方米，收藏海洋生物 700 余种（图 16）。另一座是位于大阪的天保山港都水族馆（Osaka Aquarium Ring of Fire）。该馆建成于 1990 年，同年 7 月对外开放。其收藏和展示日本太平洋周边的海洋动植物及其生态环境。建筑物高达 50 米，建筑面积 3077 平方米（图 17）。馆内分有多层，观众入馆自上而下，顶层是模拟日本边海陆地上的岩石与林木，与蒙塔雷海湾、塔斯曼海湾等分四个空间展出（见图 18）。沿着坡道而下，进入第六层，在坡道两侧的中心是玻璃大水箱："太平洋"贯通上下三层，一侧分四隅，在六层可看到濑户内海及智利岩礁地带的海洋生物，五层可见柯克海湾生物，继续进入四层，除了上述各海湾外之外又见日本海湾的生物群。从上述可见，即使在日本，对于展示设计制作技术与材料——玻璃+亚克力的探索也走过了逐步深入的历程。到今天我们已经可以进入模拟的穹顶隧道、大面积玻璃幕墙前沉浸观看海洋生物的大型水族馆了，中间经过了多少的努力啊！

图 16
日本乌羽水族馆沉浸式展示的水族箱。

图 17
日本大阪市天保山都港水族馆。远处高高的红色建筑即是水族馆,建筑高达50米。

图 18
大阪天保山都港水族馆顶层布置模拟海岸陆地上的岩石林木。观众由此走向下层,进入"太平洋"的海下世界。

案例 4. 全景画馆（Panorama）

回望展示历史最早追求"沉浸"意念——身临其境效果的大概可追溯到创作世界上第一幅全景画的人，他就是爱尔兰的巴凯尔，时间是 1788 年，比瑞典的斯凯森露天博物馆还早 100 年！

我没有看过国外全景画馆，却看过 20 世纪 80 年代以来国内建的半景画、全景画馆，如北京的中国抗日战争博物馆的"卢沟桥事变"半景画（1988 年）、"攻克锦州"的全景画（锦州辽沈战役纪念馆，1989 年）。所谓全景画馆是个什么概念？从现代的全景画馆来说；首先它的建筑必须是个圆筒：直径为 40—45 米，高 25—30 米，一般区分上、下两层，下层为 6 米层高的展示厅，上层为全景画馆。圆筒的中心是个直径 13 米左右的内心垂直交通，该垂直交通的顶面即为看台。用作全景画的画布通常高 15—20 米，周长 120—130 米，首尾无缝衔接围成 360°。设定最佳视距为 14—15 米，即是中心圆筒顶层看台外沿与画面之间的距离。为了便于理解，另加了两张出于 19 世纪末 20 世纪初的国外建筑师绘制的建筑剖面图，可一目了然（图 19—图 21）。

图 19　全景画馆的特征：巨无霸式的圆桶（引自《感悟壮美》，夏书绅著）。

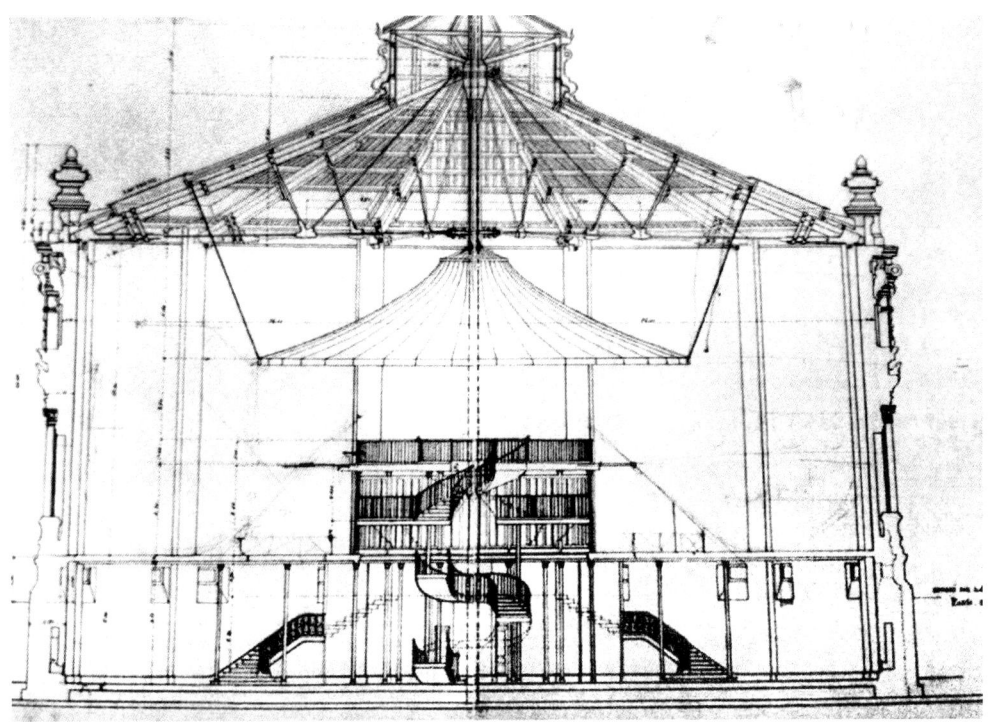

图20　100多年前外国建筑师绘制的全景画馆建筑剖面图。

图21　这位设计师设计了有双层的中心看台全景画馆。

试想观众进入全景画馆,距离画面14米外观看高达16—20米的360°巨幅油画,其震撼效果会多强。但我感到有点遗憾的是在国内我看到的"卢沟桥事变""攻克锦州"两馆看台上都设有固定的座位,像煞一座剧院。这就有些限制了观众的"探索"——自由自在来回走动看个究竟。不知这是创造还是抄袭了苏联和朝鲜的全景画馆?如果都做成像荷兰海牙"玛斯达克全景画馆"那样:看台做成个大凉亭,与地面的塑型与垂直的巨幅绘画连接成一体那该多好(图22)。这就避免了"剧场"感。说句老实话,当我第一次坐着观看"卢沟桥事变"半景画时,觉得这不就是一座没有演员的不会动的舞台布景吗?如果设有炮火、灯光、音响配合的话。

图22
荷兰海牙"玛斯达克全景画馆"内景。

综上所述，据我看来全景画馆似已式微。其一，造价高。建筑体量庞大，画布须纺织厂调整织机联排织布，聘请高手画家创作与绘制（普通画家真干不了），还须配备各种专用灯具，制作音响，创作乐曲……其二，全景画的创作有一定的局限性。例如它必须时空统一，这是 Panorama 的铁律。亦即叙事的原则。如"卢沟桥事变"半景画，时间只能定在 1937 年的 7 月 7 日，地点就在卢沟桥。时空统一。我想要画长江万里图是可以的，若要造长江万里的 Panorama 那是不可能的事。走笔至此我想起两件事：第一件事是当年"淮海战役"全景画馆，馆方策划要把战役的三个阶段一网打尽纳入同一 Panorama 之中，可以这样做吗？淮海战役东起现今的连云港，西迄商丘，北起现今的山东枣庄，南达淮河广大地区，如此场面如何可能纳入一幅 Panorama 之中？我曾建议选取战役第三阶段"雪压陈官庄"活捉杜聿明。因为这里有故事好讲：仗打了只有 4 天，国共双方最近的战壕距离不足 30 米，我方过元旦饭热肉香，国民党军断粮宰马充饥，饿急了的国民党军爬向我方战壕求食，我们这边鼓乐相闻，对比了国民党军的凄惨……最后在一幅象征"困"字的锯掉了一棵树的四合院门内俘获了杜聿明。只可惜馆方坚持，拒绝了我的建议。第二件事是《清明上河图》。画面 24.8 厘米 ×528 厘米，如果首尾相接围成 360° 的 Panorama，加上《清明上河图》昼夜与人物舟车动画，一定会比 2010 年世博会中国馆的《清明上河图》做得更为沉浸。估计那时候的决策大概是先定建筑造型，后来决定展出《清明上河图》吧！否则其建筑怎么会是个放大了的"斗拱"而不是一只"巨无霸"的红灯笼呢!

案例5. 遗址类博物馆与纪念馆的"沉浸"

这两种类型的场馆也能实现沉浸式展示吗?答案是肯定的!试举几例,讲几个故事,提一个设想。

1.美国费城"东方州立监狱"遗址博物馆(Eastern State Penitentiary)

这座监狱建于1829年,1971年由于"过分拥挤"而被放弃,改建为遗址博物馆。外观呈正方形,内为车辐式布局的监房,像煞一幅米字旗。监狱内虽然墙体斑驳但设施健全,有阅览室、理发室、球场,当然更多的是监房和死囚室。这座博物馆除了记述历史和发生在监狱内的重大事件外,还原汁原味地保存了监狱原貌。如何沉浸呢?观众可能暂时变成"罪犯"体验被关进牢房、上锁、开锁、放风、打球等(图23—图28)。

图23 咨询服务台。(张晖摄)

图24 纪念品销售处。(张晖摄)

图25 囚徒阅览室。(张晖摄)

图26 囚徒理发处。（张晖摄）

图27 演示曾经有过的监狱暴动故事的投影在牢房里轮番播放。（张晖摄）

图28 1929年曾经关押过美国著名黑帮老大艾里·卞彭的牢房，房里北墙上有油画，地铺东方地毯，桌子上有台灯和收音机。（张晖摄）

2. 英国巴斯罗马浴场博物馆（Roman Baths Museum）

在罗马浴场博物馆里，薄雾缭绕的大浴池宛如仙境。在罗马帝国统治英国的时代，罗马人在巴斯修建了许多带有桑拿及泳池的大型浴室，还建了华丽的宫殿，随着岁月的流逝，建筑大部分都被埋在了地下。直到18世纪70年代被发现，重新唤醒了这些沉睡在地下的古迹，被改成一座博物馆。博物馆除陈列罗马时期的文物外，还完好地保留着古罗马浴池，包括长度6米的大浴池及国王浴池的温泉以及神殿遗迹，池水温度还保持在46.5℃左右（图29）。观众在池边徘徊，可以想象古罗马人曾在这里留下的足迹（图30）。有时会偶遇"古罗马人"，他们身穿古罗马传统服饰，扮演着古罗马的士兵、女奴、石匠、牧师……每一个角色都有着等待叙述的古罗马故事，游客可以与他们合影，穿越古罗马并感受古罗马人的生活气息（图31）。大浴池的周围陈列各种残缺的建筑构件，旁边有专门负责解答游客疑问的地方（图32）。博物馆里陈列着部分残缺的建筑构件，并采用投影技术，让文物"活"起来，观众可看到投影中罗马人祭拜的视频，栩栩如生地展现了当时的风貌（图33）。博物馆近年特别推出集猜谜、寻宝与救援于一体的"罗马营救"（Roman Rescue）互动游戏，让游客在限定时间内（1小时）穿梭千年历史的罗马古迹，寻找隐藏在博物馆各个角落的谜语，利用解开谜语所获得的线索打开装满宝物的木箱，便可拯救看护宝箱的罗马奴隶，让其重获自由，全程让你体验一部好莱坞影片中的惊险救援（图34）。博物馆每周末还举办儿童派对，开展一系列趣味活动，如"挖掘神秘宝藏""探索秘密通道""扮演考古学家"等，让孩子穿上罗马长袍乔装打扮，穿越古罗马时代，通过沉浸式体验互动来探索巴斯罗马浴场的历史以及数千年前古罗马人的生活（图35）。

图29 博物馆中心的大浴池是露天浴池。

图30 观众在池边徘徊,可以想象古罗马人曾在这里留下的足迹。

图31 身着传统古罗马服饰的解说员们非常了解罗马人的生活,将以一种生动有趣的方式为游客提供解说服务。

图32 博物馆讲解员与游客沟通互动,让游客了解那个时代古罗马人的生活场景。

图 33
陈列中采用投影技术，为静止的石刻文物赋予生命，让文物"活"起来。

图 34
寻找隐藏在博物馆各个角落的谜语，利用解开谜语所获得的线索打开装满"宝物"的木箱（巴斯罗马浴场博物馆提供照片）。

图 35
博物馆举办儿童派对，让孩子穿上罗马长袍乔装打扮，沉浸式体验探索罗马浴场的历史（巴斯罗马浴场博物馆提供照片）。

3.英国伦敦杜莎夫人蜡像馆（Madame Tussaud's）

这是一座全球最负盛名的蜡像博物馆，世界著名的人物都会被制作成蜡像摆放在这里，每年有250万人参观。尽管分馆众多，但这座蜡像馆和其他各家蜡像馆的陈列完全不一样，就是让游客乘坐"英伦老爷车"，带领游客贯穿越了伦敦400年的历史，从伦敦鼠疫、大火中浴火重生到现代。一路可以看到伦敦的工业历史发展变迁，来呈现所谓"伦敦精神"。游客可以在车上"看到""听到""闻到"甚至是"感觉到"伦敦以往各个著名的历史人物和事件，比如莎士比亚、伊丽莎白女王一世和1666年的伦敦大火等，让游客能够沉浸在伦敦的历史与文化中，感受"伦敦精神"（图36、图37、图38）。

再讲个亲身经历的故事：记不清是何年何月，大概

图36　游客乘坐"英伦老爷车"，穿越了伦敦400年的历史（伦敦杜莎夫人蜡像馆提供照片）。

图37　莎士比亚（蜡像）写作场景，看起来更加栩栩如生。

图38　1666年的伦敦大火，消防员（蜡像）灭火的动作场景。

是20世纪八九十年代吧，我们在重庆有幸受邀参观中美合作所集中营旧址的白公馆、渣滓洞国民党军统集中营旧址。那是1949年重庆解放前夕许多革命烈士牺牲的地方，其中包括江姐。那天我们是白天到达即参观，晚餐后馆长又邀请我们上山再看，我以为已经参观过了还有什么可看呢。不料这一看吃惊不小：抬步拾级而上一路走过来，白天所见的碉堡已经为"国民党军"上岗，全副武装荷枪实弹的防守。临近渣滓洞已闻审讯的惨叫声、手铐脚镣的当啷声，进入中庭只见凶相毕露、手执皮鞭的特务们抽鞭声、吆喝声，囚犯们好像在放风。不经意间，观众被一帮"国民党士兵"推拥进牢房，瞬间变成了"罪犯"，只能隔着铁窗看到中庭的"演出"——江姐受刑赴死的那一幕！……我无言了，流泪了……这真是一次革命的洗礼啊。

最后我有一个设想：我们上海不是有座龙华烈士陵园纪念馆吗？这里既有烈士陵园又有旧时的龙华警备司令部遗址，我们是否可以仿效中美合作所集中营旧址的做法让观众来场沉浸？我想在上海该是有这个条件的。因为遗址尚在，有牢房、有赴刑场的百余米长廊，有血染的墙与地……还有我们可以充当演员的志愿者或观众……看来，事在人为吧。

案例 6. 美术馆（Art Museum）的方、圆立方体内数码投影之沉浸

2019 年，上海油罐艺术中心，号称"无界美术馆"建成开馆，吸引了不少美术爱好者前往观看，它的沉浸、互动确实倾倒不少观众，令其流连忘返。

这种展示方式，说白了靠的是现代高新技术——数码制作与投影技术。探其动因乃是博物馆传统的沉浸意念的诉求。

就日本博物馆展示历程而言，投影、视频在 1970 年以前还是少见，1970 年大阪世博会以后引起博物馆界人士关注，进而大大地推动博物馆展示设计，采用这类高科技的手段，继筑波世博会之后又产生一股推力。从案例来说那些视频屏幕尚未做到 360°，多数是 60°、120°、160°。2005 年我在日本参观爱知世博会，第一次看到加拿大馆近乎 360° 的大投影；在顶天立地高低起伏的金属网上映演示加拿大风情和一年四季的变化（图 39、图 40），的确是感受了一下沉浸。但是我也看到了中国馆，展示手段可谓传统的，却又感觉到了策划人的沉浸诉求。从空间设计入手追求沉浸，比之加拿大馆的大投影沉浸，棋差一着，有点遗憾（图 41、图 42）。

图39、图40 爱知世博会加拿大馆。

图 41、图 42　爱知世博会中国馆。

从展示技术层面来说，凡事物的发展都会有一个漫长的岁月历程，却有一个"同源性"（恕我用了个不确当的生物分类学上的术语）的差异。视频、视屏源自一个"镜头"，有了它才有了感光玻璃片和胶片，之后有胶片相连的电影胶片、拍片机、放映机……直到现今有了数码摄像、数码投影机以及在与投影机的组合下形成环幕、球幕式的沉浸享受！但从展示理念诉求讲，以世博会展示设计为例，开始时都是从空间设计入手的，尽量做到以展品围观众——人在景中行，却缺少了参与和互动，即没有身临其"经"（经过），就像爱知世博会中国馆那样。实际上那次各国主题馆的所作所为大都类同，最突出的是加拿大馆，或许可视作先兆。都是从空间设计入手，也有局部采用视屏的，一般都没有互动和参与的设计，即观众的"经历"（图43—图46）。2010年的上海世博会情况又大不一样了，从设计理念到技术进步都可看到这种发展（图47—图50）。

图43
爱知世博会希腊馆。

图 44
爱知世博会希腊馆,象征神庙的铺地部分装置。

图 45、图 46
爱知世博会澳大利亚馆的沉浸装置。

图 47　上海世博会白俄罗斯馆的沉浸体验。

图 48　上海世博会摩洛哥馆的沉浸体验。

图49　上海世博会中国馆《清明上河图》，长卷式的沉浸体验。

图50　上海世博会沙特馆"月亮船"内的沉浸体验。

案例 7. 博物馆中传统的沉浸方式

如果说 20 世纪 70 年代大阪世博会广泛采用视频投影影响了博物馆展示方式的增益，那么 2010 年上海世博会的沉浸理念及技术则在更大程度上渗透了博物馆的展示。查案例开先河的可举国立新加坡博物馆。该馆展示自然资源部分就采用了油罐艺术中心式的沉浸方式（图51、图52），展示人文历史部分则采用折幕投影（图53）。

图51、图52
国立新加坡博物馆"自然"部分。

图 53　国立新加坡博物馆"人文"陈列。

　　回顾博物馆展示方式的多样性,用数码技术投影绝不限于 360°桶式和折幕两种,若溯源可推至百年以上。以下试举 5 例:

　　1. 博物馆中常设的"时代室"(Period Room)

　　由于 18 世纪工业发展以来机器代替了手工作业,逐步改变了人们的生活方式,过去时代的家具用品逐渐消失。许多怀旧人士开始注意收藏中世纪以来的成套家具及日用器具,以至保存整套的室内陈设存入博物馆,建成了博物馆内的"Period Room"。这样的时代室在欧美各国博物馆中屡见不鲜,观众进入时代室,身临其境,实现沉浸(图 54—图 56)。

图 54 时代室（Period Room），纽约市弗里克收藏馆。（摄于 1980 年）

图 55、图 56　美国华盛顿弗利尔博物馆"孔雀厅"。(摄于 1980 年)

2. "一条街"（The Street）

在博物馆里设置一条街的展示方式也是一种身临其境的沉浸，这对我们来说并不陌生，当前我国博物馆可谓普遍采用。建于 20 世纪 30 年代的华盛顿美国工业与历史博物馆中的一条街（图 57），反映 20 世纪初华盛顿的弹格路街道、汽车和店铺，左方是服饰和香水铺，正前方是一家茶室，都有店员营业，还出售冰淇淋，现做现卖分享观众。

英国约克城堡博物馆里也设置了一条街的展示方式（图 58—图 62）。

图 57　华盛顿，美国历史与工业博物馆一条街。

图 58 进入时，仿佛穿越古代约克城城门，英国约克城堡博物馆。（张晖摄于 2016 年）

图 59 这是一条古代约克城的模拟街道，街上有 1870—1901 年的各类店铺，重现了当时约克人的生活景象，英国约克城堡博物馆。（张晖摄于 2016 年）

图 60
除街道上排列着许多店面，有部分店可以进入，店里有许多当年的商品和古董，能够让游客了解17世纪的商店，英国约克城堡博物馆。（张晖摄于2016年）

图 61
糖果店里有当年的"营业员"（真人），还展示当年的糖果，同时介绍当地的特产，英国约克城堡博物馆。（张晖摄于2016年）

图 62
小酒馆里还展示着许多当年的酒瓶，参观者可与扮演当年服务员的人进行互动游戏，英国约克城堡博物馆。（张晖摄于2016年）

3. 表演秀（The Show）

儿童观众在博物馆里实现"角色转换"，沉浸在戏剧的表演中。早在20世纪30年代美国博物馆界就关注博物馆教育，提倡"沉浸"，以提升儿童特别是学前儿童的美育（图63、图64）。

图63
1935年美国纽约市立美术馆圣诞节之夜儿童表演。

图64
美国米那波利艺术研究院博物馆教育项目,让少年儿童扮演古代武士使用中世纪冷兵器。

4. 无展柜展示（No-Showcase Display）

20世纪80年代我访问美国纽约州奥巴尼市立博物馆时见到了全程无展柜的展示。当年该馆尚未正式开馆,一进入馆内就见一个狩猎场景,猎人从树丛闪出举矛欲投,一只麋鹿在池塘边惊起,但闻风起,感到凉意。之后都是连续的场景：有伐木场、松林中的窝棚、度假胜地……实物融于景中,观众沿景中通道步移景换,在这里可闻风声鸟鸣,实现沉浸（图65—图67）。

图65
美国纽约州奥巴尼市立博物馆无展柜展示。

沉浸式展示溯源　433

图 66　美国纽约州奥巴尼市立博物馆无展柜展示。

图 67　美国纽约州奥巴尼市立博物馆无展柜展示。

5. 用"空间设计"实现沉浸

这种展示方式可从两个方面来描述：一是利用"经典的展示方法"——如英国牛津自然历史博物馆陈列，至今不变，还有大英博物馆的自然陈列，若在博物馆之夜让少年儿童沉浸在博物馆大堂里过夜，会对少年儿童产生怎样的心灵感！（图68）二是所谓"空间创造"——即模拟某个特定空间，例如墓室，这里可举一个经典案例是淄博博物馆安立华君设计的齐王墓出土文物展览，观众进入展厅如进入墓葬的发掘现场，四壁所围只见土层断面，展品所列宛如出土现场。立华君是位有心人，须知这些展墙土壁都是在墓葬中拓印下来再翻模还原的，其严谨的设计态度可嘉！（图69—图71）

图68
英国牛津自然历史博物馆大堂——博物之夜。

图 69、图 70、图 71
山东淄博市博物馆基本陈列（安立华设计）。

案例 8. 科学中心（The Science Center）内的沉浸

1969 年美国物理学家弗兰克·奥本海姆在旧金山的金门大桥畔找到了一个 8400 平方米的旧仓库，创建了一所专门为启发少年儿童智慧的"探索馆"。在馆内陈设了 400—500 件有关光学、声学、频波、力学、生理学……的科学装置，这些装置都可用来供青少年儿童参与实验探索其科学原理。

通常博物馆的展示例如参观历史陈列，都是沿历史发展程序按年代先后观看，其参观流线是线性的，而探索馆的参观是"团"性的：即是展项——各种科学装置围着少年观众，亦即沉浸的，在这里没有先后没有程序，只按好奇，只按兴趣，自由选择。

这种探索馆就是后来普遍建立起来的各式科学中心。它的展示方式完全是沉浸的：展示装置围着观众，观众则是参与者、实验者、践行者。

这里还可讲个故事。据说当年奥本海姆博士创建探索馆时想参加美国博协，却被拒绝，原因是这个馆没有"收藏"、没有对藏品的研究，只有教育，一句话就是不够格！后来日积月累十来年过去了，有许多科学家出来为探索馆讲话，应把探索馆认作博物馆并可参加博协。原来创馆之初这些科学家尚未成年，他们就是在这儿开始接受了科学的种子。

据博物馆发展现象看来，类似科学中心，还有现今纷纷建立的非遗博物馆，我认为实质上是种特殊的学校，即是"博物馆学校"，它应该是常规学校的条件所不具备的特殊学校，未来博物馆发展趋向一定会跨界教育。在这里沉浸设计的理念、沉浸设计的思想及其技手段将会发挥出更大的教育作用。

结语

综上可见，其一，沉浸是一种展示方式方法，它是多元的，绝非单一更非唯一。其二，沉浸理念、沉浸思想早已有之，且有实践。其三，传统的沉浸方式多样，许多是行之有效、不可偏废可以传承的。其四，现代高科技数码制作"现代沉浸技术"大有可为，可以引进博物馆，使博物馆展示手段丰富多彩。其五，在展示实施中对"现代沉浸技术"宜把握一个"度"，须知过犹不及，适中适需就好。

附录

我所思考的沉浸式展示溯源涉及的都是有关博物馆展示的教育效果。关于博物馆教育效果我有一个深切的感悟，那是在1980年的夏天，我与马承源馆长随中国青铜器展览第二站参加在芝加哥菲尔德自然博物馆的展出。在美国我们的早餐、午餐都在馆内员工食堂解决，晚餐自己做，逢双休日起床迟，早餐、午餐合一就上华人街打牙祭。那天是周日，我们一行四人在餐馆用午膳，点了那时国内尝不到的海蜇尝鲜，邻座几位女士带有一位六七岁的男孩，碧眼金发的洋娃娃，他盯着我们吃海蜇像是有点馋。翻译小栾看到了就拿个小碟挑了点海蜇送去邻座，并跟小男孩开玩笑说，"这是长在树上的海蜇头，是很好吃的呀"，不料那个洋娃娃立刻摇头说：

"不对呀！这是从海洋里捞上来的，这东西是在中国海里捞上来的。"我们震惊他是怎么知道的，他说在博物馆里看到的，听辅导老师讲的。这个偶然的见闻真让我感觉到博物馆教育的效果和威力。供大家分享。

13

两件展品支持一项陈列

2018年春季上海博物馆迎来了来自雅典卫城博物馆的珍宝展。值得关注的是这个展览仅展出两件展品：一件是希腊古风时期的"科拉"雕像，一件是"舞乐图瓶画器盖"。两件展品如何策展成一项主题完整的"展览"？其中定有奥秘！

雅典是古希腊文化的中心，雅典的卫城则是古文化的核心所在。古希腊崇拜宙斯、崇拜雅典娜，将雅典娜视为雅典城市的守护神。所谓"科拉"雕像原是古希腊人祭献给雅典娜女神的祭品。祭品中的女孩像通称为科拉，男孩像称作库罗斯。当时在卫城古遗址中考古出土的科拉雕像有200多座，展出中的雕像是其中之一。她身高1.15米，因双足缺失，未损前应该是与真人等高的。科拉雕像寓动于静，一腿微微前跨，左手略提裙摆，款款徐行。面部带着内敛的笑容，尽显"古风式的微笑"。据说公元前480年一场希波战争让科拉们全被入侵的波斯军队焚毁，之后雅典人挖坑深埋了所有被毁的雕像，直到19世纪被发掘出土才重见天日。

舞乐图瓶画器盖直径0.45米，采用"红绘法"（即黑底红纹）。它原是一种被称为"莱卡尼斯"器皿的盖子，是古雅典妇女用来贮存化妆品、珠宝首饰的。器盖的下半部分是带有两个把手的浅底容器。这器盖上描绘的是酒神狄俄尼索斯与10位"酒神狂女"和5个厄洛斯——有双翼的"丘比特"饮酒狂欢的舞蹈场景。它反映了公元前6世纪至公元前4世纪古代雅典人的日常生活、宗教信仰和神话故事。据考证，这件"莱卡尼斯"制作于公元前4世纪的下半叶，1956年出土于一个公元前2世纪的家用储水池中，整整保存了两个多世纪，该是住房主人的传家之宝了！

"来自雅典卫城博物馆的珍宝展"主题是"典雅与狂欢"。以寓动于静的雕塑充分展现科拉女神的典雅之美，以寓静于动的舞乐图瓶画器盖生动再现古雅典社会生活和宗教信仰的狂欢场景，以最具代表性的经典符号烘托出了这一展览的主题，虽然只有两件展品。

雅典卫城博物馆为让上海博物馆的观众更全面地了解雅典卫城博物馆的收藏和展览，为这一展览制作了一套视频资料，详细介绍该馆收藏之丰和展陈之美，以及卫城博物馆新馆建筑的宏伟。

这项展览的设计布展亦堪称"典"而"雅"。展览布置在上海博物馆的大堂中央，这里是观众集散枢纽必经之地。科拉雕像与瓶画器盖各用一件独立展柜展示，两柜之间设一视屏。动态的视屏与静态文物展示互衬，相得益彰。背板屏风与大堂弧形楼梯相应成梯形半圆围屏，围屏是幅卫城遗址的全景图，设色棕灰，与瓶画器盖的红色陶土取得呼应。围屏上，左为中文、右为英文的展览序言为白色文字，分布两侧。设计的点睛之笔在于围屏的三层台阶，使用的石材是接近建造卫城的石料——砂岩，这种石料又与上海博物馆各楼层间粗犷的饰面毛石再次产生相互的呼应关系，显得整体十分和谐。从陈列语言的空间语言运用来说，不愧为成功之作（图1—图12，图13是媒体的报道）。从这一展例可见主

题之突出与完整不在于展品数量之多寡,而在于精心策划与展品之经典精美。(展示设计:上海博物馆设计部杨宝辉)

图1、图2、图3
设计的点睛之笔是梯形围屏的三层台阶。既点示了与雅典卫城的建筑之韵味,又取得了与上海博物馆大堂各楼层间饰面毛石墙的呼应。

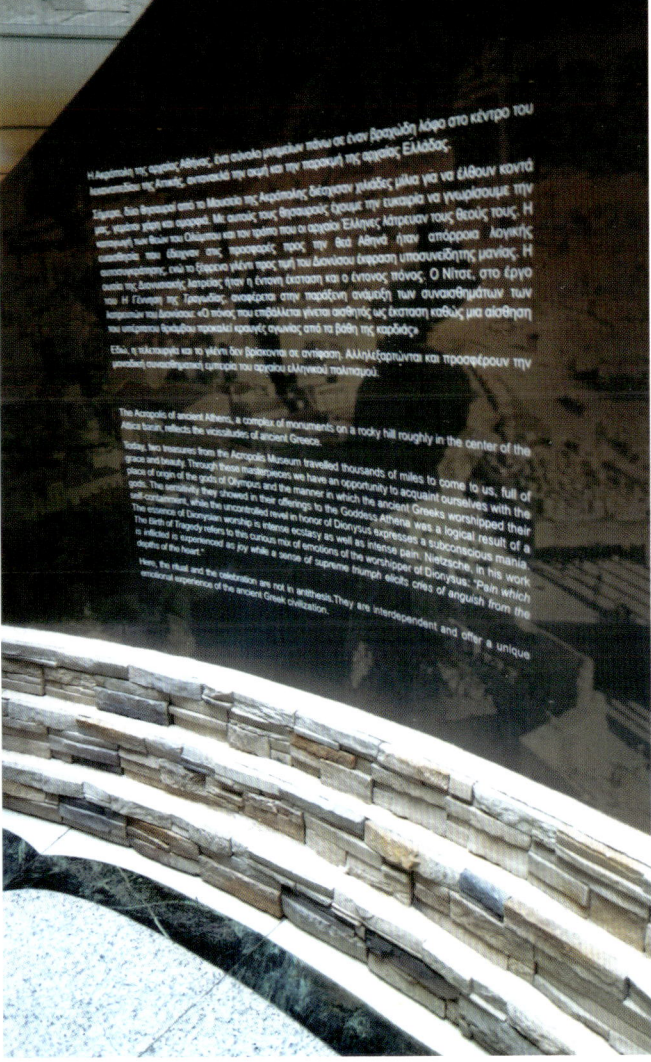

两件展品支持一项陈列

图 4
设计的创意源自雅典卫城各神庙的台阶。

图 5
"来自雅典卫城博物馆珍宝展——典雅与狂欢"展览布置在上海博物馆底层大堂中心。雕像为献给雅典娜的科拉女孩。前面展柜中陈列的是"舞乐图瓶画器盖"。

图 6
"舞乐图瓶画器盖"面面观。

图7、图8、图9、图10、图11、图12
从雅典卫城博物馆视频资料截录的有关图像。展现该馆收藏之丰富、展览之精美、新馆建筑之宏伟。

图 10

图 11

图 12

琢磨着色 女神再生

一睹塑造女神像的古希腊千年工艺，卫城博物馆工作坊现场表演

我在现场

昨天下午在上海博物馆一楼大厅里，两位穿着黑色短袖的希腊工匠用凿子和颜料加工大理石，展示古希腊雕像里的女神的诞生步骤，这门古老的手艺在希腊有几千年历史。博物馆展品旁边现场展示手艺，这种工作坊形式十分新颖，吸引了很多上海观众驻足。

1月10日起，"典雅与狂欢：来自卫城博物馆的珍宝"科拉雕像（见下图 局部）从希腊卫城博物馆来到上博展出，这是希腊古风时期（公元前600年）的特色雕像展，充分展示了女性的典雅之美。

雅典卫城博物馆的工作人员季米特里斯·基尔基斯（见上图）展示了古代的大理石雕刻工艺以及古代的雕塑复制技术，他选择现场复制科拉雕像的耳部。他一边用希腊凿子在大理石上摆弄轮廓，一边向围观的观众们介绍了复制雕塑的若干步骤。

复制雕塑的原理是，通过三角定位，即用希腊比例尺将原始雕像的轮廓复制到需要雕刻的大理石上。首先，在将要下手雕琢的石头上，用钉子凿出小点来定位，就像如今捕捉演员面部表情的软件。今天用3D打印技术可以完整打印出雕像的耳朵，在古代希腊人是用泥土建模的。说着，基尔基斯拿起测具在自己的胸前和臀部丈量，示意这种工具还可以准确地复制人体肌肉，这让中国观众感叹，难怪在解剖学发明前，古希腊人的雕塑水准已经遥遥领先了，因为依靠这一测量神器将原始物体的轮廓立体复制，集聚了几千年前的西方智慧。基尔基斯

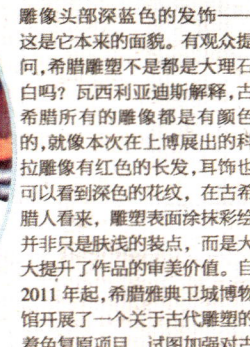

本报记者 郭新洋 摄

传承的雕刻手艺，来自希腊Tivos岛的雕塑学院，使用锤子、钉子和若干把不同模式的凿子，在大理石上慢慢打磨。按照他的熟练水准，大约1个月内可以完工。如果复制整座科拉雕像，需要1年时间。

另一位工作人员康斯坦丁诺斯·瓦西利亚迪斯则使用矿物颜料来展示上色工艺，并解释追溯古代雕像产生缤纷色彩的科学方法。他把矿物质颜料调入蜡基介质中，涂在雕像复制品表面（由帕罗斯岛大理石制成），一点点绘制出科拉雕像头部深蓝色的发饰——这是它本来的面貌。有观众提问，希腊雕塑不是都是大理石白吗？瓦西利亚迪斯解释，古希腊所有的雕塑都是有颜色的，就像本次在上博展出的科拉雕像有红色的长发，耳饰也可以看到深色的花纹，在古希腊人看来，雕塑表面涂抹彩绘并非只是肤浅的装点，而是大大提升了作品的审美价值。自2011年起，希腊雅典卫城博物馆开展了一个关于古代雕塑的着色复原项目，试图加强对古代技术的理解，迄今为止已经产生了多项科学研究和实验考古学的研究成果。

本次工作坊的活动是上海博物馆与希腊雅典卫城博物馆合作项目之一。而在卫典卫城博物馆，两名来自上海博物馆的工作人员则将向那里的参观者们展示中国古代的书法和绘画艺术。静态书画文物的展示是中国书画展览的主要媒介。

展示雕刻和修复技术的希腊工作坊每天展示两场，到3月18日为止。

本报记者 乐梦融

20180316

图13
2018年3月16日上海《新民晚报》报道了雅典卫城博物馆派两位博物馆技师配合展览，在现场演示科拉雕像复制与上色的技艺，从而使展览的策划体系更为丰满完整。

14

关于陈列的真实性

1. 关于陈列的真实性（一）

1998年我随团从巴黎飞抵俄罗斯圣彼得堡。离开巴黎时已近盛暑，大家都穿着短袖衬衫或T恤衫，到圣彼得堡一下飞机就感到寒气逼人。从机场出来，只见俄罗斯姑娘和大妈们还都颈间裹着围巾，见我们这身穿着无不侧目，很为惊异。

从机场到圣彼得堡途中经过位于列宁格勒的卫国战争纪念馆，大使馆的接待人员建议我们参观这座极具纪念意义的场馆。纪念馆的入口是个下沉式的广场，展厅全部设在地下层，在幽暗的照明下，但见展厅四周围墙上沿有900支烛形灯具发出闪闪荧光，墙面上刻满卫城900天中为祖国献身的英雄们的名字。气氛庄严肃穆。展厅面积不大，展柜（仅有平柜）不多，但体量较大，陈列着英雄们的遗物：如带血的证章、笔记本、冲锋枪，等等。

展柜中有一组陈列展出卫城时期一位小女孩的日记散页，上面写着某月某日爷爷饿死了，那天奶奶也饿死了，继之爸爸妈妈都饿死了，最后她自己也饿死了，日记就此中断。在日记散页旁还有那个女孩的小照片及两片已经炭化了的乌黑面包。看到这组陈列，感人至深。

在逗留圣彼得堡的几天参观访问中，还访问了卫城900天中死难的居民墓地。在墓地入口有两排小小的展室，我又见到了这组陈列，也有小女孩的照片、日记散页和两片黑面包！怎么会有同样的重复？哪个陈列才是真实的原物？都不见说明！不得不让人产生疑问。

回国以后，偶阅黎先耀先生编的《世界博物馆大观》，在第169页读到"乌克兰卫国战争历史博物馆"陈列中，又出现了同样的展例，不过小女孩改成了小学生，展出的也是同样的"实物"。

我想故事的来源一定是真实的，文物的原物也一定是真实的，但相信只能是唯一的一件（组）才是真实的。可能是故事实在太感动人，才使各个博物馆都愿使用这一案例。博物馆使用案例的复制品，甚至仿制品都是允许的，问题是必须老老实实告诉观众，是复制品还是仿制品！否则假作真时真亦假，就是在忽悠观众了！所以这是非常不可取的（图1、图2）。

图1 两片黑面包片。

图2 小女孩相片与日记散页。

2. 关于陈列的真实性（二）

20世纪70年代初，在上海博物馆的大垃圾箱外发现了一块约40厘米×60厘米的木板，上有"华人与狗禁止入园"的字样。当时认为这是一块揭示帝国主义辱华的罪证"实物"，是谁把它丢弃了呢？一时成了一桩"公案"。

原来"华人与狗禁止入园"是件伪造"文物"！

20世纪50年代上海文博界曾按照苏联模式筹建"上海市历史与社会主义建设博物馆"，选址是前法国人的跑狗场"逸园"。当年的"逸园"已改为上海市文化广场。

在简称为"史建"博物馆的展览里的确见过这块牌子，牌子的后面还有一幅衬景照片——上海外滩公园的大铁门。当年媒体记者把它拍成照片供诸媒体报道，牌子与公园铁门合一，于是成了铁证！事实是上海的外滩公园在当年英租界公务局的公园管理条例中有很繁琐的条款，铸成铜牌嵌在公园外墙一侧，其中确有禁止华人入园的条款。在相隔许多条款之后也有禁止洋人带狗入园的规定。上述的这块牌子原来是策展者好事之作。后来史建博物馆撤项，馆员并入上博组成上海地方史研究部。史建馆撤展后这块牌子既非文物就弃作垃圾了。

在20世纪60—70年代中，全国博物馆界多多举办"革命"文物展览是业界的通识。上博是古代艺术博物馆，但既有地方史研究部也有一定之"革命"文物收藏，"封资修"的古文物不可展就举办"革命"文物展览。在一次专题展的展品目录中有"文摘：烈士狱中诗抄"。在我的设计中既是"文摘"，把诗抄内容排版书写在版面上就可以了。当布展进入到上文物时，收到的竟是"文物的原件"——一张几经折叠皱巴巴的小方纸，上有铅笔书写的小诗一首，看上去真像是从狱中传送出来的"原件"，经追问原是策展人发挥想象力做出来！原来这位策展者正是伪造"华人与狗禁止入园"的好事之徒！

　　文物可以随心所欲任意"创作"不仅是不严肃的行为，也是文博工作者职业操守所不允许的。文博工作者无论何时何地均应维护博物馆陈列的原真性。

3. 关于陈列的真实性（三）

1980年上半年我随"中国青铜器展览"团队在纽约大都会艺术博物馆有长达4个月的时间驻馆工作。其中空闲时间可从容观赏该馆陈列。他们的希腊雕塑馆展出了一件高浮雕，是位几近等人高的女子形象。在雕像右下角基座上放着张照片，显示雕像的右下角原来已经缺失，是后来古董商修补上去的，但在雕像实物上几乎看不出修补的痕迹。照片则明显看出这一修补的部位。

看到这样的陈列，我很感慨美国同行的诚实：它会告诉观众真就是真、假就是假！即便是局部一角的修补，也要明白告诉观众，绝不忽悠（图3、图4）。我从这一展示方式获得启发：博物馆的陈列一定要讲究真实。于是联想到上海博物馆青铜器陈列馆展出的两件青铜器。

图3、图4
显示证明浮雕右下角是后来修补复原的照片。

一件是商代晚期的"四羊首瓿"。

这件器物是20世纪50年代从上海冶铜厂的废品堆中拣选出来的。当时拣选到仅剩一只羊首和不到半只的破瓿。经鉴定是商晚期的器物而且有修复的可能。大约经历不到一年时间,上博的修复专家妙手回春复原了青铜瓿的完整面貌。

另一件是春秋中期的"兽面纹龙流盉"。

这是一件从社会征集来的青铜器。当时只有器身,缺盖,很为遗憾。经由上博文物修复专家研究决定要为文物配盖。专家们查阅了大量的青铜器图录,查考了同类型的带流的盉,并根据原器物的纹饰,经过匠心独运的设计、塑型、翻模和精雕细刻,终于为兽面纹龙流盉配上了盖,让器物以完整的形象展现在观众面前。

我要说的是当时没想到运用纽约大都会艺术博物馆希腊雕塑展示方式,也为器物展示配置一张照片,既能明白告知哪些部分是原物,哪些部分是后来修复的,同时也可向观众显示中国文物修复专家精湛完美的技艺(图5、图6)。

图5
原物仅存器身,
盖为后配。

图 6 四羊首瓿原物仅存三分之一及一只羊首，其余均为修复部分。

4. 关于陈列的真实性（四）

实物（原物）展品与复制品。

最近（2020年1月下旬至2月上旬）从"博物馆头条"上见有两位学者的文章。北京大学的宋向光教授十分强调博物馆展示必须用真实的文物以维护展示的原真性和博物馆的权威。上海大学历史系徐坚教授认为未必，在特定的条件下运用文物的复制品也是允许的。

我看两位教授的观点都无可厚非。

但在展览设计中（从内容到形式）存在两种不同设计理念，在博物馆展示实践中是不容忽视的事实。以展示真实原物为主导的设计，维护陈列展览的本真性，是底线也是最高原则。以信息传播为主导的设计，真品、复制品兼蓄是被允许的。因为，文物、复制品以及所有其他辅助陈列品，一视同仁都是信息的载体！问题在于在什么情况（条件）下该使用哪种设计理念，不可唯一，若"唯一"了那就绝对化了。

至于文物复制品的运用，复制品的质量、艺术和工艺水平如何，是个关键。你敢把复制品和原件放在一起对比吗？你能做到专家级审定不出真伪吗？期待依凭现代的高精技术能做到。而传统的手工复制技术也是不容忽视的。我曾见过上博已故复制师丁文光先生的《五代高士图》、裱画师徐又青先生汉代帛画（马王堆帛画）、青铜修复师黄仁生先生云南出土"五牛贮贝器"等复制品，是经得起与原物对比而分辨不出何为复制品的匠心精作，其技术是亟待传承的（图7）。

图7 黄仁生先生为上海博物馆复制的出土于云南的"五牛贮贝器"(现陈列在中国青铜器陈列室内)。

15

答《沈阳日报》刘海博记者问

2021年9月3日接到《沈阳日报》记者刘海博先生来信，说为沈阳"九·一八"历史博物馆建馆30周年，须采访我写新闻稿。提了三个采访提纲：1. 当得知要设计沈阳"九·一八"历史博物馆时，您心情如何？2. 博物馆的整体设计理念是什么？3. 在设计过程中，印象最深刻的是哪几件事？为此我花了一周时间思考回忆写就此文，当天以邮件发往沈阳。为什么用了一周时间？因为事隔30年，有许多细节都记不全了，而且当年布展完后，因上海有事找我急于返沪，所有设计文件包括图纸都留存在馆长办公室。为答问正确，对有些事件作了复核，重绘了复测图。

1. 答问 1

2021年是九一八事变90周年，沈阳"九·一八"历史博物馆建馆30周年，时光飞逝，我作为当年博物馆基本陈列总体设计师感慨天不易老人易老，回顾过去恰如昨日。刘先生要我讲讲建馆故事，想起来确有不少掌故可说。现按采访提纲摘要叙说。若要问当年受设计委托时的心情，坦率地说，仇日——仇恨日本军国主义。我生于1930年，次年就遇上"一·二八"淞沪抗战。那时我只有2岁。长到8岁，1937年八一三全国抗战打响，我家从上海华界逃难到英租界，就这样开始了不断逃难、流离失所的生涯，因而没有享受过安定系统的教育。在我的设计经历中做过南京大屠杀纪念馆（旧馆）陈列，那时展厅仅400平方米，遇难同胞尸骨厅60平方米。之后又完成了卢沟桥抗战馆基本陈列与烈士堂设计。亲见了全部日寇暴行和抗战惨烈的历史资料，因而心情是悲愤的且仇日的。所以这次接任务欲把这类抗日战争纪念馆的陈列做成控诉日本帝国主义暴行、铭刻抗争历史的丰碑，教育人民不忘国耻的教育场所。这是我的初心。

2. 答问2

关于总体设计理念。2012年我写了本《陈列艺术六十年之路》，收录了我的设计作品33件，在"90年代"第9号作品即是讲沈阳"九·一八"历史博物馆的。在文字叙述中我这样写道："……事变的历史陈列是一部中华民族的屈辱史和不屈不挠的抗争史，是一部惊天地泣鬼神血与火斗争史的再现。让观众在陈列中体验历史，纪念历史，让观众记住山河破碎不堪回首的屈辱。"这个设计理念，不仅是我个人的，而且是整个设计团队集体的总理念。

3. 答问3

设计过程中印象深刻的那些事。大约可讲5件事：
（1）设计团队。
先说我们的设计团队，使人感怀。陈列内容策划、文案编写由沈阳市文化局副局长张英和沈阳故宫博物院井晓光院长亲自操刀;艺术形式设计人员有沈阳华夏公司经理王纪厚老师、沈阳鲁迅美术学院贺中令教授、辽宁省博物馆王维忠、沈阳故宫博物院李光仁,上海博物馆设计部主任蔡筱明、上海美术设计公司张晖等。我是设计项目的牵头人——总设计师。那个团队心特别齐,劲儿往一处使。从资质讲都是资深级的。特别是贺中令教授,他是沈阳城市标志性建筑"九·一八纪念碑"的设计者。王纪厚老师本人还是辽宁人民艺术剧院院长兼舞美设计师。他俩早于我就参加了项目策划,已经有了成熟的场景设想,如"日军突袭北大营""日军侵占沈阳小西门""溥仪登基""抗联战士露营白桦林"等历史场景。贺中令教授还为陈列设计了大型群塑《矿工泪》《流亡曲》的泥塑小样。

我们的设计团队组成后,兵分两路,沈阳组成员继续深化内容设计和场景雕塑。一路移师上海,租用了上海油画雕塑院一间办公室,进行形式之概念设计。值得一提的是当年博物馆界还少有用电脑绘制效果图的,我们的行动带有前卫性。继而深化设计,平面设计以及施工图绘制则由我一人在上海做完。

(2)忽然改变了建筑方案。

这件事得从更早时说起。我在正式接受委托项目之前,早期就参与了沈阳馆的建筑设计评审。记得当时送审方案有11个,评委成员有市领导及专家11人。参评单位有全国的也有本地设计院。评审揭晓第一名是一家华南设计院。所以我是以评审第一名方案为依据做陈列空间策划(Planning)的。回到上海不久,收到邮件传来的图纸却是11个方案中未见过的。我就打长途电话到沈阳，回复说是领导终审方案。于是花时间细阅，我就纳闷了。老实讲这个方案很平庸，不如第一方案完善。而且问题很多，不好使用，例如展区分A、B、C、D四区，主要展厅设在±0.00层地下约−5.0米（A、B两展区），D展厅又突然上升+5.25米，从C到D展厅铺设楼梯及残障人通行坡道。这些垂直交通就占用了C展厅面积的26%以上。剩下的70%多用来布展，对布展要求来说很不经济亦不合理。更大的问题是容纳不下C厅的陈列内容及展品数量。因为这部分有场景，如"梨树沟战斗""抗联战士露营白桦林""赵一曼狱中示儿书"等，就须用地300多平方米。又如建筑整体长达200多米，中间竟无消防通道，这是违反消防规范的，如此，等等。

如何消解这些问题？首先是谦让，尽量能凑合就凑合；其次，无法解决的问题打报告给领导要求修改建筑方案，如把C厅楼梯和坡道拆除。为此我奔赴沈阳详诉原委及补救方案：例如白桦林场景层高不能低于13米，拆除楼梯及坡道后改用"之"字形分布为6条短道，以高程分别从0.5—1.4米逐一登高至+5.25米，自然进入D厅。在领导的支持下决定拆除原来的垂直交通。事实证明我们的办法是可行的，不仅解决了残障人士登高问题，普通观众沿着6条分散坡道逐步上行，在不经意中走向D厅。这一设计不妨看成巧作。要知道建筑师一般很固执，尤其是所谓大师级人物，设计师在他面前都是"孙子"！

（3）序厅：白山黑水。

展示设计界有人提出"序厅设计是展览的灵魂"。我是不赞成的。这一说法可能源自"龙头、凤尾、熊肚"之说，旨在强调展览开篇之重要。我以为展览的灵魂在于真实——内容的真实、展品的真实。还有对展览主题的把控概括，陈列应见物见人见思想。序厅应简约，高度概括、抽象，突出主题，才是佳作。"白山黑水"最早是贺中令教授的设想，但用什么方式表达？采用壁画？绒绣挂毯？雕塑？一时定不下来。后经再三推敲采用白色的高浮雕象征长白山，用金星黑大理石铺装600平方米展厅地面，象征黑龙江。竣工后的效果不错，高浮雕的白山大块面起伏在0.3—0.7米之间，在灯光照射下产生光影效果，在黑色地面上反映出虚影。序言极简，仅几句话，采用金字塔造型卧碑，3米见方，面积为9平方米，由青铜铸造，重达2吨；中、日、英、俄四国立体文字与金字塔一体铸成。整个序厅庄重肃穆。后来见有媒体报道，说是建筑师唯一认可序厅设计好，但张冠李戴说成是鲁美老师的创意。殊不知这是博物馆人集体的智慧创造。

（4）为什么用钢结构搭建展墙。

"九·一八"历史陈列展出面积4000平方米，展线（观众流线）总长800余米。展墙高4.5米。采取模数900毫米×900毫米，全部装配式用螺栓紧固。钢线材是50毫米×50毫米角钢。板材900毫米×900毫米×1.8毫米，在每片钢板上冲压出矩阵排列圆孔形，呈网状，漆黑。组成的展墙看起来显得朦胧。之所以用钢结构，一为防火；二为便于装卸，为今后改陈调整利用，不产生废料垃圾；三为通风取暖，因为原建筑设计采用水暖，散热器挂片在墙上。

（5）精打细算把控展览造价。

"九·一八"历史陈列的形式设计是馆方出设计，施工布展招标。不搞"一刀切"，不信"设计施工一体化"那一套。因为我们从内容到形式设计磨合时间长达年余，这是招标方式一个月或45天内所做不好的事。我们把设计、施工拆开，事先由设计师完善了施工图，按每张施工图耗材算出用料、零件，细到每一个螺栓、螺帽，然后整合，算出用材总价，加上不同的人工费、企业管理费等，匡算出总造价。这份总造价核算书装订成册达到上百页，记得总价为1200多万元，这也成了我们内控的标底。施工企业有多少利润可赚心中有数。但考虑到全国招标各地人工费用及材料价格浮动，把控范围 ±5%—8%。让我感慨的是文化局领导的细心和耐心，与设计师一起带领我们南下深圳、北上丹东，谨慎考察施工企业的实力，这种精神值得仰视。

最后的话。"九·一八"历史博物馆陈列有什么经验可总结、可复制？我归为三点：（1）领导信任，放手设计；（2）齐心合力同心同德，相互支持；（3）甲方乙方合作共赢。有件憾事，当年因人为原因没评上全国十大精品陈列。不过没关系，两年后经部分陈列调整还是评上了。好陈列须经得起时间考验！

图1、图2 布展完成后的 C 展厅景观——短坡道上升部分。

图3、图4　布展完成后的C展厅景观——白桦林。

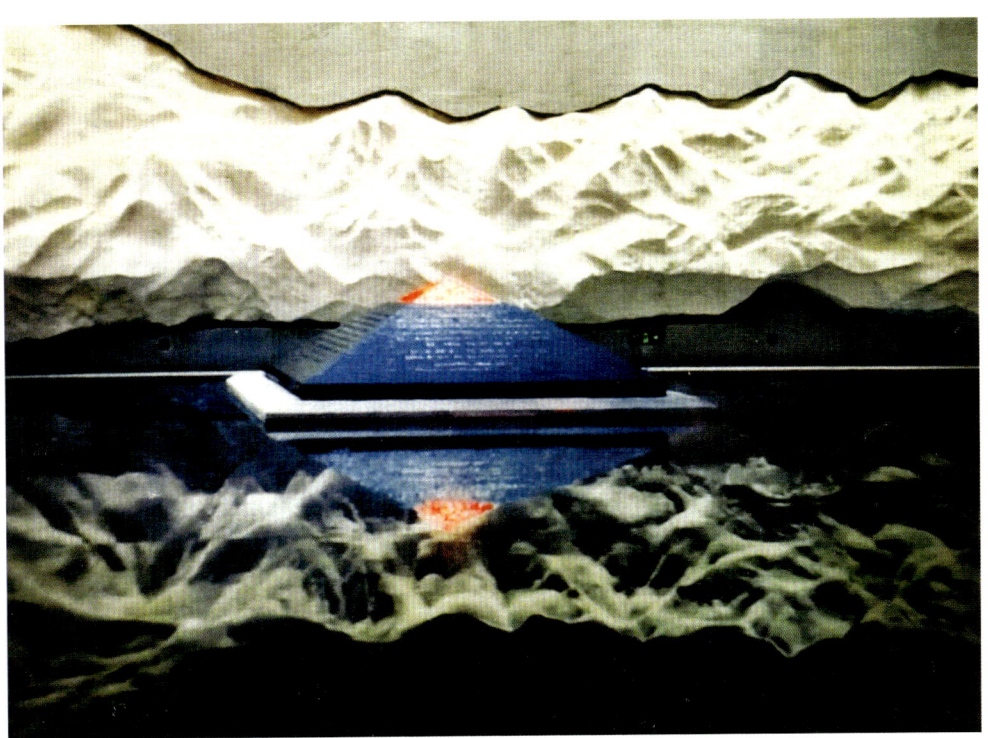

图5 序厅"白山黑水"及金字塔形卧碑，H800 毫米 ×3000 毫米 ×3000 毫米。

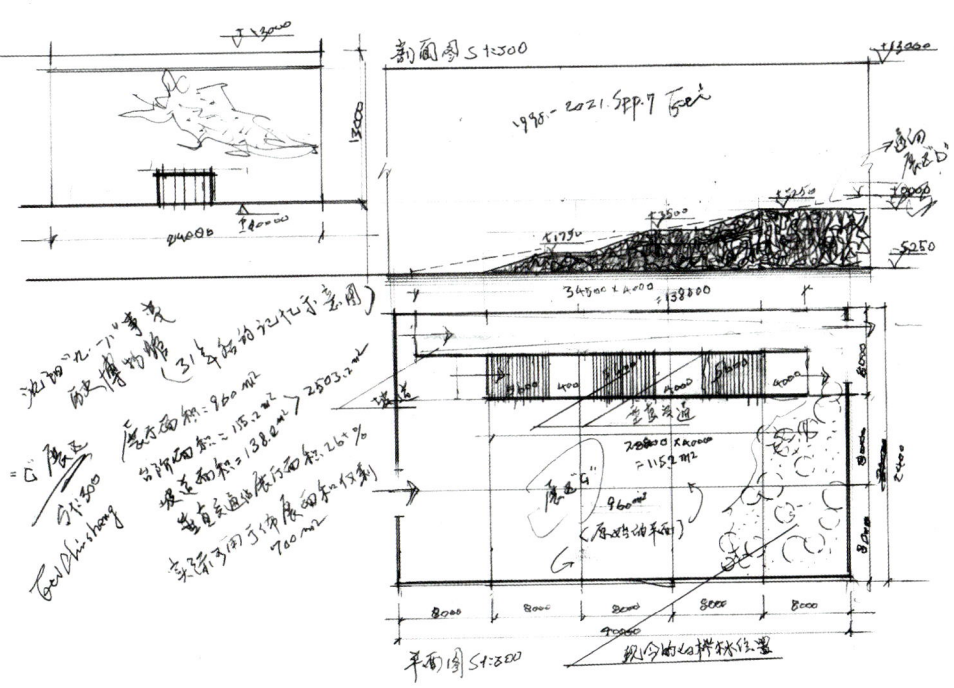

图6 30年后根据记忆对C展厅重复测算，基本还原当时的C展厅的平面形状。

费老：

您好！

时值九一八事变爆发90周年、沈阳"九·一八"历史博物馆建馆30周年的特殊时刻，在中国人民抗日战争暨世界反法西斯战争胜利76周年纪念日这天，我写下采访邀约，似乎恰巧证明，这是特殊的缘分和使命。

作为沈阳日报记者，我十分荣幸接到了专访30年前沈阳"九·一八"历史博物馆总设计师的任务，并通过博物馆联系到您。听闻您非常支持此次采访，我既感动，又忐忑。现草拟几个问题，姑且叫做"采访提纲"，希望能通过此次采访，了解30年前设计沈阳"九·一八"历史博物馆背后的感人故事。希望在不影响您休息的情况下，进行简短采访。

我会将此次采访，视为职业生涯的高光时刻，并一直引以为傲，鞭策自己！

再次感谢您！

谨祝夏安，顺颂秋祺。共愿我们的祖国永远强大，国泰民安！

沈阳日报文体新闻部记者 刘海搏
2021.9.3

附：费钦生老先生采访提纲（沈阳日报）：

1. 当得知要设计沈阳"九·一八"历史博物馆时，您心情如何？
2. 博物馆的整体设计理念是什么？
3. 在设计过程中，印象最深刻的是哪件事？

注：此次采访以呈现故事为主，请老先生多多回顾当年的感人故事和心情。讲述内容不局限于此，老先生也可以说自己想表达的、关于沈阳"九·一八"历史博物馆建馆时的任何话题。

图7 刘海搏来信与采访提纲。

宁静的辉煌
——读淄博市博物馆"西汉齐王墓陪葬坑陈列"

西汉齐王墓墓群位于山东省淄博市临淄区西南方向的打虎山北麓。20世纪70年代末淄博市博物馆对该墓的5个陪葬坑进行了为时2年的考古发掘，出土文物达12000余件，是山东省当年的一项重大考古发现。其中出土文物精品迭出，包括举世瞩目的矩形大方镜、大银盘、银盒等。90年代初部分出土文物曾在该馆的"齐文化大展"中展出，部分精品文物又多次选送出国展览，在国内外文博界具有重大影响。这次淄博市博物馆从2008年起历时3年，经过精心策划、研究和陈列艺术设计，对齐王墓陪葬坑出土文物进行全方位的系统展示。这是一项以文物实物为主题，从考古学视角展示其发掘研究成果的专业性非常强的展览，按说像这样性质的展览要做到通俗易懂，并非易事，对普通观众产生有感染力的效果实难做到。特别在当今博物馆陈列展览越做越花俏，布展追求什么"星级"豪华，滥用灯光、乱用高科技甚嚣尘上，似成不可逆转之势的情况下，齐王墓陪葬坑陈列设计能做到如此清醒明目，宁静不失辉煌，我感到应该予以褒扬和值得研究分析。

"宁静的辉煌"是世界级建筑大师贝聿铭先生为上海博物馆展览图集的题辞，反映了贝先生对博物馆陈展艺术设计的见解和期望，我是非常赞成的。博物馆终究是文化教育机构，不是皇家殿堂，不是庙宇教堂，更不是星级酒店或游乐场，没必要把展览设计得热闹，让人看来眼花缭乱、心情浮躁。相比之下西汉齐王墓陪葬坑陈列设计拒绝了浮躁而讲究文化品位，具有示范意义。设计师立意把枯燥乏味的考古展览做到为观众喜闻乐见而又不哗众取宠，更不从进口图册抄袭搬弄时尚，而是脚踏实地，深入研究陈列内容、文物考古，更可贵的是深入考古现场去探索形式设计的母题，探索"坑"的意韵，使完成的陈列空间营造出身临发掘现场的环境来鉴赏文物。这里的展墙即是坑壁，不是简单地用泥巴往墙上涂抹，而是从齐王墓封土断面上翻模而后取墓土复制成展壁，不是笨拙泥古，而是坚持考证严谨，一丝不苟的态度（图1—图4）。陈列的色调设计也是有根有据的红与黑，因为出土的大量漆器都是红黑相间，且有文献记述，汉时人们尚黑又尚红。展厅地坪更用不髹漆的老榆木铺装，可理解为墓坑中"椁"的寓意。因为汉墓内原是有椁的，已经糟朽，这样的铺装不是简陋粗糙，而是粗犷又不失精心设计的寓意。设计师把展柜、展墙、天顶、地坪都看成是陈列语言，表达要素、用来叙事，同时致力于文物研究及文物组合，诸如辅助陈列中视屏及数码3D投影也用得恰到好处，密切结合文物正确传播了历史考古信息。陈列语言运用贵在含蓄不直白。例如陈列中展出的一件饰金银铁甲（复制品），设计师没有用蜡像把铁甲穿起来，而是设计了一具拟人头的粗实立柱，以粗犷简练的刀法削出菱形"眼睛"，在光影下突显出一位武士紧锁双眉的威武（图5、图6）。虽然这是一个细节，但却显示了设计师的用心和美学修养。在不露设计痕迹中露设计，是一种艺术境界。

图1

图2

图1、图2、图3、图4、
图5、图6、图7、图8
西汉齐王墓陪葬坑陈列。

图 3

图 4

图 5

图 6

齐王墓陪葬坑出土文物陈列的展出面积不大，仅600平方米不到，而出土文物多达12000余件，文物该怎么选，是个难题。从观众利益考虑，让观众看到更多文物当然好，但展出面积有限，于是就有"螺丝壳中做道场"的设想——拓展空间利用率，把地下空间也利用上，把"墓坑"复原到地坪下，并在上面铺装透明的钢化玻璃。不仅利用了空间，又是切题的创意。（图7、图8）

图7

图 8

据我所知，这个展览设计施工造价馆方仅投入百万余元，但布展设计要求却不能降低，须维护高水平的施工与艺术质量。这就要求精心设计、精心施工，才能达到预期效果。真正做到"粗粮细作"，证实了低投入也能产出高水平陈列展览来。

这里有条重要经验。齐王墓陪葬坑展览的策划设计启动于 2008 年，早于展出 2 年时，该馆就把设计师与考古人员、专家学者组织在一起，共同研究陈列内容与陈列形式设计。这里不存在谁先谁后、谁主谁副，而是相互渗透，你中有我，我中有你。这是办展成功的重要经验。因为设计师是博物馆体制内的人，体制外的设计师在内容设计与形式设计上能有 2 年共同磨合设计的条件吗？不可能！在"设计施工一体化"语境下至多 30 天！这无怪乎体制外企业中设计师的"无能"。形式与内容需要有磨合推敲的时间历程，没有时间磨合，于是便千馆一面满天飞了。我们始终要记住：陈列内容是研究工作，陈列形式是陈列内容研究的继续与发展，没有这个过程，能做出像西汉齐王墓陪葬坑这样有特色有风格的展览吗？（本文所指项目展示设计师是淄博市博物馆安立华先生）

17 "双胞胎"案

　　艺术创作之道贵在创意。绘画、雕塑、建筑以及文学，无不贵在创造。自古以来大师辈出，对于初步涉猎各艺者，摹前人之作，作为学习进阶，当无可非议。但学成之后就该有自建之创造，特别是成家有名之后，应该列为规避与自律，不可再摹。摹者即抄袭！抄袭者或可以用"向×××致敬"为托词，但最终露出马脚，让人嗤之以鼻，殊不可取。

　　大概念的展示设计可包括一切具有"Show"含义的事物。例如建筑设计、展示设计及博物馆展示设计。论及模仿以至抄袭，在江南一带俗语来说即谓"双胞胎"案。所谓抄袭必分前后，前人是创造者，后人是模仿或抄袭者，这是分水岭，是划分的标准。先列标准，后举数例。为避尴尬，不举抄袭之名，反正"你是晓得的"。

　　例1：图1是1992年西班牙塞维利亚世博会安藤忠雄所作日本馆设计。一看便明了，这是传统木构建筑构件"斗拱"被简化了的部件，支撑起日本馆的进入口。因为这是项临时建筑，世博会后须拆除，巨大的斗拱木方可再利用。图2是2010年上海世博会的中国馆，我就无须多言了。据说早有人提出问题，也有人不闻不问，付之一"建"。

图1
1992年西班牙塞维利亚世博会日本馆,安藤忠雄设计。

图2 2010中国上海世博会中国馆。

例2：图3是荷兰飞利浦公司的科技博物馆建筑，一只"巨无霸"的大"蚌壳"。图4是上海世博会文化中心，也是一只大蚌。其实这些大蚌自有人爱好，全球不仅是两只。

图3　荷兰埃因霍温飞利浦公司科技博物馆（飞碟大楼）。

图4　2010上海世博会文化中心。

例3：图5是美国20世纪末建于波士顿的市政厅的办公楼。图6是中国山东省博物馆新建馆。其主立面如同一块模板扣出。

图5 美国20世纪末建于波士顿的市政厅办公楼。

图6 中国山东省博物馆新建馆。

例4：图7是德国柏林犹太人博物馆"暗无天日"（大屠杀塔）。系美国RAA公司拉尔夫·阿佩尔巴姆设计。图8是南京日军大屠杀遇难同胞纪念馆的尾厅"十二秒"。二者也是同一模板扣出来的"双胞胎"。据说出自RAA的投标方案，也有说是某人创意或某个设计公司的杰作。若是RAA的方案，也不过说明拉尔夫"黔驴技穷"了。反正国人没有多少参观过柏林犹太人博物馆的，模仿一下创意不妨一试。这类境外展览公司骗人的行径可举的案例不仅此一例。

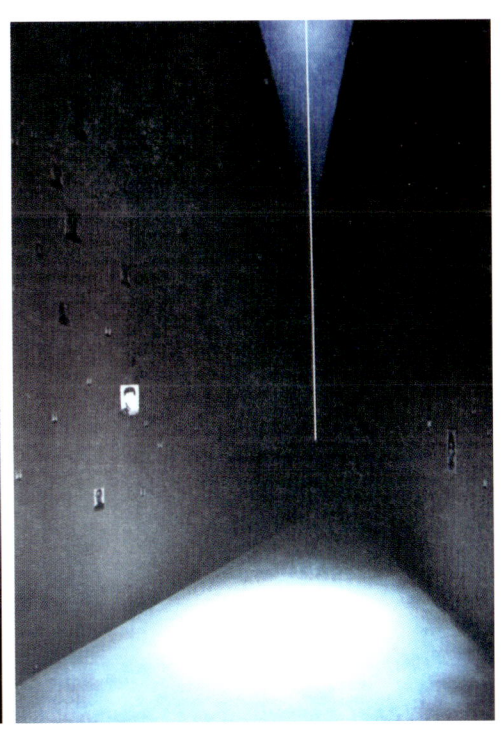

图7　德国柏林犹太人博物馆"暗无天日"（大屠杀塔）。
　　 美国RAA公司拉尔夫·阿佩尔巴姆设计。
　　 资料来源：英国大卫·德尼著《英国展示设计高级教程》。（2007年）

图8　中国南京日军大屠杀遇难同胞纪念馆陈列尾厅的"十二秒"。
　　 设计创意来源：美国RAA公司拉尔夫·阿佩尔巴姆"南京投标方案"。

例5：图9是以色列耶路撒冷犹太人大屠杀纪念馆"遇难者姓名厅"。展厅中央高悬一顶伞状圆穹，内侧满布遇难者肖像——今已不在世的遇难者的肖像。可能由于震撼、触目惊心，这个装置曾被国内多家博物馆"移植"。比如图10是重庆红岩魂陈列馆的牺牲烈士厅，可作下对比，如出一辙。

图9
以色列耶路撒冷犹太人大屠杀纪念馆"遇难者姓名厅"。（图片引自上海《新民晚报》，2015年）

图10
中国重庆红岩魂陈列馆的牺牲烈士厅。（图片引自纪念馆书系：《陈列》，p.174）

例6：图11、图12、图13是法国设计师Paul Chemetov与Borja Huidobro Humidor为巴黎首都植物园"进化大厅"展厅而作的设计。其采用非洲大陆动物生态标本排成声势浩大的列阵，从地下一层走向地面。由于"声势浩大""弹眼"，使国内多家博物馆仿效、"移植"、"致敬"。图14是天津自然历史博物馆展览大厅设计。那真是座现代版的"方舟"，把世界的各种动物包括中国大熊猫都没有落下，一股脑儿融进同一生态的"大迁移"之中！

来自非洲的动物（标本）"挣脱"了玻璃展柜，在"仿生展"上徐徐漫步而来。（法国 Paul Chemetov 与 Borja Huidobro 设计，1994年。资料来源：英国大卫·德尼著、韩薇译：《英国展示设计高级教程》，上海人民美术出版社，2007年）

图11、图12
法国巴黎首都植物园"进化大厅"。

图 13 法国巴黎首都植物园"进化大厅"。

图 14 天津自然历史博物馆的"大迁徙"。

好了，仅举 6 例。绝非发难！

最后想说的话，是期盼国内设计师（我指的是国内所有从事设计的设计师）引以为戒。期待设计师们拥有文化自信，须自律、自爱、自重，这个底线决不容许突破。

18

劝合不劝分，展示设计导演论

话说天下大势，分久必合，合久必分。此乃《三国演义》开卷之词。

2021年11月，《新民晚报》发表吴兴人文章《中国古代何时实行分食制？》，隔了几天，又见金山博物馆公众号"金小博"作文，标题与该内容相近，以为"金小博"与吴兴人是同一人，发了问询。回音是"劝分不劝合"。似双关语：一是区分"金小博"不是吴兴人，一是区别分食、合食。这实在是个误会！我是出于好奇绝非发难，好在我的问询还包括感谢"金小博"在公众号中图片配得好。

好了，上一段的话只是"引子"，言归正传，讲讲本行当：博物馆展示设计的事。

我是20世纪30年代出生的人，1954年入职上海博物馆陈列部，改行干起博物馆陈列设计。一路走来，自认陈列设计师即戏剧电影艺术的导演，觉得自豪！最早闻此说，是当时市文化局社文处处长、后来出任上博馆长沈之瑜（茹茹）的话。后来读到吴劳先生的《展览艺术》，也有此说。陈列设计＝导演！这个比喻太好了，深入了我的骨髓，成了设计思想启悟、设计实践指南，陪伴终生，指导我一生的设计实践，成了思想财富。

编剧与导演是戏剧艺术的灵魂，统筹戏剧艺术成败。这里的关键词是"导演""统筹（筹划）"。所谓"导演""统筹"就是"一统到底"全包，对戏剧成败负责。

陈列艺术设计亦是。我们可作一下比较：

编剧＝陈列内容编辑。现今叫作策展，编写展览文本，相当于欧美博物馆 Curator 的职务，中国博物馆体系内没有这个职务。但有"策展人"的称谓。凡内容编辑，先有选题，继有设想——写个大纲，大致等同于文学剧本，最后形成剧本，即陈列策划文案、文本、展品目录的总案。其中陈列大纲，或称陈列体系，即戏剧剧本，亦是导演之本，亦是设计师之本。

导演＝展示设计师。导演之岗位在于舞台，舞台＝博物馆展厅。导演的工作对象是演员，演员＝博物馆藏品——展品，包括辅助陈列品。

设计师拿到陈列文本（剧本），开始展示设计，这是一个从思想精神转化为物质存在的过程。馆方会提交大纲、展品目录、展厅建筑图（平面图、剖面图等），称为"三大文件"，是展示设计的依据。

导演的职责在于统筹。他需要研究舞台的空间，指导演员如何演戏，分配角色、化妆、服装；要为演员说戏，设计走台；他需指挥布景、道具设计，乃至舞台灯光与音响效果，"一杆子"统筹到底！

展示设计师的职责也在于统筹。他拿到"三大文件"，首先需研究陈列文本，熟悉展品目录（展品尺寸、质地、重量、完整状况）。其次研究展厅空间，推敲展览内容的空间布局，参观流线走向、空间导引，设计展览装备：展墙、展架、隔断、展柜、展台、支架以至铭牌，设计展示灯光照明，以及音响效果，也是"一杆子"统筹到底！

在这个过程中，设计师有没有"导演意识"是个很关键的问题。

譬如说对演员——展品的导演。对展品也需要导演？当然需要！如实物展品——文物、标本；辅助陈列展品——文字、铭牌、图片、图表、地图、沙盘、模型、幻影成像、空间创造的场景、戏剧化演示、影像视频、数码技术，等等，无不充满导演的可能性。就从最传统的实物展品的导演来说，化妆与服装，当然不可能直接在展品"脸上"有作为，而是展品陈列的位置高低、展品陈列构图，背板与积木座配色与材质肌理的推敲研究，以及支架镶嵌、灯光效果，等等，设计师无不须有导演意识去做好设计！至于辅助陈列，特别是场景、戏剧化演示及视频音频、数码艺术创作，那就正儿八经须担当导演，或正式聘用正职的导演呢。

再如导演须对演员有说戏之职责。对展品也需要说戏？当然需要，也有可能。这就是对展品的解读，推敲陈列在艺术上的表现手法，讲句"行话"，即陈列语言研究。设计师在拿到陈列文件之后，从陈列文字转化为陈列艺术形象，设计师就担起导演之责，想尽一切办法让实物与辅助资料配合，在无须文字表达的基础上让文物标本"说话"。说白了，说戏就是解读陈列，功夫在于如何组合展品。这个功夫上半段在于陈列内容设计，下半段在于设计师。

再说导演的走台推敲。设计师也须有"走台"呀！就是建造展厅模型来检验展示的空间效果。不知道现在的设计师有没有这个设计程序。我们那一代人都有这个程序，再节俭也要做个简陋不堪的纸板模型作为走台研究。

电影导演还有一个编写分镜头剧本的绝活，不仅是写，那真是用图绘划分分镜头剧本呀！它用来指导摄影师如何拍摄电影。设计师用手绘图表达展示空间及文物组合状况、推敲未来展示效果，是设计师的基本功。不知现在的设计师还有没有这个基本功。

戏剧、电影的导演对道具、灯光、音响的要求几乎到了苛刻的程度，因为这些对于导演来说，都是构成戏剧、电影艺术生命力、感染力之所在，优秀导演都会"穷讲究"，有责任心的设计师也无不如此。

我们这些老一辈的人可能很传统，可能很顽固。自信设计师＝导演。而且是一统到底、亲力亲为的"统筹导演"。至于现今可能是不合时宜了。

当今社会分工越来越细化。展览设计企业，把展示概念设计、深化设计、平面设计、版式设计、柜内设计、施工图设计……都一块块分割了，"统筹导演"还能起什么作用？连内容设计与形式设计，在"设计施工一体化"语境下都被人为割裂了，博物馆体制内的设计师还能担当起陈列艺术（内容与形式）的导演吗？

去导演！或许最合时宜？！

事涉展览艺术，分好还是合好，切望关注。我意在于"劝合不劝分"，让导演"一杆子"到底最好，这是符合博物馆陈列学（展示学）或陈列艺术规律的。

19

轻声漫语 70 则

轻声漫语 1

博观而约取，厚积而薄发，是治学的一种境界。

轻声漫语 2

《国家人文历史》杂志 2013 年第 18 期有文提及 ZARA 时尚服装经营之道（理念）："一流的设计，二流的面料，三流的价格。"它从不做广告，但在世界各地的门店都与世界顶级时尚品做邻居，**这是身价的象征，不是广告的广告而风靡世界**。这与我的展览设计理念之一"粗粮细作"相符。

轻声漫语 3

上海著名电视节目主持人印海蓉首创了"体验式报道"风格，现已成为上海电视节目的一个特色。印海蓉说："新闻主播不是念字发声的读稿机器。我们表达的终极目的是揭示文字背后的内涵，传递一种态度和正面的力量。如果光凭想象，不走进现场，不近距离触及采访的对象就不会有那么深刻的感触，表达效果自然会大打折扣。"

她又说："当我面对镜头由衷地道出自己的真实感受时，相信观众也一定会被感染的。"

真是只有感动了自己才能感动别人。博物馆展示设计师或讲解员何尝不是如此。如果我们对展示内容中的人、事、物自己都毫无感觉，如何才能够使作品去感动观众？道理是一样的。

轻声漫语 4

名人故居可以建成纪念馆，可是纪念馆绝不可能等同故居！故居只能建在原址故地，纪念馆却没有这个限制。只要建馆地有因缘关系就可考虑建馆。在北京香山脚下植物园内的黄叶村39号即是曹雪芹纪念馆，而非曹雪芹故居。它经红学家们多方考证而还原，按清朝八旗样式布置而成，同样可以供人凭吊感怀。只需将真实具象作为依托去思念、去圆梦、去寻觅、去审美，这是一种再创作。

这样的纪念馆很可能是种发展趋势，就像英伦的福尔摩斯故居博物馆，此时假作真时真亦假，以假乱真，变假成真。

轻声漫语 5

博物馆三性的A、B、C、D说。

A. 博物馆机构本体：专业性收藏机构、学术性研究机构、全民性教育机构，即博物馆三性，亦即博物馆功能，当代博物馆已把教育功能调整到了第一位。

B. 博物馆社会属性：公共性、公益性、非营利性。

C. 博物馆教育属性：科普性、美育性、寓教于乐性。

D.博物馆展示三性:物证的真实性、信息的逻辑性、传播的有效性。

轻声漫语 6

作文、画画、作展示设计切忌一个"矫"字。矫文、矫画、矫设计,等等,都会让人起一身鸡皮疙瘩,是会让人受不了的。如果能做到措词平和明白就可以了。平和明白是一种境界,它不是平庸单调、毫无生气,特别是从事博物馆展示设计。

轻声漫语 7

2013年10月2日见报道:故宫在国庆节当天接待游客17.5万人次(2012年10月1日游客达到18.2万人次),可以说是人满为患。我想问,博物馆涌入太多人流究竟是好事还是坏事?在几十年以前,譬如说20世纪五六十年代,博物馆可谓门可罗雀,到当代,博物馆若能门庭若市也足以满足了。我真的不敢想象,要是在地方博物馆,虽有上万平方米的馆舍,若一天涌入几万观众会产生怎样的局面!

门可罗雀不好,人满为患亦很可怕。若在博物馆每个展柜边上有四五个人围着观看,能够细细品味、静静观赏,那该多好!

轻声漫语 8

生活低调，知足常乐。这是人生格言。但仔细想想亦不尽然，譬如对读书、求知，对学术、对艺术的探索就该永无止境，永不满足！

轻声漫语 9

从事博物馆展示设计犹如说话，学说话要遵守"三要"：一要说真话，决不说假话或含混不清的话；二要说有意义并符合逻辑的话；三要讲朴素又生动的话。若讲话能表达新思想、新见解，让人听来能渐入佳境，别有洞天，豁然开朗，那就更好了！

轻声漫语 10

果戈理说："建筑是世界的年鉴。当歌曲和传说已经缄默，建筑依旧还在诉说。"怎么理解？因为建筑是物质文化，诗歌、传说是非物质文化。前者是空间的存在，后者只存在于过程中。同样是文化，空间存在具有永久性，而过程存在需要传承才能永久。

由此想到展示艺术，它虽不如建筑，就其"寿命"而言长不过八九年（这是指中国博物馆，比之大英自然历史博物馆的基本陈列长达两个世纪不变，至今仍可见到当年陈列面貌），短的仅存在个把月。但作为博物馆展示设计师来说，并不可因其存在时间短而马虎应付！我们应像建筑师那样对待建筑设计，持着严谨、精心去设计，细致入微地做好博物馆陈列。这是责任，也是态度，不要留下本可以避免的任何遗憾。

轻声漫语 11

摄影艺术应守三律：

1. 以客观现实为记录的底线——真实。无论是新闻摄影还是纪实摄影，目击现实，客观地再现真实。

2. 要具备主观的艺术创造要素。强调作者的创造力，营造作品之情绪化。

3. 照相机作为创作工具，运用技术，发掘客观世界的美。实现技术与艺术的统一，客观与主观的统一。

轻声漫语 12

Curator 是什么？现代中文译为"策展人"，我以为大不妥。回顾 41 年前我在美国博物馆时认识的所谓 Curator 应是博物馆人职务上的一种称谓，是指博物馆学科部门的负责人。他统管文物保管、学术研究、展览策划。大概相当于中国博物馆的部门主管或主任之类吧，但又不完全是。在我的认知中，Curator 在博物馆学科部门一般掌管五大方面的工作：

1. 负责管理本学科的文物标本及其征集。

2. 从事本学科的研究；策划博物馆的基本陈列、临时展览，兼及相关的公共传播；指导博物馆教育方式方法，等等。

3. 负责本学科的社会公关（公共关系），与社会上的学者、藏家、拍卖行、画廊老板等保持密切联系，并建立良好的感情和友谊。

4. Curator 本身就是教授，不仅在大学兼职，往往还是该学科的领军人物。

5. Curator 还要培养学生，培养博物馆未来的 Curator。

有鉴于此，我认为 Curator 就是 Curator。没有符合"信达雅"的中译名也无妨，就称 Curator！但绝不能直指为"策展人"。

原来事出必有因。始作俑者是那位安德理雅·乔治女士，她写了一部书 *The Curator's Handbook*，中译本为《策展人手册》。封面上标有"适用于博物馆、画廊、商业策划"。这下好了，"策展人"从此满天飞，成为热词！

我知道英国博物馆协会有本杂志就称 *Curator*，是专门为英国博物馆的 Curator 们提供的学术交流园地。我退休 30 多年了，也没有去图书馆找，不知现在仍在出版否。

轻声漫语 13

"博物馆疲劳"是个简称，完整的意思应指观众参观博物馆展览产生的疲劳感，而正因为这个疲劳感大大地影响了观展效果——教育效果，所以成为博物馆人十分关注的问题。究竟是什么原因才使观众产生疲劳？众说不一。有人认为是信息过剩，导致认知疲劳；也有人认为是心理或生理原因造成疲劳感；甚至还有人认为博物馆地板太硬，加上参观流线太长致使疲劳不堪。

以我从事博物馆的经历来说，曾在 20 世纪 50 年代末 60 年代初在北京通过对军博、革博、历博的观众调查（问卷和跟踪采访、统计）得到相关证实：设定全部陈列的信息量代入百分比 100、参观流线超过千米的话，再问观众"观后感"，譬如说观后印象、感兴趣点、记得哪些陈列内容，我惊奇地发现，很多观众竟一脸茫然！根据当年统计，能回答出 5%—6% 的可认为办展基本成功，能回答出 10% 的可谓优秀效果，要求 100% 几无可能。更多的观众反映的是参观时间太长，走得疲惫不堪。要知道当年军博如要看完所有陈列展览得走 20 公里路程！要在一天看完几无可能。

由此我们得出一个结论：观展时间过长是产生疲劳的根本原因。也由此导出了另一结论：一项主题陈列最佳的观展时长宜控制在 90 分钟以内，并由此推导出最佳参观流线长度及展示面积。而展览内容过度丰富，信息过剩，都应视为筹展禁忌，短小精悍的展览最好。

这一论点是否站得住脚？且看实践的检验。

轻声漫语 14

罗马的猫很幸福。住有斗兽场，吃有淑女绅士奉献的猫粮，绝无风雨饥渴之忧。罗马的猫爱交际，爱聚则聚，愿散即散。往来如愿，自由恋爱。既无炫富、露穷、贫贵斗嘴之忧，更无钩心斗角的政治之争。罗马的猫很有教养。周边有千百年文化艺术遗迹足供熏陶，又有世界四季花木可以养眼观赏。可以闲庭信步坐坐躺躺，不受约束；更有自由之思想、独立之精神，无人能干扰。所以罗马的猫很自在，跟世界其他之猫很不一样。

轻声漫语 15

　　博物馆疲劳：喋喋不休、味如嚼蜡之讲解的听觉疲劳；眼花缭乱、繁琐浮躁的视觉疲劳；看不到尽头、冗长陈列的体力疲劳。疲劳是种表象：视而不见、充耳不闻。究其原因，说教太多，文不及读；光色太烈、造型太杂，都是原因。但体力疲劳的原因不在展线过长、地板太硬，而在观展时间过久！正常人步行千米轻而易举，如观展走千米，以每分钟逗留 3 米计，则需花上 5.56—6 小时！即便不读文字只是观看，站立 5 小时，试试这是什么滋味？我请博物馆的 Curator 们设身处地地想想，人性化策划设计理念有多么重要！

轻声漫语 16

　　话说 Package 即"包装"一词的现代概念是什么？是商品的装潢、装饰、美化，于是把它包裹一下，吸引顾客买单？这当然是不错的，于是也就有了适度包装和过度包装之议。但我的理解，商品之须包装除了商品安全保护之外，更重要的是说明商品的性能、用途、质量、使用方法之类。记得我幼年时，我母亲多病，求医问诊，经常配方抓药。20 世纪 30 年代，中药房按医处方配药，每味药都是分开包裹的，如上海童涵春、蔡同德等著名药局对每一味药的包装都十分讲究。包装纸多用宣纸，除了注明药名、性能、功效等简要文字外，还有图画。文字、图画都是毛笔描绘、木刻印制,十分好看。有时还是套色的,用现在的话描述都是动物、植物生态画,很养眼,有鉴赏价值。儿时的我虽识字不多,却富好奇,喜欢收藏。日积月累把母亲治病煎药拆下的包装纸收集成册,随时翻翻观摹,长了不少知识。诸如"党参黄芪、白术当归、丹参牛膝、川断杜仲"之类都会识别。可惜这类包装纸未能保存至今,如今再也见不到这样的包装纸了。在今天看来,这些花纸头最形象地诠释了所谓包装的基本概念,即对物的包扎外的商品注释,我想这就是 Package 的原义。如今 Package 一词已被引用到博物馆展示设计中,可千万不能理解成是对文物标本的 Package Design,而应理解为对文物标本的正确解读,文物标本不需你美化装饰,尤其是过度的美化装饰。设计师只需对文物标本抱敬畏的态度。联想到 20 世纪 50 年代初,米哈依洛夫斯卡娅写的《博物馆陈列的组织与技术》一书中,把陈列艺术设计说成陈列艺术装饰,是不够准确的。因为找不到原文,不知是翻译错误还是原文原义错了。

轻声漫语 17

目前博物馆陈列展览批评机制和评价体系缺失,从学术与艺术视角看,甚为堪忧。虽然每隔两年有评全国博物馆十大精品陈列之举,却不能替代对陈列内容与艺术形式的批评。例如陈列设计(内容与形式)同质化,千馆一面,缺乏特色,未能抑止即是问题。博物馆展览应属文艺批评,开展文艺批评需要有勇气,不怕得罪人，需要鼓励和提倡，更要防止"你好我好大家都好"，不需溢美之辞！

我心目中的评价体系应由五大部分组成，即**学术性评价标准，艺术性评价标准，教育效果评价标准，科技应用评价标准，技术经济评价标准**。评审实践须掌握五项标准之间的平衡关系，标准的修订应具有可行性、前瞻性、引导性与鼓励性。

起草班子的组成，应由跨学科、跨行业公认的权威专家团队组成。这个起草班子亦该是陈列展览的评委团队。人数也不宜多，评委团队应该是固定的，每届评委任期至少两年，退一补一，退二补二。老实讲，我对"专家库摇号"随机产生评委觉得靠不住！另外，评委对参评项目宜作实地考察，纯凭申报材料看录像也是靠不住的。我有这样的经验教训。我当过四届评委，而今早就远离了，不过情有所系，还是关注每届评选十大精品陈列。有一届上海龙华烈士纪念馆申报参评，我光看《中国文物报》整版申报材料，也搜罗网上视频反复观看，感觉平平，最后揭晓落选以为必然。半年后我应邀到龙陵现场参观陈列，却大受感动。从内容到形式设计，**跨界设计的理念非常突出，成果累累**！特别是龙华二十四烈士，既是雕塑更是舞蹈，既是音乐更是数码视屏，在博物馆剧场里演绎二十四烈士壮烈牺牲的时空交织，使人潸然泪奔！这就是我说的两个"靠不住"原委。

轻声漫语 18

博物馆陈列展览不在于求大求全，而在于求精、求特、求真实。拿中国历史陈列来说，上下五千年历史有哪家通史陈列是真的又大又全的？我看是挂一漏万，很是普遍存在。因为历史陈列需由文物支持，历史陈列又只能表现历史重大事件、重要人物，而历史陈列事件发生过，历史人物亦存在过，恰恰没有相应文物、遗物的支持，如陈胜吴广起义，只能靠史书文献的文字记载。但博物馆是靠物在空间中展示历史的呀。历史陈列缺失历史文物的支持，在博物馆陈列中是相当普遍的现象。当然我们不可以排斥文献资料的陈列。问题是不能用空间形象展现历史，但又需要注意考量文献资料的展示方式和解读，求助于辅助陈列资料——即物质的、艺术的、具有美学感染力的技术手段来展现历史。这就涉及技术手段的另一问题，即须建立严谨的考证过程，使辅助陈列资料事必论之有据，杜绝臆想，切勿凭空"创造"！

轻声漫语 19

2014年上海作家王安忆应余光中学术基金会之邀来到台湾高雄，与骆以军、黄锦树先生等人，在驳二 BIO 仓库的"In Our Time"电台食堂，举行了一场"小说能做什么？"的座谈。王安忆谈到小说，有一段话是这么说的："小说可以让大多数人读懂，它不像诗，诗是比较高深，它比较需要你有很好的美学修养，小说它跟你讲一个最最世俗的故事，它可以让最多的民众接受，你只要识字就可以，哪怕你不识字你听我说就能懂。"

王安忆讲得多好！这使我想起近年来博物馆策展人编写陈列主副标题时，为了显得有文采，拟题趋向诗化的现象，甚至直接摘自《诗经》某一句代题，一时让没有读过《诗经》的观众丈二和尚摸不着头脑，"呦呦鹿鸣"……不知你标的展览是什么内容，讲的是什么故事。我是十分赞成陈列拟题须有文采的。但首先要点题明白，一看就懂，不需猜测，正如王安忆谈小说。因为博物馆陈列是种科普性教育，标题切忌晦涩，能朗朗上口便于传播就是好标题。

轻声漫语 20

英国肯尼斯·霍德森（Kenneth Hudson）写了一本书 *Museum of Influence*。文章举证提到了近 35 所英美国家博物馆，例如大英博物馆、美国大都会艺术博物馆、英国自然历史博物馆、法国自然历史博物馆、伦敦科学博物馆以及瑞士斯坎森露天博物馆，等等。

现在要问：何谓有影响力的博物馆？影响力表现在哪些方面？我梳理了一下，归纳出五个"高"：

1. 有高质量且丰富的收藏。
2. 有高水平的学术研究与出版物。
3. 有高水准的陈列展览、社会教育和文化服务。
4. 有高效能的管理体系，其经验可复制、可共享。
5. 有高能量有效的公关手段，包括社会宣传、社会联谊与国际交流。

结合我国 5000 多座博物馆、纪念馆，是否可以对照一下，有哪些国家的、地方的，公办的、民办的博物馆、纪念馆称得上有影响力的馆。

轻声漫语 21

博物馆教育在社会上常被称为"学校教育外的非正规教育"。这是个伪命题，是个错误概念，有误导之嫌。我以为博物馆教育就是博物馆特有的教育体系。它与学校教育、成人教育、职业教育等并存，没有什么正规与非正规之分，但各有特点和自己的教育方式方法。博物馆教育有三大特征：

1. 它不需考试入学，只分幼儿、少年、成人，以吸引不同观众参学。

2. 它没有学校普设的课程和教科书，但它有自己的教材内容和特殊的教育方式方法；寓教于乐，寓教于休闲，或寓教于旅游。

3. 它没有学制和考试，但有特色的教育效果考核体系，即博物馆社会观众调查、统计分析与评估体系。

博物馆经历了不同时代，其功能也与时俱进。经农耕经济的收藏，随之产生鉴赏、研究，并萌育一定的传播（教育）；又经历了工业革命，教育功能的被发现与开发，直到今天知识网络时代的多元文化教育共享。传统的收藏、研究、教育三大功能排序颠倒过来，列教育为博物馆第一社会功能，这是时代的需求与挑战。博物馆机构的社会性质属于教育机构将被终极确认。

轻声漫语 22

戏剧体系有俄国的斯坦尼斯拉夫斯基，京剧演艺有梅兰芳京剧艺术表演体系，博物馆展示设计是否有体系可言？其实早在 20 世纪 90 年代日本学者高桥信裕（日本乃村工艺社设计总监）就归纳过，他认为博物馆展示设计体系由四大部分组成：

1. Systematic Display（Installation Design）〔展示体系（装置谱系）〕。

2. Exhibit Space Creation（展览空间创造谱系）。

3. Thematricalized Presentation（戏剧化表演谱系）。

4. Theme Museums and Park（Amuseument Park）（主题博物馆公园谱系）。

高桥信裕的博物馆展示谱系条理清晰，可以绘成一棵谱系树。所谓谱系也就是展示设计体系。这是日本经历无数个设计实践的经验归纳出来的，包含着设计体系的内涵与外延，具有认识和启发指导的意义。**然而所谓设计体系实质是设计理念与设计思想的培育发展的过程存在，在当今和未来的实践中会不断发展充实，吐故纳新，而不应成为束缚创造思维的羁绊。一切艺术贵在创造！**

轻声漫语 23

日本作家山下英子创造了一个新词"断舍离"。她指出当代社会生活中许多人都追求物质生活的富裕，有强烈的占有欲，以至成为购物狂，于是不必要的物品越积越多，弃之不舍，留之无用，拖累了生活，使人成为物的俘虏。她认为人们应该觉醒，痛下决心把身边不需之物来个断舍离。仅留下必需之物，过舒适的、简洁的生活，让生活环境回归清静，远离物的诱惑，还生活的本真，轻装上阵去做好自己的重要事情。

这个"断舍离"新词创造得好！为物欲横流的浮躁社会下了一服清醒剂。

现在用来对照当今博物馆陈列展览情况，何其相似。

展览设计中不必需、不合适、看起来不舒服的东西未免太多。陈列设计文本越写越厚，资料堆砌做尽加法。作标题力求"文采"，搜尽华词巧语，更有甚者，不惜直取《诗经》。艺术形式追求豪华，采用高新技术趋之若鹜，滥用灯光照明博人眼球。滥用装饰符号，不顾"关公战秦琼"式时代穿越。凡此种种掩不住设计之浮躁与攀比情态，也与难以"断舍离"惯性有关。我曾遇到一次评标，有家设计公司送来的概念设计方案四大本，每一本厚度 25mm 以上，总重 6.1 千克！要知道这是个概念方案啊，若要深化设计，不知该重多少。有家南方博物馆每一展柜踢脚下暗嵌串灯，虽不见光源却在镜面大理石面上曝光了，满堂亮晶晶。还有一家博物馆曾经展示一棵出土青铜摇钱树，竟用红黄蓝白四色灯轮番照明。更有在地宫出土的唐代国宝展厅的藻井及栋梁彩画饰满明清彩绘。博物馆展示，尤其是古代文化艺术的陈列，应该对文物抱敬畏的态度，而不是跟文物抢风头。应引导观众集中注意力看文物而不见其他，这是展示设计的精妙所在，是设计的高境界。

轻声漫语 24

匪夷所思三则。

第一则，忌跟文物抢风头。

有家中原地区省一级博物馆，乃是地上地下文物富藏之区，尤其是汉魏隋唐之石刻艺术林立。在这样一座博物馆的大堂（Lobby）如何陈列、如何设计，乃是重中之重。但我所见到的是这样一幅场景：在正立面上有个比真人略高的古人，又开双腿，两臂高举，分托左右两头大象。这是件圆雕，看上去却像浮雕，人物与大象如同被揉皱了的铝箔，毫无雕塑感——缺乏雕塑应有的重量与体积感。据说乃是著名雕塑家手笔。要知道这是文物大省的博物馆大堂，收藏有多少古代石刻精品，面对石刻精品而不顾，却欲以自己的创作去比美，这不是向古人叫板吗？话说回来，博物馆也有责任，如果能找一座雄威的魏晋或隋唐的辟邪来镇大堂岂不更好？

第二则，明知不可为而为之的设计。

说起来这是很久很久以前的事了，先闻传说后见实况。事关上海鲁迅纪念馆陈列。说陈列室中有间十来平方米的铁房子，这是怎么回事呢？原来鲁迅先生在《呐喊》的自序中有这样一段文字："假如一间铁屋子，是绝无窗户而万难破毁的，里面有许多熟睡的人们，不久要闷死了，然而是从昏睡入死灭，并不感到就死的悲哀。现在你大嚷起来，惊起了较为清醒的几个人，使这不幸的少数者来受无可挽救的临终的苦楚，你倒以为对得起他们吗？"

原本是鲁迅先生的一个譬喻，说明鲁迅之所以要呐喊，唤醒人们，"寄希望是在于将来"。可是在展厅中出现这么一座硕大铁屋，不免让人感到突兀不易理解。后来我去看了，事实确实如此。正好遇上学校老师带学生参观，听到一位小学生问老师："是不是旧社会的人都住这样的铁房子啊？"后来我才知道，这个创意是当时博物馆管理者的执意之作，展示设计师非照办不可，是明知不可为而为之的。从甲方、乙方说来，设计师申诉无门，是"孙子"！

第三则，我亲历的"破墙而出"。

有个浙江地方史陈列项目，叙述民国时期浙江地方人士反抗帝国主义侵略的"保路运动"历史。为彰显这一运动的轰轰烈烈、石破天惊，陈列文本上特别注明"破墙而出"，指令设计师必须按他的设计置一辆1∶1的火车头撞穿一堵厚墙！我很为难，以为会让观众误解为是一场车祸，这个符号用不得。再说在铁轨上横筑一道墙也是不可思议的。当场拒绝这样设计。可是这事关重大的甲方、乙方呀！当时双方无语，事后进入施工现场，真的见到了"破墙而出"的场景，几近完工。我问施工方，回说是根据馆长的指示照做。这下我真的无语了！

轻声漫语 25

子曰："辞达而已矣。"就是说话作文把意思说明白就可以了。孔老夫子这句话，我们非常受用。譬如说，拟陈列标题简单明了即可，当然也要精确无误。因为博物馆陈列展览是传播人类智慧和知识，是科学普及，绝大多数受教的观众都是普通人，千万不可为求"文采"把措辞弄得佶屈聱牙难以读懂。试想如果观众对各级标题都看不明白，如何再能理解主题内容？如何才能激发起好奇心、探索心？这是个极简单的道理。当然我不反对拟题作文需有文采。

轻声漫语 26

博物馆展示设计，特别是人文历史、文化艺术的陈列特需追求境界。我的感悟是这是构思设计方案，或动手设计之前的"前置"。有没有这个"前置"将决定设计的"后置"——设计方案的终极效果。这种境界我称之为"有设计而不留设计的痕迹"。追求陈列设计的单纯凝练风格，简洁地突显文物，具体的手段就是"粗粮细作"，继承和发扬传统的工匠精神。拒绝粗制滥造，拒绝浮华，拒绝投机取巧，还文物陈列以宁静的辉煌。

轻声漫语 27

做学问须在疑处用心下功夫。小疑会有小悟，大疑会得大悟。因有疑才会产生解疑之欲，因欲而生探索之心，由探索而得到答案，这是一条必经之路，虽有曲径，终为通道。乃是悟道的起点、过程、结果，从而进入获智的愉悦佳境。

轻声漫语 28

2015年5月中旬有媒体报道：湖北十堰市组织70名市直部门重权在握的"一把手"进入公安监区，让在监的落马官员现身说法给他们上课,讲贪廉一念间、悲喜两重天的故事。此法绝妙,肯定有效。由此想到不妨让有关部门建一座沉浸式的廉政博物馆。这是座可以流动的模拟监狱,通过录音、录像、数码艺术制作,以经典案例还原落马官员的现身说法,让握有重权的干部接受廉政教育。这一设置第一次投资可能大点,之后的维护管理肯定不会很多,还是算得上经济的。试想沉浸的效果一定是能把受教育者浸泡至极。

轻声漫语 29

如果把博物馆建筑看成一棵树,它应该是棵沉静而巍峨的雪松,傲霜而挺立,气质不凡。而不是砍伐下来插在庭院中的枞树,被打扮成珠光宝气、花俏玲珑的圣诞树,气度不再,面目全非。

轻声漫语 30

吴良镛院士为在泰山上建泰山博物馆规划时曾说,他的建筑要长在泰山上,融于自然中。看看,吴先生有多谦逊。我读他的概念设计方案,何止是谦逊,而是谦卑自持,独显大度秀美,且与周边环境和谐相处。回想到贝聿铭的美秀美术馆、苏州博物馆,安藤忠雄的"埋在山下的美术馆",阿尔卑斯山上的博物馆"小筑",丹麦国家海事博物馆航行在"陆下",无不是巨擘之作,突显大家风范。相比国内某些博物馆身披黄金甲,唯求金碧辉煌的做派,贵贱优劣岂不昭然?我想博物馆建筑设计还须以还其布衣高士本色为要。

轻声漫语 31
　　设计师面对自然遗产和人文历史遗产时应持敬畏之心、谦卑的态度，谨慎地做好设计。切不可自恃有才，挑战自然，叫板祖宗，故弄玄虚，卖弄风情。应该知道自己的有限。

轻声漫语 32
　　就美学品位而言，博物馆建筑之美在于简洁中显壮美，陈列艺术之美在于宁静中有辉煌。这两点都是艺术设计的最高境界。

轻声漫语 33
　　博物馆陈列展览是博物馆教育的最主要形式。以春雨润物细无声的方式浸润灌溉，传播正确思想和先进文化知识，并以陈列艺术之美滋养广大人民群众。这亦是条规律，遵顺者获益得效，违逆者劳而无功。展示设计师不可不遵。

轻声漫语 34
　　有个市民政局的设计项目，讲民政工作是政府与民众之间联系的纽带。许多家展览设计公司的投标方案，都不约而同在序言厅到整个陈列的顶棚上拉出一条连绵不绝的红色布条，说是象征"政府与民众之间紧密联系的纽带"。这一设计不仅突兀，亦不易理解。所谓"纽带"是个比喻抽象的说法，若要具象表现须用心良苦、煞费苦心地思考的，不是简单地拉条大红布完事。正如要表现鲁迅精神"甘为人梯"，总不能弄把木梯陈列在展厅里吧。

凡此种种，遇上只能意会不可言表的展项决不可简单行事，而须用心思考。这是挑战展示设计师智慧和创造力的事。

轻声漫语 35

2007年中国建筑工业出版社出版了 *Designing Exhibition* 的中译本《展览设计实用手册》。其中第一章的第四节"目标的确定"（Goal Definition）中阐释了设计的终极目标，是这样概括的："**质量要坚固、安全、实用、美观。**"这与维特鲁威《建筑十书》提出的"**坚固、实用、美观**"相同。可见德国人是很重传统的。在这一前提下，展示设计应该达到的具体目标是：

1. 确定工作程序，排出工作序列（Ordinal）。对工作内容构建量化分析、定出分级及各空间占用尺度，并设法平衡之。

2. 做出数量统计（Quantity）。在此基础上规划展厅空间分配，以求整体和谐。

3. 配置设计文件（Disposition）。设计文件配置须完整，包括平面图、正投影图、场景效果图（即平面规划图、流线图及正视图和透视图)等。

4.艺术效果符合和谐(Eurythmics)。比例尺度上的高、宽、长的关系和谐,艺术造型优雅匀称。

5.整齐划一(Symmetry)。模数化,规格统一,比例合适,局部与整体关系协调。

6.适当的装饰(Decorations)。形式统一,风格一致,形象无瑕,遵循传统,顺应自然。

7. 空间分布(Distribute)。展览内容、展品与展示空间分配合理,展示方法符合欲阐明的陈列诸问题。

我感到这个展示设计工作序列非常好,也符合我的工作习惯,所以把它记录下来随时对照检查。

轻声漫语 36

如果你是位作家,有你的作品,有了你的读者,这就有了你的发声之地,实现了你存在的价值。故没有发声的地方一切都成狗屁!展示设计师也一样须有发声机会,没有机会发声,任凭你有天才、有学养、有优秀隽永的构思,一切也都是狗屁!所以设计师要珍惜每一个发声机会,不要怕困难,必须迎难而上。

轻声漫语 37

何谓"品位"?以人而言即是个人的情趣修养——学与养的总和。就博物馆而言就是收藏的质与量,以及学术研究水平及教育能量的总和。

什么叫"品牌"?品牌就是口碑、心碑的总和。是社会信誉的标志,不仅是名气,而且是社会公信力所在。博物馆因收藏水平、学术研究水平、社会教育水平而具有巨大的影响力。品牌的传播也许只要一个LOGO就足以立足世界。

轻声漫语 38

唐代韩愈写有《师说》一文,提出教育的目的、任务在于"传道授业解惑"。19世纪德国教育家第斯多惠也有名言:"**教育艺术不在于传授本领,而在于激励、鼓舞、唤醒。**"他俩一位是古人,一位是近代人,对我来说都有巨大启悟,指导我讲课时时刻刻记住他俩的教导。"**传道授业解惑**"与"**激励鼓舞唤醒**"必须并重。

轻声漫语 39

有位美国画家汤伯利,骑在别人肩背上不断摇晃,在一块硕大黑板上连续画了六排大圆圈,既不成画更不像字,2014年11月11日纽约苏富比拍卖行拍出成交价7.053万美元。这使我想起丹麦安徒生童话《皇帝的新装》,汤伯利就是那个骗皇帝做新装的裁缝,而拍卖行的人和竞拍者就该当皇上了!我很为收藏家抱怨,不是傻子就是白痴。

做人不可欺世盗名,更不可自骗自再去骗人,艺术家须自重。

轻声漫语 40

回顾生平，疏忽犯错、盲撞盲冲难免，但对写作我是敬畏的，用心蘸血为墨，不免幼稚笨拙，还是尽可能地实话实说，讲真话。但真要讲真话亦很难，时而沉默，时而你讲你的，我讲我的，规避正面冲突。因为讲真话真的需要勇气！若遇公众交流则决不吹嘘拍马，不玩手段，宁愿向壁。若遇攻击，不做无谓"争鸣"，低调守真，自律而已。

轻声漫语 41

博物馆展示设计十问。

1. 陈展策划是什么概念？策划的内涵、外延是什么？策划是个人行为还是团队行为？英文中的 Planning 与 Design 区别在哪里？

2. 陈列展览设计是艺术还是技术？

3. 陈列展览内容设计是学术研究，艺术形式设计有学术成分吗？

4. 展示设计师与学科研究人员的关系，是从属关系还是平等互融关系？

5. 把陈列展览设计纳入政府采购项目合适吗？招标确能保证公平廉政的纯洁度吗？

6. 在陈列布展社会化进程中，博物馆体制内的设计师还能做什么？陈列部或设计部须加强还是取消了之？有没有设置双轨制的可能？

7. 造成博物馆陈展形式同质化、平庸化、浮躁化的原因是什么？责任仅在设计师？

8. 陈列展览设计讲程式、套路，与创造革新的关系是对立关系还是辩证关系？

9. 博物馆陈展需要建立批评机制吗？艺术批评能替代展示设计批评吗？何谓展示设计批评？

10. 展示设计师应该是专家还是杂家？高校是培养设计师的唯一途径吗？我们要求设计师成为专家还是杂家？

轻声漫语 42

2014 年岁末年初，当时的上海市委书记韩正在对媒体人的一次谈话中说到，媒体人必须坚持"**内容为王，受众为本，采编为宝**"。此话虽然是对媒体人说的，启发我引申为展示设计，是否可略作修改为"**内容为王，受众为本，设计为宝**"？因为博物馆传播是授者与受者的关系，传播须传达能量，必须以内容的真确与真实为主。"内容为王"与"设计为宝"的关系，不是从属关系，而应互融互合。"受众为本"则是博物馆服务观众的终极目标所在，是存在于社会的价值所在。

轻声漫语 43

人说大学属性是"道德渊薮，文章府第"。由此及彼引申到博物馆何尝不是？我们有幸入职博物馆工作应引为自傲，更应珍惜，秉持职业操守，勤奋不已。

轻声漫语 44

建筑设计、展示设计互相借鉴、模仿，以致抄袭似呈泛滥之势。这是种迷失自我、没有文化自信的表现。老跟在人家屁股后面，贪图安逸方便，不思自我超越、突破创新，庸庸碌碌，俗语有说："做人没出息！"

轻声漫语 45

在学习或研究道路上我最害怕遇上两件事：一是碰到故弄玄虚的，把原本不复杂的问题套上"学术腔"的道袍，显出高深莫测的"理论"，逼迫人低三下四不敢抬头。二是见到生造名词，混乱概念。而且常以"学术前沿""学科带头人"的"箴言"方式示人。把人吓得几无底气，须得费力深耕挖掘才能弄清，喔！原来是什么。这类世相我看也是学术腐败、学风不正，虽属支流不可不慎。

轻声漫语 46

人在好环境下受影响叫作受熏陶，在不好的环境下受影响叫作被腐蚀、进染缸。这就是孟母为何要三迁。当今许多家长望子成龙、望女成凤，择校、拼同学成风，势不可逆，看似孟母三迁，实则不然，多在为子女们铺路择人生之捷径，追求出人头地。教育若此，不是成功而是失败。

轻声漫语 47

"所谓经典就是可以无限次地重复让人无限次地去听，去看，去读，永不会厌倦的东西。"——贺勇《一图千言》。此言甚对，凡是经典须经得起时间的考验磨炼才能永恒。

轻声漫语 48

陈列艺术之价值取向、品位境界、张力格局、精神气场，俱在设计师的修养、挥洒个性、凸显本能真情、自我探索之中。

轻声漫语 49

人之显才，如鱼产卵，鱼卵之比，成鱼几多？！浪淘金沙贵在精金。故成才之道意在奋进，有进则达，无进则殆。

轻声漫语 50

陈列设计之道高下雅俗，阴晴清浊，艳淡刚柔，简繁虚实，贵在平衡相济，过犹不及。

轻声漫语 51

人云：世界博物馆经历了两次革命。第一次革命发生在工业革命时代，以出现博物馆教育功能为标志。在理论上逐步跨界：博物馆学与教育学、传播学跨界，以产生博物馆传播学为特征。第二次革命发生在当今信息社会，以出现生态博物馆、社区博物馆为标志。在理论上博物馆学与民族学、民俗学、非物质文化学跨界融合，以空前拓展和改变博物馆收藏、研究、教育展览理念，创建新博物馆学为特征。我自记之，是为感悟。

轻声漫语 52

台湾龙应台先生于 2008 年开始担任台北市文化局局长，她写文章对文化是这样阐释的："**文化其实体现在一个人能如何对待他人，对待自己，如何对待自己所处的自然环境……日子怎么过，就是文化。**"这是至深、至透、至真的至言。有人曾作文：一个人能拥有植根于内心的修养，能做到无须由旁人提醒即有自觉，能驾驭以约束为前提的自由，能时时事事秉承为别人着想的善良，才能算是位真正有文化的人。大意如此，我也想争做一个这样的文化人。

轻声漫语 53

展览策划，文本编写，我的感悟是宜遵守"三须"：

1. 搜集材料（文献、文物）务须勤与广，宜做加法，务求丰实。

2. 叙事举证务须求真求精，宜做减法，淘汰，凝缩。

3. 编撰文案务须严谨，从内容到形式，从思想到技巧反复推敲，千锤百炼。履职 Planning 和 Design 应耐得住寂寞，世界上没有直通的大道。

轻声漫语 54

达尔文进化论，一开始就有人反对。但"适者生存"，则是万颠不覆的真理。何谓适存？我的认知就是平衡主客观的条件。平衡了就能生存下去，不能平衡就会消亡。大至宇宙天地万物，不能摆脱这条规律。

就人类社会来说，得天时、地利、人和，事必有成，因为平衡了时、空和人间关系。不仅是适者存，还能获得发展机会；不平衡必然背时、背地、背人、背事。

就展示设计实践来说，设计能做到适时、适地、适事、适人，就是好设计。设计乃思维过程，这个过程是不断平衡主观、客观条件的过程，若能达到平衡，设计就能够适存，即是成功。这个道理明白了，你就是位智者而不是笨伯。

轻声漫语 55

鲁迅先生对官史、野史曾有评论说"（官史）……**因为涂饰太厚，废话太多，所以不容易察出底细来……但如看野史和杂记，可更容易了然了，因为他们究竟不必太摆史官的架子**"。鲁迅先生说的"底细来"指的就是事实的真实与真相吧。这且不说，就说我国博物馆通史陈列上下 6000 年，只见改朝换代政权更替，却不展现周秦汉唐以来，中华民族古人衣食住行的生活日常。想起参观日本博物馆历史陈列，他们不仅把民俗与正统历史平起平坐，而且把馆名也取为"××历史与民俗博物馆"。可见日本对民俗资料研究的重视。

轻声漫语 56

研究历史、展现历史务必揭示历史真相。臧否人物、微言大义务必慎重。均须不带感情色彩，理性思考。这是条底线，也是准则。秉持底线准则，才能做好历史陈列。

轻声漫语 57

我的感悟四则：

1. 设计师唯有厚积才能薄发。若自感腹将掏空，危机也将光临，宜时惊之。

2. 离形式远些，离本质就会近些。

3. 人云："做学问是不能抱有成见的，无论这成见的理由和基础如何形成，都须放弃。"在学术面前必须放空自己。没有放空就没有了空间，何容收纳、包容新知？若面对对立的新知也须"有容乃大"。

4. 设计创造的过程，实质是在盘点和整理内存的学养，其虚实愈想掩饰也愈是掩饰不住的。因为作品一出来就会暴露无遗。

轻声漫语 58

上海崧泽遗址博物馆基本陈列有台场景，面积上百平方米，描述 6000 余年前崧泽人生活生产情景，很有故事性。描述原始社会古人日出而作、日落而息的"崧泽人的一天"。这座场景面宽 20 余米，出奇的是小河一右角突然冒出一顶考古发掘的帐篷，内置幻影成像仪器一台，演绎当代上博考古人员现场工作情景。让现代人与 6000 年前的古人在同一地点相遇，十分荒诞。

既为历史场景贵在真实，时空统一乃是规矩。据询设计师，说是故意穿越，以河为界，"同地不同时"，观众喜欢，宣传部领导亦满意！如此强词夺理确实令人无语！

轻声漫语 59

设计境界三说：写文、画画、设计，均应平和明白。一看就知你在想什么，画什么，设计什么。切忌矫作！矫文、矫画、矫设计会令人作呕。平和明白绝非平庸单调而是艺术境界。

"大象无形""大音希声"是所有艺术创造的至高境界。若博物馆观众一进博物馆展厅只见满堂"设计"，那真是糟糕透顶了。

展示设计犹如对观众讲话，传达的信息真实可靠，明白易懂，富有新意，引人入胜，渐入佳境，别有洞天。这就成功了，也是一个境界。

轻声漫语 60

艺术家对自己的作品都很在意保存的时间，希冀永久以至永恒，都很可理解。因为但凡创作无不呕心沥血。除了那些滥作家、滥画家为"卖身"求荣，应对用事，时间一过枯荣不再。唯有经典经受时代的考问而成为经典，千万年传承不已。展示艺术的寿命有多长？就说1959年建成开馆的中国革命博物馆和历史博物馆，当年集中全国多少专家学者从事陈列内容设计和艺术形式设计，还不到10周年，一场浩劫就冲得荡然无存。如今天津的北疆博物馆还能恢复桑志华时代的陈列模样，实属不易，乃当子子孙孙永宝用之。

博物馆陈展，所谓永久性的基本陈列也长则十年八年，一经改陈顶多面目一新而已。而及临展，三月半年算是长的，短则十天半月不到，都属短命之例。比之大英博物馆、伦敦自然历史博物馆自17世纪以来陈展面目不改，可视为长寿，列为经典，几乎可看成"博物馆展示的历史博物馆"，可一睹三四百年前的陈列面貌。其实1959年建成开馆的中国革命博物馆、中国历史博物馆展陈是不可轻易改装的，可惜如今看不到当年之盛了。总之经典不可轻改。

轻声漫语 61

陈列设计之道贵在对度的把握。叙事直白或含蓄，空间曲直与明暗，装饰素华艳淡，风格雅俗简繁，表现手法动静藏露，俱在增与减、轻与重之间权衡。犹如医生为病人开处方，轻不见效、重则伤身一样，认真平衡、把控适度都是责任所在啊。

轻声漫语 62

中国"王麻子"剪刀创始于明永历五年，至清顺治八年，历时 360 余岁，又经民国，而及 2003 年宣告倒闭。一个妇孺皆知的中国名牌缘何轰然倒塌？原因是经营乏道，缺失市场意识；不思创新、坐店等客，"皇帝女儿不愁嫁"！

瑞士军刀创业历史距今仅 120 余年，至今革新创型不断，据说已达 15453 个型号，其中有个刀具竟有 32 项功能，由 17 个零部件经 306 道工序制成。瑞士军刀现今创有三大系列：厨房用刀，裁缝用刀，办公用刀。几乎样样都有，件件实用。经营之道在于应市场之需不断创新。

两相比较，对我们展示设计企业有何启示？我们应有危机意识：不进则退，不断创新，适应市场，才能生存。

轻声漫语 63

博物馆经营建设在我看来应该是"特色立馆""人才兴馆""学术强馆"，才能使博物馆具有社会影响力。

特色立馆。要反对平庸，得过且过没有生命力。收藏、研究、展览、教育、服务、管理兼具特色，且自强不息。

人才兴馆。馆有特色是靠人做出来的，人须有才才能发挥动能量。人不在多而在于精、在于专、在于肯干。"不拒众流，方为江海"，兴馆必先兴人才。

学术强馆。学术不是虚而是实，它贯彻在藏品征集、研究、展览与教育中。实而出成果，体现特有的文风、学风和影响力。

轻声漫语 64

曾经有学者著文说："对于未来中国的人们，我们今天任何主观评判并不具备最高价值，而记录也许是他们更为看重的东西，历史大概就是这样。当前人的记录足够详细，后人从中获得的裨益也会更多。哪怕只有材料没有立场。"

历史首要的是记录。

我曾不止一次对筹建知青博物馆的朋友们说过，要强调文物征集记录的重要性。所谓知青文物，原本都是再普通不过的普通之物，是知青们的日常生活用品、学习与劳动生产工具之类的物品，不要以为东西没什么经济价值就不去刻意征集，或征集来以后不认真细致地做好记录。在认识上，物之所以能成为文物，不论古今，是因为物都承载着历史信息。这些信息以记录方式与物相伴，永不分离。一旦没有记录，丢失信息，物就丧失文物价值而不再是文物。

轻声漫语 65

2012年5月26日，上海《新民晚报》姚文义著文，纪念前不久去世的历史学家朱维铮教授，回忆朱先生曾对什么是"大师"作过定义。他说："大师就是博古通今，学贯中西，德才学识兼备；非但于本门学科为不世出的专家，并以卓特见识、新颖方法，或指明未来取向，而受众多学者敬仰；这里裁判官仅有一个，就是时间体现的历史。"又说："谁都不能自封或他封为大师。"

朱先生此话极是。对照当今文化艺术界，自封、他封、互封的"大师"满天飞，逢场作戏把自己捧上云端供养自赏。我看做人应低调，以谦逊为本为好。有趣的是，那天同版刊有戴逸如的文与画《牛马对话》，说有"塑料耳朵"的讽刺故事，有异曲同工之妙。想想那些自封、他封的大师们，无非都是"塑料耳朵""皮鞋酸奶"而已，不仅拿来唬人还会害人呢。

轻声漫语 66

健忘非本能也是本能使然。随着年龄增加，多有往事如烟之感。如能勤笔记述，则往事不如烟而如昨。故随时勤于笔有利于审视自己的过去，甄别真误得失，总结经验教训。

轻声漫语 67

记得 2007 年夏天收看电视访谈节目，著名主持人李静采访歌唱家刘欢，问："你现在最为重要的事情是什么？"刘欢回答："是玩儿！我们中国人现在就是完全不懂玩儿，没完没了去寻得到、去争取。"

我的理解，刘欢说的玩儿不是游手好闲玩世不恭、玩物丧志的玩儿，而是种生活境界，是对艺术追求的无欲心态；有的人之所以活得累，其多源于功与利，最后被功利绑架。我想艺术家也好，学问家也好，其实他们都是善于玩儿的人——把艺术、学问都看作玩儿。玩儿会上瘾，是兴趣使然，好奇探索不已，玩儿得自在轻松自如，故而不觉累而在趣。如若视功利为烟云，必然对艺术、学问会有执着专注，没有烦躁，没有铜臭，只有纯净。

轻声漫语 68

展览拟题似报刊拟标题，文章点题，在于高度概括凝练、醒目（现代语称作"夺人眼球"）而不违真实，让人耳目一新，才知原来如此！现述两例。

1. 陕西临潼出土秦兵马俑，乃被誉为世界考古八大奇迹之一，屡次出展美国。20世纪80年代我随中国青铜器展览首展大都会艺术博物馆，应馆方要求就附带展出四陶俑、二陶马。曾闻在历届青铜器展览之前，有家媒体拟题"中国军队在美国"报道秦兵马俑展览。世上只有美国出兵驻世界各国，何来中国军队在美国？此题的确"呛人"，但不违真实，秦兵马（俑）不就在美国吗？

2. 在美国某地有家中国美食小吃，广告牌宣称"油炸坦克"。坦克可用油炸！不免让人费解。原来是中国江浙一带民间小吃"油墩子"，把面糊与萝卜丝、肉馅儿扣入椭圆形铁制模具入油煎炸。面团遇热，脱离模具，在油锅中不断沉浮翻滚，状如坦克。真是虚张声势，引来好奇，食客争抢，一时销量大增，店主赚得盆满钵满。

轻声漫语 69

1985年9月,汪道涵同志还健在,时任上海市市长,创办了"上海市日本学会"。他在成立大会上曾说:"……要弘扬海派日本研究的精气神。"回想起来,日本学研究距今已有30余年,今天当不可同日而语,定有大量积累和发展。我对日本学毫无研究,不明这个学科的内涵外延。汪道涵市长提出日本学学科研究需要弘扬**海派精气神**,肯定具有十分重要的意义。由此想到展示学研究是否也需弘扬海派精气神。那么需问,什么是海派展示?自20世纪80年代以来展示设计实践,虽已历时40余年,且有成果累累,但少见或未见梳理文章,一片茫然!若有从事展示学研究者何以对待?!

轻声漫语 70

2007年5月24日上海召开第九次党代会。时任上海市委书记的习近平同志曾有一段话,他说:"**如果说海纳百川是上海一贯的文化特点,追求卓越是上海的一种文化本质,那么开明睿智本身是一种态度,大气谦和是一种胸襟,这样才能进一步海纳百川,进一步追求卓越。**"这是习近平同志对上海文化特点的阐明,也是对上海城市精神的概括。迄今上海所有电视台经常以"海纳百川、追求卓越、开明睿智、大气谦和"十六字题词代表上海城市精神,不断插播。

我的理解:习近平同志指出海纳百川是上海的文化特点。要弘扬这个特点首先须有包容精神,海纳的核心精神就是包容,来者不拒,消化收纳。展示之谓先是外来文化，与上海本土文化结合，形成华洋并存的上海展示特点，此其一。追求卓越就是需要不断弘扬工匠精神。务必精益求精，做到精致不留瑕疵，有质量，经得起时间考验，这就是海派展示的本质，此其二。习近平同志指出开明睿智，对我启悟，睿智是种能量。唯有睿智才能海纳，唯有睿智才能去追求卓越。追求海派展示务须弘扬这种态度与能量，此其三。大气谦和的确是种胸襟、气度、风格。海派展示就是要有大气谦和的风度和胸襟，须弘扬这种风格，此其四。这十六字的概括综合是个辩证关系，也回答了什么是"海派展示"的问题。

如今，所谓海派展示应该是多元的，百花齐放式的。但其特点在于华洋并存，与江南文化结合。以时尚为主流，不断创新革旧。但又以简洁、明快、大气、平实为发展总趋向，宁静中有辉煌。不繁琐，不炫技，不故弄玄虚。

附录 1　　我与中国博协艺委会
——记忆与建议

　　艺委会全称应该是"陈列艺术委员会",是中国博物馆协会下成立的第一个专业委员会。成立于 1984 年。但是追溯历史应上推至 1982 年中国博协成立那年的北京丰台宾馆会议。记得会议是按博物馆专业分组讨论的,当年我是陈列设计分组召集人,参会的陈列设计代表仅仅五位:革博的许治平、天津博物馆的赵春贵、天津大学的刘岱良、上博的费钦生、湖南省博的李正光。陕博的何正璜先生也分来我组,但她没有参加讨论,可能是参加其他专业组去了。就在这次会议上,由我们五人共同起草倡议书,申请在博协下建立陈列艺术委员会,以利于这个专业的研究探索。经博协理事会批准,于 1984 年在浙江宁波召开艺委会成立大会暨第一次陈列艺术学术研讨会。博协理事、故宫博物院副院长杨伯达先生出席大会,并作了陈列内容与陈列形式关系的重要报告,从哲理高度作了阐释,大家深受启发。

　　在这次会议上推选出首届艺委会委员,当初在倡议书上签名的五位全都当选为委员。可是在《中国博物馆协会陈列艺术委员会回顾与展望》一文所载,首届委员中不见有革博许治平的名字,是因为疏漏还是出了什么原因?回想许治平同志为建立艺委会曾有贡献,因为他与博协理事齐钟久同在革博共事,联系方便,做过许多促进工作,功不可没。

1. 扬州培训班补述

培训班的全称是"博物馆陈列艺术设计培训班",是国家文物局与博协基于提高博物馆陈列设计而设的专业培训。我们艺委会成员几乎全体担任培训班讲师,此外还有故宫博物院杨伯达副院长、复旦大学陈宏京教授、南京艺术学院吕风显教授,以及展示企业的徐正野先生、邹人倜先生等参与讲课。青岛博物馆王集庆老师连续两届担任驻班老师。后来在前几届培训班中发现优秀学员也提升为讲师的有陈明厚、安立华两位。

培训班共举办四届。1986年5月第一届,学员46人,地点在扬州观音山上。1989年9月第二届,学员31人。1992年第三届,学员25人,地点改在扬州庆宁寺。2001年第四届,学员41人。四届培训人员多达143名,他们来自全国10省10市100多座博物馆单位,遍及东北、西北、华中、华东、华南五大区。

办班的特色是:第一是以任务带学科,理论与实践结合,学员带着本馆陈列设计任务来培训,通过课堂实践完成设计项目。第二是实行"官教兵、兵教兵,乃至兵当官"制,从学员中发现人才。第三是坚持提倡手绘表达设计思想,但不排斥电脑辅助设计。这三个特色是我们培训班的办学方针,教学原则。有人曾誉其为"黄埔军校",我认为不妥,应该是"抗大"式的培训班。它继承了我党的培训传统。这样的培训算不上系统,而是从不系统中求系统。

2. 为各地培训中心讲学

国家文物局原设有教育司，20 世纪 80 年代以来在全国各地建有博物馆干部培训中心。我作为中国博协成员被选为讲师，参与博物馆学陈列设计讲座。我参与培训的有山东泰安中心、江苏扬州中心、湖南板仓中心、河南郑州中心、陕西西安中心。其中培训驻地在泰安、扬州次数最多。

3. 关于博物馆建筑研讨会

在泰安培训中心，曾以博协艺委会之名举办过博物馆建筑设计研讨会。记得出席研讨会的除了艺委会成员外，还有华东建筑设计院建筑师、哈尔滨工业大学建筑学院建筑师多人。在这次研讨会上，我们重点讨论了博物馆建筑设计的原则、内涵、属性、功能、形象等问题。特别强调和重申"实用、经济、美观"三原则。尤其是美观原则，须具合理的权衡，以求稳重、舒适、自然的外表，不矫揉造作，不勉强堆砌，不违自然。这次讨论会对我深有影响，为我后来参与华东建筑设计院起草中国博物馆建筑设计规范，以及参与《中国大百科全书》"文物、博物馆卷"博物馆建筑分支——"博物馆建筑"条目编辑与撰稿打下了基础。

4. 参与博物馆建设

在我的一生中，以博协、艺委会成员身份参与各地博物馆建设，重要的有陕西历史博物馆、北京抗日战争博物馆、黑河历史陈列馆、沈阳"九·一八"历史博物馆、湖州博物馆及浙江镇海海防纪念馆等，其中北京抗战馆、黑河馆、"九·一八"馆、湖州馆均被评为历届全国十大精品陈列。陕西历史博物馆筹建时间最长，从1985年到1990年共5年。沈阳"九·一八"馆两年。镇海馆两年。我为陕西历博筹建编写的"建筑设计工艺书"乃是中国博物馆建筑设计第一份工艺设计书，为博物馆建筑设计之前必备的工艺设计文件。

以上这些对我来说都是机遇亦是挑战，深感庆幸亦很感恩！激励我好好学习，天天向上。2016年荣获博协陈列艺术设计终身成就奖。

5. 三点建议

以下我有三点建议：1. 陈列艺术应包括陈列内容设计和陈列形式设计。不该人为地割裂，否则是反学理的。艺委会由最初的清一色博物馆美工组成变为而今为广大博物馆陈列设计人员参与，还有体制外展示设计企业人士参与，这是进步，是改革开放的成果。但艺委会更须关注体制内展示设计师的生存与培育。2. 寄希望于艺委会引导探索、研究和创造什么是博物馆陈列的中国特色、中国风格、中国气派。切实落实习近平同志的期望。3. 倡导开展陈列艺术设计的艺术批评。没有艺术批评等于艺术花朵没有阳光雨露的滋养，必然枯萎。开展陈列艺术批评须敢担当，不怕得罪人。

附录 2　　我与西安超人雕塑研究院之缘

1985年我应邀参与陕西历史博物馆筹建，按上博与陕西历博领导协议，每月赴西安10天，兼顾两馆工作。就这样开始月赴西安，住宿办公安排在小寨东路翠花路一边的公路学院招待所，一为价廉，二为靠近建馆基地，方便工作联系。有一天下午，西安电影制片厂邹人倜偕夫人来访，说是陕西历博陈列部沈建康主任的介绍。叙谈中才知道邹系制片厂特技车间的负责人，擅长模型制作。我一听就乐了，在我心目中电影特技几乎是万能的，将来陕西历博陈列展览少不了制作各种模型，所以一开始就谈得很投机。从这开始我与邹人倜有了长达34年的交往。从初识到莫逆，见证他艰难创业全过程，共历了苦涩，也分享了欢悦。直到他于2019年逝世，不胜哀痛。

邹人倜生于1938年，我年长他8岁。邹人倜其人善侃，会讲故事，记忆力好，公关能力强，为人随和热诚，善交朋友。据我所知，他与国内200余家博物馆有联系，结识了上百位馆长，真是不容易！你托他办事可以放心，总是按时按质按量完成任务，其中少不了受委屈，唯守诚信。他的经营之道，基本上都是高投入低收益。这是他留给我的良好印象。

合作共事，共同做梦。20世纪80年代是春天的年代，摆脱了禁锢，人也变得聪明起来，也富于想象力，所以春梦绵绵不绝，以下讲几个做梦的故事。

1. 策划在西安古城墙"肚子"内再现"丝绸之路"

20世纪80年代中，西安正在修复古城。记忆中城高12米以上，城墙基座宽达12—13米，城顶面宽8米多。修复后还需回填土，那何不在城墙空肚子里做文章？西安在唐代曾是陆上丝绸之路的起点。所以邹人倜就开始造梦，将历史上推至西汉，从汉武帝派遣张骞开通西域，设一场景：汉武帝建元二年（公元前139年），汉武帝亲临长安城外送别使节张骞，文武百官林立，华盖旌旗飞扬，气势非凡，此为序幕。之后转入正剧，叙事从唐长安城开始，经河西走廊一带，越帕米尔高原，一路西行，终点站是罗马古城。动用硅像、场景、影像音响技术，再现丝路所经各地区、各国家景观。利用"吊挂轿箱"装置，让观众坐在各个透明轿箱中逐站行进、停靠，沉浸体验、购物、餐饮（现在称文创）。这个展示展线当以千米计，完全可在城墙的"黑盒子"空间内营造氛围，若能实现当能创收，后来不知什么原因黄了。大概还是与钱权有关吧。记得当年张锦秋院士也参加了讨论，后来我也忙于陕西历博顾问事务没多关注。这是第一个美梦不成真。

2. 1999年策划在西安建造千禧年大钟

1999年中，还有半年即将迎来千禧年。中国固有新年撞钟的庆典传统，既有这个节庆，邹人倜非常敏捷地抓住机遇，开始了新一轮的造梦行动。他与我通电话近

60分钟，详述他的设想：造一口"巨无霸"世界第一大钟，设在从咸阳机场至西安市区中段必经的地段。巨钟有座，座内设展厅，展示中国古今名贤200—300人。在他的鼓动下我也闻风起舞，跃跃欲试，蠢蠢欲动。长途中交流长久，竟不觉时间流逝话费倍增。我答应他"事不宜迟，当晚动手做图，明午交卷"。熬过子夜，快速成图，第二天一早把图电传西安。过了四五天，收到邮来快递，看到巨钟在广野环境中的效果图，感觉不错。人偶来电约我赴西安踏勘现场，共商细节，定千禧大钟高达8.5米，口径5.0米，估算总重约8吨。由四支直径650毫米钢筒作立柱，柱顶各设四方斗拱，斗拱上方设四坡水屋盖，簷口略作飞翼状，总高约15.5米。四立柱间以450毫米工字钢作纵横梁架三层交错，把大钟高高挂起。新铸就大钟作古铜色，屋盖刷深灰，柱身、斗拱、樑架均髹朱漆，富有唐韵。基座三叠均为须弥座造型。上层层高4.0米，25米×25米，建面625平方米。

中层层高 4.0 米，36 米 ×36 米，建面 1296 平方米。底座层高 4.0 米，50 米 ×50 米，建面 2500 平方米。上层为行政办公用房，中层 1296 平方米用作展览。策划展出中国古今名贤约 500 人，包括现代两院院士及台湾院士在内的硅胶塑像。底层 2500 平方米用作停车库、空调机房及消防泵房。整个建筑物占地 2500 平方米，总高 28 米。当年江泽民同志倡导科教兴国，我们想到榜样的力量是无穷的，立名贤祠又是中国的传统，此议很有鼓动性。考虑到方案的可行性，人偶专程去洛阳铜厂咨询大钟浇铸技术，估算用铜量，并详细考察了从洛阳至西安沿途所经公路、桥梁荷载、路况，以及大钟铸就后运输的工具，等等，一一作了落实。最后将千禧大钟详细策划方案报送省领导。万万没想到得到的回复是：送钟如"送终"，大不吉利啊！满腔热忱被泼了一瓢冰凉水哟！此乃梦想不成真其二（因为时隔 20 多年，当年策划图纸遗失，上述建筑数据仅凭记忆，可能与原设计方案有出入）。

3. 安徽太湖五千年文博园近代"百年风云"历史情景馆、历史遗景园策划

2013 年的 10 月，我向太湖文博院院方总投资人朱先生提交了"百年风云"历史情景馆、历史遗景园的策划文本**整套概念设计方案**。这套文本总重 6—7 千克，文字 10 万余字，设计图纸 130 余张，历史影像资料及参考系列影像图片 500 余幅。一馆一园规划用地约 69 公顷，预计院方投资约 7 亿元。这是我与西安超人邹人偶合作的最大规模的项目，也曾是我的关箱之作，因为自

这之后本人自感恐再无精力投入其他展示设计了。

事实上这个项目最早启动于 2011 年。项目是填补 5000 年文博院缺失的近代史部分。服务的对象是中外普通游客，主要是国内游客，以寓教于乐、寓教于游的方式进行爱国主义教育。所以特别强调游乐性，沉浸式的体验性，故事性、参与性和趣味性融于一体。历史情景馆选题 26 展项，早于 2012 年年中就完成了策划。历史遗景园规划则因朱先生要求将太湖文博院办成横店影视城模式，不仅让观众观看室内展示，而且要扩展至室外体验。可以不考虑用地空间，让我们放手策划，置景建筑需以 1∶1 建制。经反复讨论选定 12 处历史遗景。为了落实 1∶1 复原建造，我南下远赴广东虎门，北上黑河、瑷珲等地实地调查测绘，确定各种数据；对今已不存在的建筑，可谓搜寻了尽可能搜集到的历史数据，经核实而定案。以个人力量而言可谓尽力了，最终于 2013 年国庆节后完稿。

历史情景馆的策划主要以硅像、场景为主，辅以高科技，诸如幻影成像、数码投影、LED 巨幕及其他各种音频视频，以空间创造、戏剧化演示相结合，以主题乐园方式再现百年风云血与泪、血与火的抗争历史。其时间跨度从 1840 年鸦片战争到 1949 年开国大典宣告中华人民共和国成立。历史遗景园则从 1840 年销烟池到 1945 年陈纳德飞虎队昆明营地共 12 个景点。

历史情景馆内容：

1. 1839 年林则徐虎门销烟：大尺度的缩微景观，中英历史人物硅像。

2. 1840年虎门海战：大沙盘+240平方米投影《虎门海战》。

3. 1842年签订《南京条约》："皋华丽"号后舱24尊硅像场景。

4. 1858年签订《瑷珲条约》：图片+巨幅视屏（纪录片《富饶的黑龙江》、中俄历史片段）。

5. 1858年签订《天津条约》：硅像场景13人+巨幅写真、音响。

6. 1860年火烧圆明园：60平方米幻影成像+投影沙盘、立体几何块投影屏幕。

7. 1885年中法战争"镇海战役"：镇海抗法将领硅像5尊+84平方米投影沙盘+抗法历史小故事视屏，编写了约600秒剧本。

8. 1894年甲午海战：180度环幕+64平方米投影沙盘。

9. 1895年签订《马关条约》：12平方米投影沙盘+视频+1∶1邓世昌卧舱+1∶1《马关条约》签订之地——"春帆楼"+巨幅历史照片。

10. 1900年八国联军侵犯北京城：112平方米变景场景。利用PU印刷玻璃实现两场景切换。由数码投影技术支持。a景：八国联军占领故宫太和殿，b景：瓦德西坐上太和殿内皇帝龙座。由9尊硅像+数十联军（历史照片）等人高纸板人组合而成。

11. 1900年瑷珲保卫战——庚子俄难：200平方米瑷珲城被毁一条街实景。有县衙废墟、铁匠铺、商号、作坊及民居的废墟，砖瓦及横七竖八的尸体堆。街道尽端由投影显示沙俄军人烧掠场景。场景内置24尊硅像，有铁匠师徒；有抱着刚死去幼儿的年轻妇女，手中还拿着风筝；有抱着神主牌位宁死不弃家园的老妪和战死不屈的炮手，还有劫余仅剩的巍然而立的魁星阁……观众从景中穿行，沉浸式体验庚子俄难。

12. 1911年辛亥革命武昌起义：由两组小型半景画和三座幻影成像组成，形象地还原武昌起义当天的经过。

13. 1912年孙中山就任大总统：1∶1实景场景，由孙中山硅像及数十真人等高历史人物纸板人组成，配有孙中山演讲录音等音响效果。

14、15. 1919年五四运动、火烧曹家楼，以及北大红楼五四风云人物。幻影成像＋红楼，梁启超、蔡元培、陈独秀、李大钊、鲁迅和胡适6尊硅像。

16. 1921年建党伟业：1∶1场景复原＋13名党代表硅像。

17. 九一八事变，日军突袭沈阳北大营。220平方米1∶1场景及数码投影复原日军攻打北大营强占沈阳小西门＋一段被毁的北大营残墙断壁。

18. 1937年七七事变"卢沟晓月"：144平方米半径画＋投影＋音响效果。

19. 1937年四行仓库"八百壮士"英雄赞歌：幻影成像＋投影＋硅像。分别展演杨慧敏送旗、升旗、孤军营。

20. 1937年12月侵华日军南京大屠杀：幻影成像。

21. 1940年"百团大战"：1∶1雕塑场景＋天幕投影＋音响效果，重点演绎破坏日军铁路运输线。

22. 云南"松山大战"：730平方米实景坑道＋半景画＋投影音响，让观众在坑道中观看战斗，目睹倾翻日军暗堡。

23. 1942—1945年驼峰航线：直径近20米的全景画装置，分上、中、下三层。观众席在中层，上层为穹顶，下层为250平方米大沙盘（驼峰航线所经山脉）。观众席的地面是透明的钢化玻璃。投影显示大沙盘山脉上的航线轨迹，及银色飞机残骸的"导航标志"。穹顶演示飞虎队战机护航及运输机飞越喜马拉雅山。

24. 1945年8月日军南京投降：硅像场景＋音响＋全景历史照片。

25. "东京大审判"：320平方米青铜雕塑（等人高40尊历史人物）场景＋大审判巨幅历史照片＋音响效果。

26. 1949年"开国大典"：1∶1局部复原天安门城楼＋18尊硅像＋半径10米半景画＋投影、音响效果。

百年风云遗景园的展项：

12个室外景点，与室内26个展项内外呼应。

1. 1840年林则徐在广东虎门的销烟池。
2. 1840年虎门炮台原景。
3. 1842年《南京条约》签订地英军舰"皋华丽"号全舰复原。
4. 1856年英法联军侵犯平津前，圆明园的"万方安和"殿复原。
5. 1885年抗法"镇海保卫战"镇海炮台与甬江堵江木桩复原。
6. 1895年甲午战争清北洋海军提督署衙门复原。
7. 1895年甲午海战"致远"号巡洋舰复原。
8. 1900年"庚子俄难"纪念地"魁星阁"复原。

9. 1921 年中共一大南湖红船复原。

10. 1935 年中国工农红军飞夺泸定桥复原。

11. 1937 年全国抗战打响地卢沟桥复原。

12. 1942 年国际援助"飞虎队"昆明基地，飞虎队战机、运输机、营房、军人俱乐部等复原。

这项超大型策划设计的结局可谓悲惨：朱先生失联，资金断链，美梦不再！

回想起来，我配合超人公司策划设计的项目还不止上述三梦。诸如宁夏固原博物馆的"须弥山""长安驿馆"，海南的"红色娘子军纪念馆"，等等。与邹人倜先生长达 34 年的交往中，他推荐给我项目，我始终认为这是机遇、挑战、学习、思考，为我创造了机会。我们之间彼此了解，从不计较利益。更可记忆的是他出资，我随他踏访南至海南，东达刘公岛，西赴阳关、玉门、嘉峪关、敦煌。让我广见博识。他喜欢摄影，"长枪短炮"随身不离。即便远赴美国探亲亦情系博物馆，拍摄了数十家美国博物馆陈列展览，在扬州培训班讲课分享。

如今，挚友已逝，无尽怀念，不胜悲悼！

后　记

　　我的拙作终于在今年——2022年"5·18"国际博物馆日付梓，这是个好日子。

　　本书的写作时间起于上世纪60年代，结尾却在2022年初，历时62年，积累的都是我在平时工作实践中的心得体会，反映了我对博物馆展示设计的认知，是不够上升为理论的。希望读者不视为一本"理论"著述来读，但希望对从事博物馆展示设计的读者有点用处，这就十分满足了。

　　在本书的出版过程中得到了亲朋好友的支持和鼓励。

　　我要感谢张晖先生。他曾是我的同事，也是帮我成书的支持者。成书过程中有许多涉及国外的博物馆文字及图片信息，他都仔细查考，无保留地提供，下载的信息有的早在1900年以至近年，有的甚至是稀有的图像。在此志谢。

　　也得感谢我的家人的支持。尤其是我已故的夫人，包括儿孙的不断促进鼓舞了我。在早期写作中，我女儿还协同整理和打印文稿，一并志之。

作者写于2022年5月18日